W0337982

Tauchmedizin
in Theorie und Praxis

Hans J. Roggenbach / Holger Göbel / Peter Bredebusch

Tauchmedizin in Theorie und Praxis

Delius Klasing
EDITION NAGLSCHMID

Alle in diesem Buch enthaltenen Angaben, Daten, Ergebnisse usw. wurden von den Autoren nach bestem Wissen erstellt und von ihnen und vom Verlag mit größtmöglicher Sorgfalt überprüft. Gleichwohl sind inhaltliche Fehler nicht vollständig auszuschließen. Daher erfolgen die gemachten Angaben usw. ohne jegliche Verpflichtung oder Garantie des Verlages und der Autoren. Sie alle übernehmen deshalb keinerlei Verantwortung und Haftung für etwaige inhaltliche Unrichtigkeiten.

Baden, Schnorcheln, Tauchen und Technisches Tauchen können Gefahrenmomente beinhalten, die sich allein durch ständiges Training und sachkundige Ausbildung bei lizenzierten Tauchschulen und Vereinen minimieren lassen. Verlag und Autoren empfehlen dringend, nur innerhalb der durch Ausbildung, eigene Erfahrung und Tagesform gesetzten Grenzen zu tauchen. Verlag und Autoren übernehmen keine Haftung für Unfälle oder Todesfälle, die aufgrund von Informationen aus diesem Buch entstanden sind oder sein könnten.

Geschützte Warennamen und Warenzeichen werden nicht besonders gekennzeichnet. Aus dem Fehlen solcher Hinweise kann also nicht geschlossen werden, dass es sich um einen freien Warennamen oder ein freies Warenzeichen handelt.

Bibliografische Information der Deutschen Nationalbibliothek
Die Deutsche Nationalbibliothek verzeichnet diese Publikation in der Deutschen Nationalbibliografie; detaillierte bibliografische Daten sind im Internet über http://dnb.d-nb.de abrufbar.

1. Auflage
ISBN 978-3-7688-1914-5
© Verlag Stephanie Naglschmid, Stuttgart / Delius, Klasing & Co. KG, Bielefeld

Herausgeber: Dr. Friedrich Naglschmid
Grafiken: Stephanie Naglschmid / ILVA Stuttgart, außer 120 aquamed, 123 nach Laerdal
Fotos: Dr. Holger Göbel: 87–89, 95, 97, 98, 100, 103–105, 107–109, 111-114, 125, 126
Dr. Hans J. Roggenbach: 127–132, 136, 138, 140, 142, 144–146
Dr. Friedrich Naglschmid/MTi: 86,90–92, 94, 99, 101, 102, 106, 110
Oceanic: 55
Stephanie Naglschmid: 51
Dr. Werner Gruiter: 93
Titelbild: Dr. Holger Göbel
Einbandgestaltung: Buchholz/Hinsch/Hensinger, Hamburg
Druck: Druckerei zu Altenburg, Altenburg
Printed in Germany 2007

Alle Rechte, insbesondere das Recht der Vervielfältigung und Verbreitung sowie der Übersetzung, vorbehalten. Kein Teil des Werkes darf in irgendeiner Form (durch Fotokopie, Mikrofilm oder ein anderes Verfahren) ohne schriftliche Genehmigung des Verlages reproduziert oder unter Verwendung elektronischer Systeme verarbeitet, vervielfältigt oder verbreitet werden.
Es ist ferner ohne schriftliche Genehmigung des Verlages nicht gestattet, Abbildungen dieses Buches zu scannen, im PC oder auf CD zu speichern, zu verändern oder einzeln oder zusammen mit anderen Bildvorlagen zu manipulieren.

Vertrieb: Delius Klasing Verlag, Siekerwall 21, D-33602 Bielefeld
Tel.: 0521/559-0, Fax: 0521/559-115
E-Mail: info@delius-klasing.de
www.delius-klasing.de

Inhalt

Vorwort

Liebe Sporttaucherinnen und liebe Sporttaucher, liebe Tauchausbilder, Ärzte und Taucherärzte

Kenntnisse in der Tauchmedizin und bestimmte Fertigkeiten für den Fall, wenn etwas passiert ist, gehören ebenso zum Tauchen wie die funktionierende Tauchausrüstung. In den letzten Jahren wurde immer deutlicher, wie wichtig eine gute Aus- und Weiterbildung in der Tauchmedizin für die sichere Ausübung des Tauchsports ist.
Das Tauchen mit all seinen Facetten erfreut sich nach wie vor großer Beliebtheit und wird ganzjährig von vielen Taucherinnen und Tauchern ausgeübt, egal ob in heimischen Gewässern oder weltweit in den entsprechenden Urlaubsgebieten. Sei es nun für die Vorbereitung des Tauchurlaubes oder vor einer Prüfung auf dem Weg zum Tauchlehrer, die »Tauchmedizin in Theorie und Praxis« ist das ideale Nachschlage- und Vorbereitungswerk für die auftretenden Fragen rund um die Gesundheit beim Tauchsport.
Das Buch mit seinen 240 Seiten verschafft in sieben Kapiteln einen gelungenen Überblick mit viel Tiefgang, es ist übersichtlich aufgebaut und anschaulich illustriert. Der inhaltliche Bogen ist von den Grundlagen (der Physik, der Anatomie und Physiologie bis hin zu bestimmten Zielgruppen) über die Tauchausrüstung, Tauchzwischenfälle bis zur Diagnose und der Behandlung gespannt. Auch die stets diskutierte Tauchtauglichkeitsuntersuchung fehlt ebenso wenig wie informative Hinweise zu den Spezialkursen der Tauchmedizin. Im Anhang finden sich nützliche Hinweise zum Beispiel zur Reiseapotheke und Adressen zu den Druckkammern.
»Tauchmedizin in Theorie und Praxis« kann ich als Lektüre und Wissensvermittlung wirklich empfehlen, und ich gratuliere den Autoren zu diesem gelungenen Werk. Deutlich wird vor allem auch die langjährige Praxis und Erfahrung der Autoren in der Tauch- und der Tauchmedizinausbildung sowie in der Diagnose und Behandlung von Tauchunfällen, die hier in vorbildlicher Weise weitergegeben wird.
Wir Sporttaucherinnen und Sporttaucher, Tauchausbilder und Tauchausbilderinnen, wir alle profitieren davon!
Dem Buch wünsche ich viele neugierige und wissbegierige Leserinnen und Leser, damit das Tauchen ohne Zwischenfälle geschieht und alle immer gesund auftauchen!
Prof. Dr. Franz Brümmer
Präsident des Verbandes
Deutscher Sporttaucher VDST e.V.

1 Grundlagen

Physik

Unser Körper ist für das Leben über Wasser angepasst. Unsere Lebensvorgänge folgen dabei z. T. einfachen physikalischen Gesetzmäßigkeiten. Unter Wasser verändern sich die Rahmenbedingungen, sodass auch um und in unserem Körper Unterschiede zum Leben über Wasser die Folge sind. Zum Verständnis der Veränderungen, die unser Körper beim Tauchen erfährt, sind daher einige physikalische Kenntnisse erforderlich.

Masse, Gewichtskraft, Volumen

Was ist die Masse?
Jeder Körper hat eine bestimmte Masse, die in Kilogramm gemessen wird. Die Masse ist eine Grundeinheit und wird nicht aus anderen Größen hergeleitet. Üblicherweise wird die Masse eines Körpers mithilfe einer Waage festgestellt. Beispielsweise hat ein Liter Wasser eine Masse von ca. 1 kg. 1 g ist 1/1000 kg. Die Abkürzung für Massen in Formeln ist m.

Was ist die Kraft?
Durch die Erdanziehung wird auf jeden Körper eine Kraft in die Richtung zum Erdmittelpunkt ausgeübt. Diese Gewichtskraft ergibt sich aus der Masse und der Erdbeschleunigung nach der Formel

Gewichtskraft =
Masse · Erdbeschleunigung

Die Kraft wird in Formeln mit F bezeichnet, die Erdbeschleunigung mit g. Dann lautet diese Formel

$$\mathbf{F = m \cdot g}$$

Die Erdbeschleunigung beträgt 9,81 m/s^2. Für unsere Berechnungen reicht es aber, sie näherungsweise mit 10 m/s^2 anzusetzen. Dann lässt sich ganz einfach die Gewichtskraft eines Körpers aus der Masse multipliziert mit 10 m/s^2 bestimmen:

$$F = m \cdot 10\ m/s^2$$

Die Einheit der Kraft ist ein Newton. Die Gewichtskraft eines Körpers mit einer Masse von 1 kg beträgt

$$F = 1\ kg \cdot 10\ m/s^2 = 10\ N$$

Was ist das Volumen?
Strecken werden in m gemessen, Flächen in m^2. Das Volumen beschreibt den Inhalt eines Raumes. Es ergibt sich aus den drei Dimensionen Länge, Höhe und Breite und wird in m^3 gemessen. Für einen Würfel mit einer Länge von 10 cm, einer Höhe von 10 cm und einer Breite von 10 cm beträgt das Volumen

$$V = 10\ cm \cdot 10\ cm \cdot 10\ cm = 1000\ cm^3$$

Da 10 cm = 1 dm, kann dieses Volumen auch mit 1 dm · 1 dm · 1 dm = 1 dm^3 bezeichnet werden. Das Volumen von 1 dm^3 ist gleichbedeutend mit einem Liter.

Was ist die Dichte?
Unter der Dichte eines Körpers verstehen wir die Masse, die ein bestimmtes Volumen hat, also die Masse geteilt durch das Volumen. Die Dichte wird mit ϱ bezeichnet und in kg/l gemessen.

Die Dichte von Wasser beträgt ungefähr 1 kg/l, da die Masse von einem Liter Wasser rund 1 kg beträgt. Der genaue Wert ist jedoch unterschiedlich für Salz- und Süßwasser.

Druck

Von Tieftauchversuchen im Hallenbad kennt sicherlich jeder den mit steigender Tiefe zunehmenden Druck auf den Ohren. Auch beim Landen mit dem Flugzeug verspürt man diesen Druck. Da der Druck, der auf einen Taucher wirkt, beim Tauchen starken Veränderungen unterliegt, kann seine Wirkung auf den menschlichen Körper besonders beim Taucher medizinische Folgen hervorrufen.
Physikalisch gesehen ist der Druck die Kraft, die auf eine bestimmte Fläche wirkt.

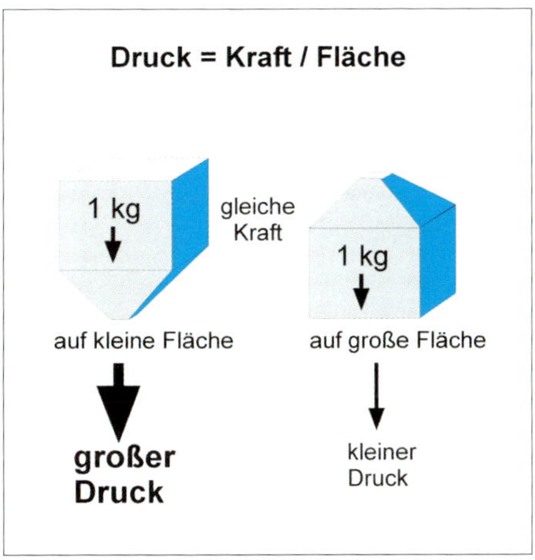

Abb. 1: Druck = Kraft / Fläche

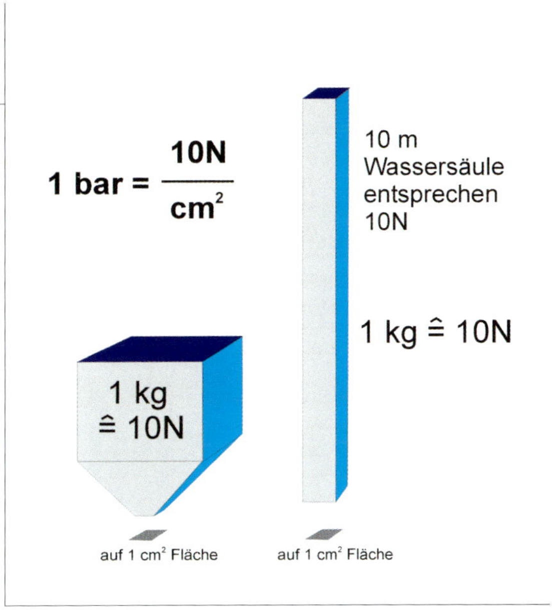

Abb. 2: Definition 1 bar

Das bedeutet: Je größer die Fläche ist, auf die eine Kraft wirkt, desto kleiner ist der Druck und umgekehrt. Der Druck auf den Boden ist beispielsweise höher, wenn wir auf einem Fuß stehen, als wenn wir auf beiden Füßen stehen. Jeder kennt wohl den Druck, den die geringe Fläche eines spitzen Absatzes dabei bewirkt.
Die Maßeinheit des Drucks ergibt sich aus der Maßeinheit der Kraft (Newton) geteilt durch die Maßeinheit der Fläche (m^2). Die Einheit 1 N/m^2, die auch mit 1 Pascal (1 pa) bezeichnet wird, wäre jedoch so klein, dass die beim Tauchen relevanten Druckangaben sechsstellig angegeben werden müssten. Aus diesem Grund wird der Druck auch in bar angegeben (1 bar = 10 N/cm^2).
Ein bar entspricht dem Druck eines 1 kg schweren Körpers auf eine Fläche von 1 cm^2 oder einer Wassersäule von 10 m Höhe.
Auf den Taucher wirkt nicht nur der Wasserdruck durch die über dem Taucher stehende Wassersäule, sondern auch der

Luftdruck durch die darüber noch befindliche Atmosphäre an der Wasseroberfläche. Beide zusammen ergeben den Umgebungsdruck, der auf einem Taucher lastet:

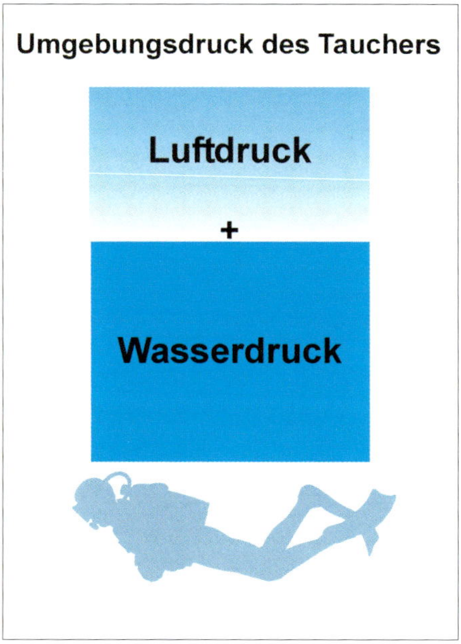

Abb. 3: Luftdruck + Wasserdruck = Umgebungsdruck

Der Luftdruck wird im Gegensatz zu einem mechanischen Druck (wie z. B. der Druck eines Wassereimers auf den Boden) durch den Druck der Gase hervorgerufen, aus denen die Luft zusammengesetzt ist. Die einzelnen in der Luft befindlichen Gasteilchen (Moleküle) bewegen sich mit einer gewissen Geschwindigkeit im Raum. Diese Gasmoleküle stoßen gegen jeden Körper, der sich in diesem Raum befindet. Durch diese Stöße üben sie eine gewisse Kraft auf diesen Körper aus. Je schneller sie sich bewegen und je mehr Moleküle auf eine bestimmte Fläche des Körpers treffen, desto höher ist der Druck (Gasdruck), den sie ausüben. Da sich die Moleküle in jede Richtung bewegen, wirkt der Gasdruck allseitig.

Der Luftdruck ist abhängig von der Höhe, in der das Tauchgewässer liegt. Er nimmt mit zunehmender Höhe ab. Auf Meereshöhe, also bei 0 m über dem Meeresspiegel, legen wir für unsere Berechnungen mit hinreichender Genauigkeit einen Druck von 1 bar zugrunde, der somit dem der gesamten über uns befindlichen Erdatmosphäre entspricht.

Da auch eine Flüssigkeitsmenge bezogen auf eine gewisse Fläche einen Druck ausübt, kann Druck auch durch die Höhe einer Flüssigkeitssäule angegeben werden. In einem Versuch stellte Torricelli 1643 fest, dass der Druck der atmosphärischen Luft auf Meereshöhe dem Druck einer 760 mm hohen Quecksilbersäule entspricht. Dazu stellte er ein einseitig verschlossenes Röhrchen von 1 cm^2 Durchmesser in eine

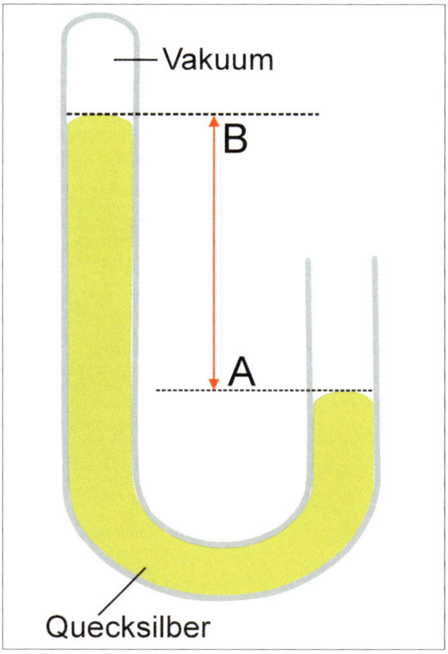

Abb. 4: Torricelli'scher Versuch

mit Quecksilber gefüllte Schale, die von oben dem atmosphärischen Druck ausgesetzt war, und stellte fest, dass das Quecksilber in diesem Röhrchen um 760 mm stieg. Also musste der Druck des Quecksilbers in dem Röhrchen dem atmosphärischen Druck entsprechen.
Der Druck der 760 mm hohen Quecksilbersäule lässt sich jedoch leicht errechnen, da die Dichte des Quecksilbers mit 13,59 kg/dm^3 bekannt ist. Die Masse ergibt sich aus der Dichte und dem Volumen der Quecksilbersäule mit

$$m = \varrho \cdot V$$
$$= 13{,}59\ \text{kg/dm}^3 \cdot 0{,}076\ \text{dm}^3 = 1{,}033\ \text{kg}$$

Die Gewichtskraft, die diese Masse hat, ergibt sich aus

$$F = m \cdot g$$
$$= 1{,}033\ \text{kg} \cdot 9{,}81\ \text{m/s}^2 = 10{,}13\ \text{N}$$

Daraus ergibt sich ein Druck von

$$p = 10{,}13\ \text{N} / 1\ \text{cm}^2 = 1{,}013\ \text{bar}$$

Also beträgt der Luftdruck auf Meereshöhe ungefähr 1 bar. Da der Druck also auch durch die Höhe einer Flüssigkeitssäule – hier in mm Quecksilbersäule (Hg) – angegeben werden kann und früher auch mit Quecksilbermanometern bestimmt wurde, bezeichnete man früher auch den Druck von 1 mm Quecksilbersäule (1 mm Hg) mit 1 torr. Noch heute wird in der Medizin üblicherweise der Druck (z. B. der Blutdruck) in mm Hg angegeben.
Je höher wir uns befinden, desto geringer ist der Luftdruck der noch über uns verbleibenden Atmosphäre. Eine Berechnungsmöglichkeit liefert die barometrische Höhenformel:

$$p_{amb} = p_{Meereshöhe} \cdot (1 - 6{,}5 \cdot \frac{\text{Höhe}}{288.000}) \cdot 5{,}255$$

Mit einer für uns hinreichenden Genauigkeit können wir jedoch in unseren Betrachtungen eine Druckabnahme von 0,1 bar pro 1000 m Höhenzunahme zugrunde legen.
Also ergibt sich für 1000 m Höhe ein Luftdruck von 0,9 bar, für 2000 m Höhe 0,8 bar usw.

Der Wasserdruck entsteht durch das »Übereinanderstapeln« von Wasser.
Jeweils 10 m Wassersäule ergeben einen Wasserdruck von 1 bar.
Somit herrscht an der Oberfläche ein Druck von 1 bar, in 10 m Tiefe jedoch kommt dazu noch 1 bar Wasserdruck. Dort beträgt der Umgebungsdruck also

Abb. 5: Wasserdruck

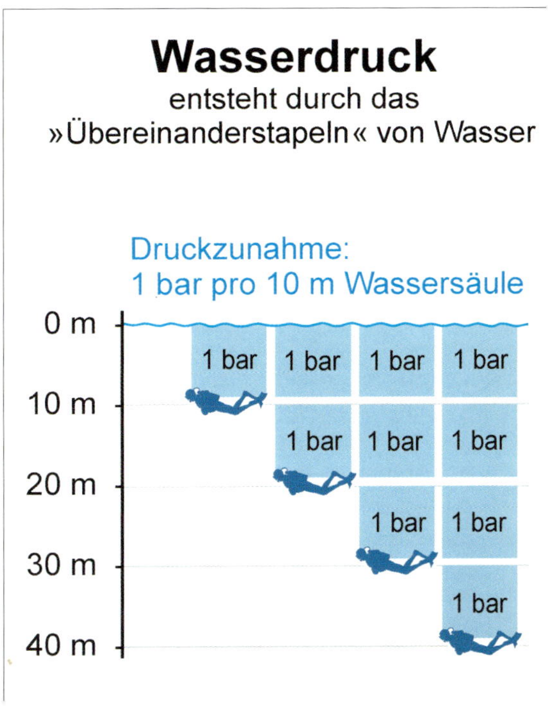

2 bar. Mit jeweils 10 m zunehmender Tauchtiefe erhöht sich der Druck um 1 bar. Daraus ergibt sich eine einfache Berechnungsformel für den Umgebungsdruck in einer bestimmten Wassertiefe:
Man teilt die aktuelle Wassertiefe durch 10 und addiert dazu 1 bar Luftdruck. Das Ergebnis in bar liefert den Umgebungsdruck in dieser Tiefe.
Um in Formeln mit verschiedenen Größen rechnen zu können, bezeichnet man jede Größe mit einem bestimmten Buchstaben. Der Druck wird mit dem Buchstaben p bezeichnet.

Das Gesetz von Boyle-Mariotte

Druck stellt für den Taucher in bestimmten Grenzen kein Hindernis dar, aber man muss lernen damit umzugehen.
Der Druck entsteht durch die Kraft, die auf unsere Körperoberfläche wirkt. Diese ist an der Wasseroberfläche durch die auf uns lastende Atmosphäre gegeben und bewirkt einen Luftdruck von rund 1 bar. Tauchen wir ab, so lastet auf uns die gesamte Masse des über uns liegenden Wassers. Je tiefer wir tauchen, desto mehr Wasser ist als Säule über uns und bewirkt eine entsprechend höhere Kraft auf uns. Der Druck auf unseren Körper nimmt also zu. Da das Wasser im Vergleich zur Luft sehr dicht ist (1 l Wasser hat eine Masse von 1 kg), bewirkt das Wasser bereits in 10 m Tiefe den gleichen Druck wie die gesamte Luftsäule über uns. Da unser Umgebungsdruck sich immer aus dem Wasserdruck und dem Luftdruck zusammensetzt, hat sich damit schon in 10 m Tiefe der Umgebungsdruck verdoppelt!
Unser Körper besteht zum größten Teil aus Wasser und wird durch diese Druckzunahme nahezu überhaupt nicht belastet oder gar zusammengedrückt, da Wasser nicht kompressibel ist. Allerdings gibt es einige luftgefüllte Räume in unserem Körper, und da sieht das schon ganz anders aus. Luftgefüllte abgeschlossene Räume werden unter höherem Druck kleiner und bei nachlassendem Druck wieder größer. Nimmt man einen mit Luft gefüllten Ballon im Hallenbad mit auf den Grund, so erkennt man bereits, dass er sich sichtbar verkleinert hat. Diesen Zusammenhang zwischen Druck und Volumen kennen wir auch aus unserem Drucklufttauchgerät: Mit dem Kompressor wird die Luft auf einen solchen Druck komprimiert, dass beispielsweise eine Luftmenge, die bei 1 bar Umgebungsdruck 2000 l Volumen einnimmt, in eine Stahlflasche mit einem Volumen von 10 l hineinpasst. Die Luftmenge hat sich dabei nicht verändert. Die Begründung liefert das folgende, für uns Taucher wichtigste physikalische Gesetz:

Abb. 6: Gesetz von Boyle-Mariotte

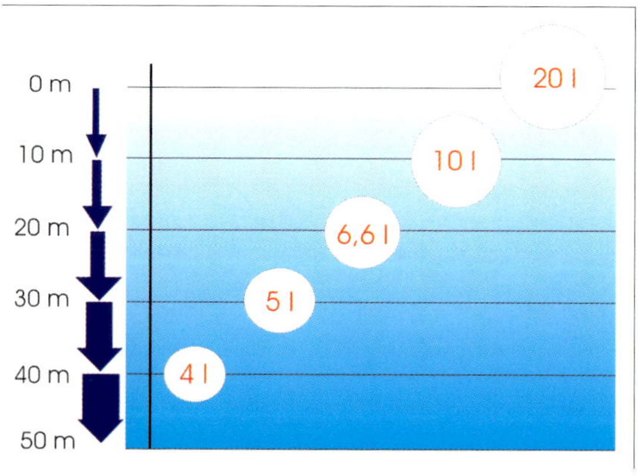

Das Gesetz von Boyle-Mariotte:

Bei gleichbleibender Temperatur steht für eine gegebene Gasmenge der Druck im umgekehrten Verhältnis zum Volumen.

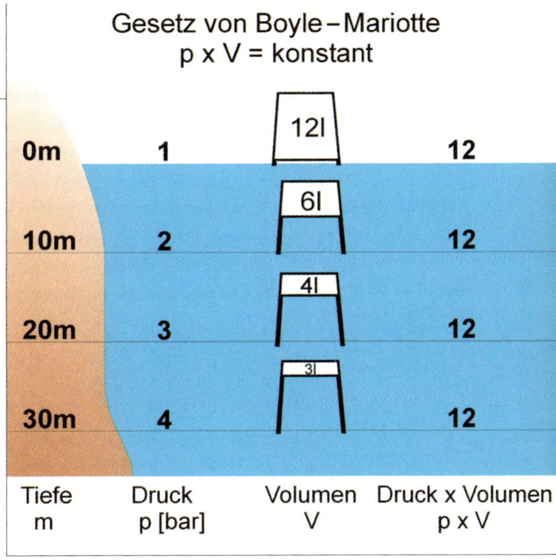

Abb. 7: Versuch zum Gesetz von Boyle-Mariotte

Anschaulicher bedeutet dies:
Verdoppelt man den Druck, so halbiert sich das Volumen.
Verdreifacht man den Druck, so bleibt nur ein Drittel des Volumens.
Genauso gilt:
Zum Verdoppeln des Volumens muss der Druck halbiert werden.
Beispiel:
Wir nehmen einen mit 12 l Luft gefüllten Eimer mit unter Wasser (s. Abb. 7).
Alle diese Beispiele zeigen, dass das Produkt von Druck und Volumen bei einer festen Luftmenge und bei einer festen Temperatur gleich bleibt.
Bezeichnen wir das Volumen mit dem Buchstaben V, so erhalten wir die Formel

$$p \cdot V = \text{konstant}$$

Die Tatsache, dass das Produkt aus Druck und Volumen konstant bleibt, ermöglicht es uns, zwei Zustände unterschiedlichen Drucks bzw. Volumens einer gegebenen Luftmenge miteinander zu vergleichen.
Im Anfangszustand bezeichnet

p_1 den Anfangsdruck und
V_1 das Anfangsvolumen des Gases.

Im Endzustand bezeichnen wir mit

p_2 den Enddruck und mit
V_2 das Endvolumen des Gases.

Da wir wissen, dass das Produkt aus Druck und Volumen gleich bleibt, gilt die Beziehung

$$p_1 \cdot V_1 = p_2 \cdot V_2$$

Falls uns von diesen vier Größen drei bekannt sind, können wir so anhand dieser Formel die fehlende Größe berechnen. So ist es möglich, unter wechselndem Druck, z. B. beim Auf- und Abtauchen, die Volumenänderungen in und um unseren Körper einzukalkulieren.
Es ist beispielsweise wichtig zu wissen, wie sich das Volumen der Lunge, der Taucherweste oder von verschiedenen Hohlräumen im Körper verändert. Auch den Luftverbrauch bei einem Tauchgang kann man nun berechnen.
Das Gesetz von Boyle und Mariotte ist somit das wichtigste physikalische Gesetz für den Taucher.
Möchten wir beispielsweise wissen, wie voll unsere Lunge in 5 m Tiefe ist, wenn sie in 20 m Tiefe mit 2 l gefüllt ist, so rechnen wir in folgenden Schritten:
Der Druck p_1 in 20 m Tiefe beträgt 3 bar.
Das Volumen V_1 dort ist 2 l.
Der Druck p_2 auf 5 m Tiefe beträgt 1,5 bar.
Gesucht ist das Volumen
$V_2 = p_1 \cdot V_1 / p_2$
Es ergibt sich
$V_2 = 3 \text{ bar} \cdot 2 \text{ l} / 1{,}5 \text{ bar} = 4 \text{ l}$
Anschaulich lässt sich die Aufgabe auch so lösen:
Da sich der Druck halbiert, muss sich das Volumen verdoppeln, beträgt also das Doppelte von 2 l, nämlich 4 l.

Unser größter luftgefüllter Raum im Körper ist die Lunge. Da sie ständig be- und entlüftet wird, haben wir in der Regel einen automatischen Druckausgleich zur Umgebung. Wird aber der Atem angehalten, so wird die Lunge zu einem abgeschlossenen Hohlraum. Tauchen wir mit angehaltenem Atem zur Oberfläche auf, so dehnt sich die Lunge aus wie ein Ballon. Sind dabei die Ausgleichsmöglichkeiten der Lunge schon ausgeschöpft, so kann sie reißen. Derartige Schäden können bereits bei einem Druckunterschied von einem Meter Wassersäule auftreten. Daher ist es wichtig zu wissen, dass beim Tauchen mit Drucklufttauchgerät auch im Flachwasser niemals beim Auftauchen der Atem angehalten werden darf. Weiteratmen oder ständiges leichtes Ausatmen ist unbedingt nötig. Auch das Beherrschen des Wasser-Nase-Reflexes ist unerlässlich, um nicht beim Tauchen ohne Maske mit angehaltenem Atem zur Oberfläche aufzusteigen.

Druck und Temperatur, Gesetz von Gay-Lussac

Der Druck einer abgeschlossenen Gasmenge erhöht sich mit steigender Temperatur und vermindert sich mit fallender Temperatur. Die Begründung hierfür liefert das folgende Gesetz.

Gesetz von Gay-Lussac:

Bei konstantem Volumen wächst der Druck einer gegebenen Gasmenge im gleichen Verhältnis wie die absolute Temperatur.

$$\frac{p_1 \cdot V_1}{T_1} = \frac{p_2 \cdot V_2}{T_2}$$

Genauer lautet das Gesetz, dass sich Gase bei 1 Grad Temperaturerhöhung im 1/273 ihres Anfangsvolumens bei 0 °C ausdehnen. Ist ein Ausdehnen nicht möglich, so erhöht sich entsprechend der Druck. Dies führt zur oben beschriebenen Gesetzmäßigkeit.

Der Zusammenhang zwischen Druck und Temperatur wurde eigentlich von dem Physiker Amontons entdeckt. Gay-Lussac beschrieb dagegen den Zusammenhang zwischen Volumen und Temperatur einer abgeschlossenen Gasmenge. Im Sprachgebrauch der Taucher hat sich jedoch der Zusammenhang von Druck und Temperatur unter dem Namen von Gay-Lussac eingeprägt, sodass dies hier auch beibehalten werden soll.

Der Zusammenhang zwischen Temperatur- und Druckerhöhung lässt sich auch mit der Bewegung der Moleküle erklären. Die Wärme eines Gases entspricht der Geschwindigkeit, mit der sich die einzelnen Gasmoleküle im Raum frei bewegen. Je wärmer ein Gas ist, desto schneller bewegen sich die Moleküle und desto mehr Moleküle stoßen pro Zeiteinheit an die Gefäßwand. Da die Anzahl der Stöße an die Gefäßwand pro Zeiteinheit dem Druck entspricht, bedeutet dies also eine Druckerhöhung.

Neu ist dabei sicherlich der Begriff der »absoluten Temperatur«. Diese ist deshalb entscheidend bei der Behandlung von Gasen, da sie als absoluten Nullpunkt die Temperatur hat, bei der sich kein Gasteilchen mehr bewegt. Niedrigere Gastemperaturen gibt es nicht. Dieser absolute Nullpunkt liegt bei -273 °C. Die absolute Temperatur wird in Kelvin, abgekürzt K, gemessen. Die Gradabstände sind dann aber genauso wie bei der Celsius-Einteilung. Das bedeutet, dass 0 °C entsprechend 273 K sind, oder allgemeiner:

Berechnung
der absoluten Temperatur T:
Die absolute Temperatur ergibt sich aus der Celsius-Temperatur ϑ durch Addition von 273 K, d. h. $T = (\vartheta) + 273$ K.

Wird ein Drucklufttauchgerät auf 200 bar gefüllt, so erhitzt es sich. Nach dem Füllen betrage die Temperatur 40 °C. Wir berechnen nun den Druck, den das Finimeter nach Abkühlung auf 20 °C anzeigt.
Das Gesetz von Gay-Lussac sagt aus, dass das Verhältnis vom Druck p zur Temperatur T (in Kelvin) gleich bleibt, also

$$\mathbf{p / T = konst}$$

Das ermöglicht es uns wie beim Gesetz von Boyle und Mariotte, zwei Zustände unterschiedlichen Drucks bzw. unterschiedlicher Temperatur miteinander zu vergleichen.
Bezeichnen wir im Anfangszustand mit
p_1 den Anfangsdruck und mit
T_1 die Anfangstemperatur des Gases sowie
im Endzustand mit
p_2 den Enddruck und mit
T_2 die Endtemperatur des Gases,
so lässt sich, da die Verhältnisse gleich bleiben, die folgende Beziehung feststellen:

$$\frac{p_1}{T_1} = \frac{p_2}{T_2}$$

Suchen wir in unserem Beispiel den Druck p_2 nach Abkühlung auf die Temperatur T_2, so erhalten wir ihn also durch

$$p_2 = \frac{p_1}{T_1} \cdot T_2$$

Die Temperatur T_1 betrug
$T_1 = (40 + 273)$ K = 313 K,
die Temperatur $T_2 = (20 + 273)$ K = 293 K.
Damit erhalten wir für den Druck p_2 nach Einsetzen der Größen den Wert 187,2 bar. Der Druck in unserem Drucklufttauchgerät ist also geringer geworden.
Tatsächlich spielt das Gesetz von Gay-Lussac für die uns beim Tauchen zur Verfügung stehende Luft keine Rolle, da sich die Luft beim Einatmen auf die Körpertemperatur erwärmt und damit unabhängig vom Druck im Tauchgerät immer die 37 °C entsprechende Luftmenge zur Verfügung steht. Für Luftverbrauchsberechnungen ist daher immer der Druck zugrunde zu legen, der 37 °C entspricht.
Das Gesetz von Gay-Lussac und das Gesetz von Boyle-Mariotte beschreiben beide Zusammenhänge bei Gasen. Sie sind beide Spezialfälle der idealen Gasgleichung, welche lautet:

$$\mathbf{p \cdot V = konst. \cdot T}$$

Bei konstanter Temperatur entspricht diese Formel dem Gesetz von Boyle-Mariotte und bei konstantem Volumen dem Gesetz von Gay-Lussac.

Zusammensetzung der Atemluft

Die Atemluft setzt sich aus verschiedenen Gasen zusammen.
Unsere Einatemluft ist ein Gemisch verschiedener Gase mit folgender Zusammensetzung:

Stickstoff N_2	78,00 %
Sauerstoff O_2	21,00 %
Kohlenstoffdioxid CO_2	0,04 %
Rest- und Edelgase	0,96 %

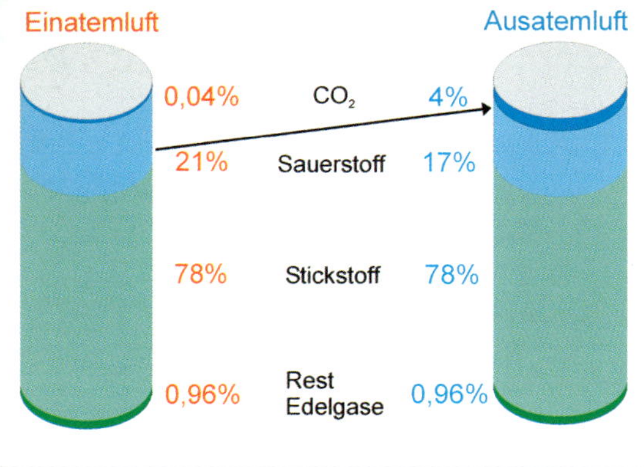

Abb. 8: Zusammensetzung der Atemluft

Für uns Taucher sind diese Zahlen gerundet.

In unserer Ausatemluft sind diese Anteile verändert, weil Sauerstoff im Körper verbraucht wird und Kohlenstoffdioxid dabei entsteht. Die Ausatemluft hat folgende Zusammensetzung:

Stickstoff N_2	78 %
Sauerstoff O_2	17 %
Kohlenstoffdioxid CO_2	4 %
Rest- und Edelgase	1 %

In der Ausatemluft haben wir deshalb nur noch ca. 17 % Sauerstoff, dafür aber ca. 4 % Kohlenstoffdioxid. Der Stickstoffanteil verändert sich nicht.

Der Sauerstoff dient dabei der Erhaltung unserer Lebensvorgänge im Körper, während der Stickstoff nur als Füllgas dient und keine chemische Reaktion im Körper eingeht. Er wird daher auch als »Inertgas« bezeichnet.

Neben den aufgeführten Gasen enthält unsere Atemluft einen Anteil an Wasserdampf. Nach Abzug des Wasserdampfdrucks bleiben die prozentualen Anteile der Einzelgase gleich.

Gesetz von Dalton, Partialdruckberechnung

Wir haben nun gelernt, den Umgebungsdruck auf unserer jeweiligen Tauchtiefe zu berechnen. Auch wissen wir, dass unsere Atemluft aus den Bestandteilen 78 % Stickstoff, 21 % Sauerstoff und rund 1 % Rest besteht.

Tauchen wir auf 10 m Tiefe, so beträgt unser Umgebungsdruck und damit auch der Druck unserer Einatemluft 2 bar. Diese 2 bar ergeben sich jedoch aus allen Gasen gemeinsam, aus denen unsere Atemluft besteht. Jedes einzelne Gas ist daran entsprechend seinem Anteil am Gasgemisch beteiligt. Wir sprechen daher von den Teildrücken oder auch Partialdrücken der einzelnen Gase. Jedes einzelne Gas trägt mit seinem Teildruck zum Gesamtdruck bei. Alle Teildrücke der Atemluftbestandteile zusammengenommen ergeben also wieder den Gesamtdruck.

Der Teildruck eines trockenen Gases errechnet sich daher durch Multiplikation seines Volumenanteils mit dem herrschenden Gesamtdruck. Das Gesetz von Dalton besagt dann:

Gesetz von Dalton:

Der Gesamtdruck eines Gases ist die Summe der Teildrücke seiner Bestandteile.

Beispiel:

Bei einem Luftdruck von 1 bar beträgt der Sauerstoffpartialdruck 21 % von 1 bar, also pO_2 = 0,21 bar.

In 10 m Tiefe beträgt der Gesamtdruck 2 bar. Der Sauerstoffteildruck ist dann 21 % von 3 bar, also pO_2 = 0,63 bar.

Für die verschiedenen Atemgasbestandteile und Tiefen bzw. Umgebungsdrücke ergibt sich dann:

Tiefe	Umgebungsdruck	Sauerstoffteildruck	Stickstoffteildruck
0 m	1 bar	0,21 bar	0,78 bar
10 m	2 bar	0,42 bar	1,56 bar
20 m	3 bar	0,63 bar	2,34 bar
30 m	4 bar	0,84 bar	3,12 bar

Tab. 1: Partialdrücke

Allgemein ergibt sich der Partialdruck eines Gases p_{Gas} durch Multiplikation seines Anteils f_{Gas} am gesamten Gasgemisch mit dem Gesamtdruck p des Gasgemisches, also

$$p_{Gas} = f_{Gas} \cdot p$$

Unter Berücksichtigung des Wasserdampfdrucks reduzieren sich die Partialdrücke der einzelnen Atemluftgase auf den Anteil an dem Druck, der sich nach Abzug des Wasserdampfdrucks ergibt.

Bei 100 % relativer Feuchte hat unsere Atemluft bei 20 °C einen Sättigungsdampfdruck von 23,3 mbar und bei 37 °C einen Sättigungsdampfdruck von 63 mbar. Bei einem Umgebungsdruck von 1 bar verbleibt also für die Atemgase ein Gesamtdruck von 0,937 bar, sodass der Sauerstoffteildruck 0,20 bar beträgt und der Stickstoffteildruck 0,73 bar.
Warum sind für uns die Teildrücke der einzelnen Atemluftbestandteile interessant? Die Wirkung eines Gases auf unseren Körper hängt nicht von seinem volumenmäßigen Anteil, sondern von seinem Teildruck ab. Dieser Teildruck bestimmt, wie viel von dem jeweiligen Gas in unserem Körper gelöst wird. Dies ist wichtig, da unsere Atemgasbestandteile bei Überschreiten gewisser Teildrücke durch zu tiefes Tauchen giftig werden können. Selbst der Sauerstoff, der für uns lebensnotwendig ist, wird ab gewissen Drücken schädlich. Für unsere Dekompression ist es wichtig, wie viel Stickstoff in unseren Körper gelangt ist. Dies ergibt sich aus dem Verhältnis des inspiratorischen Stickstoffteildrucks zum Stickstoffteildruck im Körper. Mithilfe des Gesetzes von Dalton ist es auch möglich, anhand des für das Tauchen mit Mischgas maximal möglichen Sauerstoffteildrucks den Sauerstoffanteil zu bestimmen, den das Atemgasgemisch maximal haben darf.

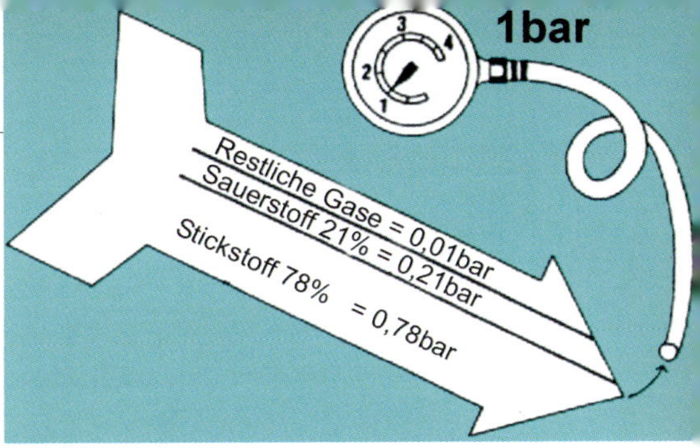

Abb. 9: Partialdrucke der Luftbestandteile

Gesetz von Archimedes

Warum schwimmt ein Stück Holz, während ein Stein absinkt? Entscheidend dafür, ob ein Körper Auf- oder Abtrieb hat, ist, ob er schwerer oder leichter ist als das Wasser, das er verdrängt. Dies sind einfache Folgerungen aus dem Prinzip des Archimedes, das auch für den Taucher wichtig ist. Das Prinzip des Archimedes lautet:

Das Prinzip des Archimedes:

Ein Körper verliert beim Eintauchen in eine Flüssigkeit scheinbar so viel an Gewichtskraft, wie die von ihm verdrängte Flüssigkeitsmenge wiegt.

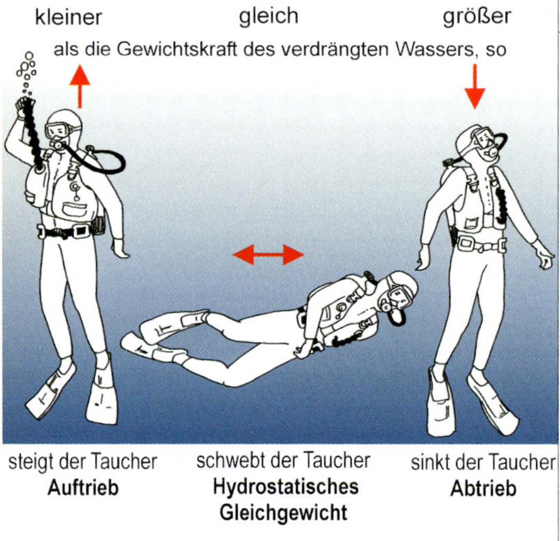

Abb. 10: Gewichtskraft des Tauchers kleiner/gleich/größer als Wasser

Dies ergibt unter Wasser die drei in Abb. 10 dargestellten Zustände:
Das hydrostatische Gleichgewicht ist der Zustand, den jeder Taucher unter Wasser einnehmen sollte. In beiden anderen Fällen entstehen Risiken für den Taucher, die vermeidbar sind. Außerdem ist der Schwebezustand auch im Hinblick auf den Umweltschutz optimal, da dann kein Sediment aufgewirbelt wird.
Für den Anfänger stellt sich oft die Frage, wie viel Blei er mitnehmen soll, um gut tariert zu sein. Nimmt er zuwenig Blei mit, hängt er an der Oberfläche und kann nicht abtauchen. Hat er zu viel Blei dabei, so muss er entsprechend viel Luft in die Taucherweste oder das Jacket blasen, um den großen Abtrieb auszugleichen, oder aber er atmet einatemorientiert, d. h. mit überwiegend gefüllter Lunge. Dies führt zu anstrengendem und unbequemem Tauchen bei gleichzeitig reduzierter CO_2-Abgabe. Da der Unterkörper so ständig nach unten gezogen wird, während die Weste oder das Jacket den Oberkörper nach oben zieht, muss der Taucher durch starken Flossenschlag die Schräglage ausgleichen. Außerdem hat der Taucher so die Tendenz, im eingeatmeten Zustand zu tauchen. Dies führt zu einer erhöhten Anstrengung unter Wasser und birgt gewisse Unfallrisiken. Jeder Liter Luft mehr im Jacket bringt einen sehr stark vergrößerten Wasserwiderstand und damit erheblich höheren Kraftaufwand.
An der Oberfläche wird das Schwimmen durch das gefüllte Jacket bzw. die Taucherweste außerdem noch stark erschwert und führt so auch zu unnötigen Anstrengungen, denen ein untrainierter Anfänger unter Umständen nicht gewachsen ist.
Um selbst zu erkennen, ob man die richtige Menge Blei mit sich führt, sollte man an der Oberfläche mit kompletter Ausrüstung folgendes ausprobieren:
Im eingeatmeten Zustand sollte der Kopf mit der Nase noch aus dem Wasser ragen. Im ausgeatmeten Zustand jedoch sollte man absinken. Dann kann man mit leerem Jacket an der Oberfläche noch ohne Schnorchelbenutzung aus dem Mund atmen.
Um den Schwebezustand zu erreichen, ändert ein Taucher den Füllungszustand seiner Lungen so, dass sein gesamtes Volumen genau dazu führt, dass seine Auftriebskraft gleich seiner Gewichtskraft ist. Reicht das Lungenvolumen dazu nicht mehr aus (bei größeren Tiefen), so wird außerdem Luft in das Jacket geblasen. Der Taucher befindet sich dann in einem scheinbar gewichtslosen Zustand. Er ist jedoch nicht schwerelos wie ein Raumfahrer im Weltraum, da seine Gewichtskraft weiterhin auf ihn wirkt und nur durch die Auftriebskraft kompensiert wird.
Beim Tauchen im Meer muss etwas mehr Blei mitgenommen werden als im Süßwasser, weil das verdrängte Salzwasser schwerer ist. Da dann aber meistens auch mit einem anderen Tauchgerät getaucht wird, ist es am besten, die richtige Bleimenge noch einmal vor Ort wie soeben

beschrieben zu ermitteln. Beim ersten Tauchgang im Süßwasser danach sollte wieder ein Test der richtigen Bleimenge durchgeführt und das überflüssige Blei abgebaut werden.
Die Auftriebskraft lässt sich rechnerisch ermitteln, indem die Gewichtskraft des verdrängten Wassers bestimmt wird. Die Masse des verdrängten Wassers ergibt sich, indem das Volumen des verdrängten Wassers (das bei einem untergetauchten Körper dem Volumen dieses Körpers entspricht) mit der Dichte des Wassers multipliziert wird. Aus der Masse erhalten wird die Gewichtskraft durch Multiplikation mit der Erdbeschleunigung von ca. 10 m/s^2.

$$\mathbf{F_{Auftrieb} = V \cdot \rho_{Wasser} \cdot g}$$
$$\mathbf{= V \cdot 1\ kg/dm^3 \cdot 10\ m/s^2}$$
$$\mathbf{= V \cdot 10\ N/dm^3}$$

Ob ein Körper nun nach oben treibt, nach unten sinkt oder schwebt, hängt von seiner Auftriebskraft und von seiner Gewichtskraft ab. Ziehen wir von seiner Auftriebskraft die Gewichtskraft ab, so kann die resultierende Kraft positiv, negativ oder null sein. Ist sie positiv, so steigt der Körper nach oben. Ist sie negativ, so sinkt der Körper ab. Ist sie null, so schwebt der Körper, weil dann gerade die Gewichtskraft durch die Auftriebskraft ausgeglichen wird.

Beispiel:
Ein Drucklufttauchgerät (DTG) mit einem Innenvolumen von 10 l hat leer eine Masse von 11 kg. Ist es mit 200 bar gefüllt, so entspricht die darin befindliche Luft einem Volumen von 2000 Litern bei 1 bar und hat eine Masse von ca. 2,4 kg (Luft hat eine Dichte von ca. 1,2 g/l). Der gesamte Auftrieb des Drucklufttauchgerätes ergibt sich aus dem Volumen des Stahlmantels und

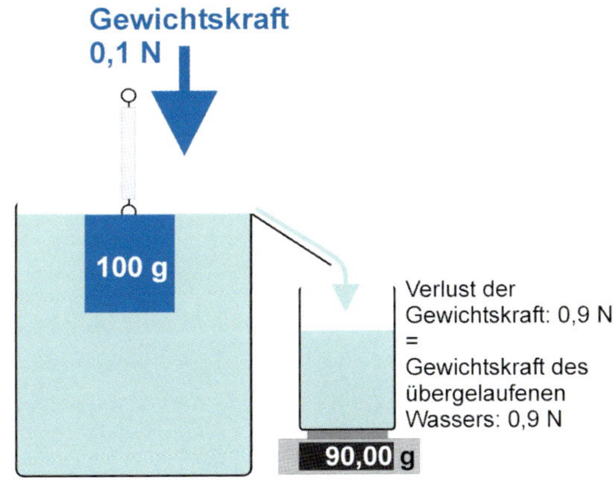

Abb. 11: Versuchsaufbau zum Prinzip des Archimedes

dem eingeschlossenen Volumen von 10 l. Das Volumen des Stahlmantels erhalten wir aus seiner Masse und seiner Dichte (ca. 8 kg/l):

$V_{Stahl} = m / \rho_{Stahl}$
$= 11\ kg / 8\ kg/l = 1{,}4\ l.$

Zusammen beträgt das Volumen dieses DTGs also 11,4 l. Die Auftriebskraft ist also F = 114 N.
Die gesamte Masse des DTGs beträgt 13,4 kg, dies ergibt eine Gewichtskraft von 134 N.
Als Differenz ergibt sich eine Kraft von
F = 114 N - 134 N = -20 N,
die nach unten wirkt.
Das Prinzip des Archimedes lässt sich auch leicht herleiten. Auf einen im Wasser befindlichen Körper, den wir der Einfachheit halber als Würfel annehmen, wirken von allen Seiten Kräfte. Die Kräfte ergeben sich aus dem hydrostatischen Druck der jeweiligen Wassertiefe. Daraus folgt, dass sich die seitlichen Kräfte gegenseitig aufheben, da von der jedem Punkt gegenüberliegenden Seite die entgegengesetzte Kraft wirkt. Nur die von oben und von unten wirkenden Kräfte bleiben übrig.
Der hydrostatische Druck ergibt sich aus der Höhe der Wassersäule, der Dichte des Wassers und der Erdbeschleunigung sowie dem Luftdruck. Da wir die Druckdifferenz betrachten, hebt sich der Luftdruck auf.

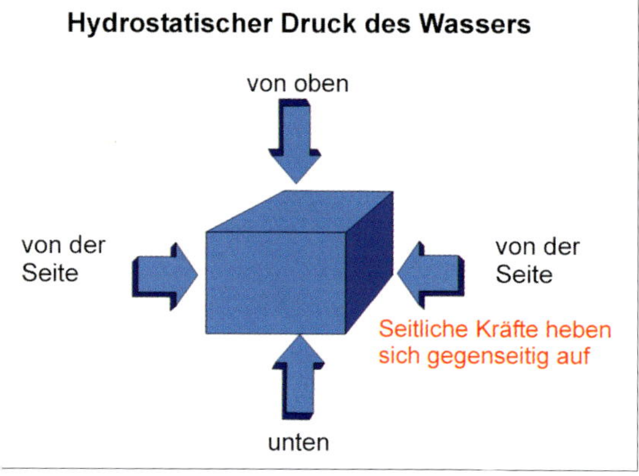

Abb. 12: Kräfte auf einen Körper unter Wasser

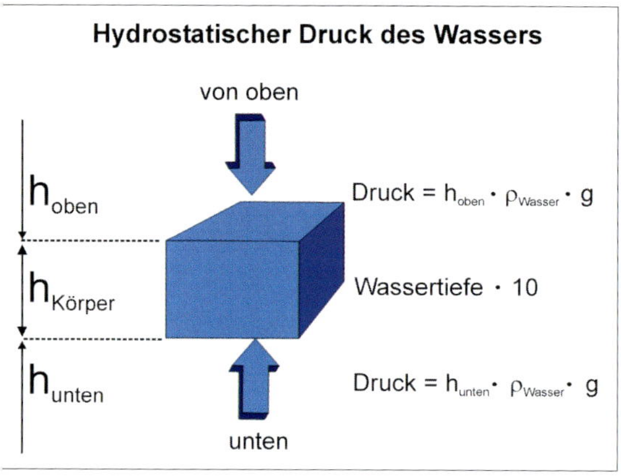

Abb. 13: Hydrostatische Druckunterschiede

Die Auftriebskraft ergibt sich als Differenz der Kräfte, die sich aus dem von oben und von unten wirkenden hydrostatischen Druck und der Angriffsfläche A ergeben.

Auftriebskraft
F =

$$
\begin{aligned}
&= p_{oben} \cdot A - p_{unten} \cdot A \\
&= (p_{oben} - p_{unten}) \cdot A \\
&= (h_{oben} - h_{unten}) \cdot \varsigma_{Wasser} \cdot g \cdot A \\
&= h_{Körper} \cdot A \cdot \varsigma_{Wasser} \cdot g \\
&= V_{Körper} \cdot \varsigma_{Wasser} \cdot g \\
&= \text{Gewichtskraft der verdrängten Wassermenge}
\end{aligned}
$$

Gesetz von Henry

Der englische Arzt William Henry hat Anfang des 19. Jahrhunderts ein Gesetz über die Löslichkeit von Gasen in Flüssigkeiten aufgestellt, mit dem auch das Entstehen der Dekompressionskrankheit erklärt werden kann.
Danach ist die in einer Flüssigkeit gelöste Gasmenge im Gleichgewichtszustand zu dem Gaspartialdruck an der Flüssigkeitsoberfläche proportional.

Gesetz von Henry:

Bei konstanter Temperatur steht die Menge des in der Flüssigkeit gelösten Gases im Sättigungszustand in direktem Verhältnis zum Druck des über der Flüssigkeit stehenden Gases.

Gasmoleküle durchdringen zu jeder Zeit die Flüssigkeitsoberfläche und gehen in der Flüssigkeit in Lösung, andere entweichen wieder. Ist die Menge der eindringenden und die der entweichenden Gasteilchen gleich, spricht man von einem Sättigungszustand.
Den Vorgang der Lösung von Gasen in Flüssigkeiten bis zum Sättigungszustand nennt man Diffusion.
Die Geschwindigkeit, mit der sich eine Flüssigkeit sättigt (d. h. mit der die Gasteilchen in die Flüssigkeit übergehen), ist von verschiedenen Faktoren abhängig, die teilweise auch beim Tauchen wichtig sind.

Partialdruckunterschied

Je höher der Druckanteil eines bestimmten Gases über der Flüssigkeit ist, desto mehr kann von diesem Gas in der Flüssigkeit gelöst werden. Steigt der Außendruck an, gehen mehr Gasteilchen in die Flüssigkeit über als herauskommen, bis schließlich wieder ein Gleichgewicht erreicht ist. Beim

Tauchen ist es der Druckanstieg beim Abtauchen, der für die zusätzliche Aufnahme von Stickstoff durch den Körper verantwortlich ist.

Zeit

Je länger ein erhöhter Partialdruck des Gases über der Flüssigkeit ansteht, desto mehr Gas wird gelöst, bis schließlich der Sättigungszustand erreicht ist. Beim Tauchen ist die Zeit, die wir einem erhöhten Umgebungsdruck ausgesetzt sind, der beeinflussende Faktor.

Temperatur

Je niedriger die Flüssigkeitstemperatur ist, desto mehr Gas kann gelöst werden. Der menschliche Körper versucht natürlich immer, eine Temperatur von 37 °C zu halten, bei längeren Tauchgängen im kalten Wasser werden aber die Arme und Beine kalt, weil der Körper deren Durchblutung drosselt, um den Körperkern zu schützen. Der während der Phase der stärksten Durchblutung zu Beginn des Tauchgangs gelöste Stickstoff kann dann nicht mehr schnell genug abtransportiert werden, sodass es zu einer verzögerten Stickstoffabgabe in der Dekompressionsphase kommt.

Oberfläche

Je größer die Oberfläche der Flüssigkeit ist, desto schneller erfolgt die Diffusion. Der Stickstoff beim Tauchen wird zuerst von der Lunge aufgenommen, die eine sehr große Oberfläche von etwa 100 m^2 hat. Der Engpass ist aber hier das Blut, das den Stickstoff dann von der Lunge zu den verschiedenen Geweben transportiert. Beim Tauchen würde eine vermehrte Durchblutung, zum Beispiel durch Anstrengung, einer Oberflächenvergrößerung entsprechen und dadurch die Stickstoffaufnahme und -abgabe beschleunigen, während eine verminderte Durchblutung in bestimmten Geweben die Stickstoffaufnahme und -abgabe verlangsamt.

Lösungskoeffizient der Flüssigkeit

Je nach Art der Flüssigkeit kann mehr oder weniger Stickstoff gelöst werden. Die dabei auftretenden Unterschiede sind erheblich; so kann eine ölige Flüssigkeit bei gleichem Druck etwa fünfmal mehr Stickstoff aufnehmen als eine wässerige Flüssigkeit. Fettleibige Taucher haben dadurch eine andere Stickstoffaufnahme und -abgabe als magere Taucher.

Lösungskoeffizient des Gases

Die Menge des in einer Flüssigkeit gelösten Gases und die Schnelligkeit, mit der sich ein Gleichgewicht einstellt, hängen auch von der Art des Gases ab. Je kleiner die Masse des Gasteilchens ist, desto höher ist seine Eindringungs-(Diffusions-)Geschwindigkeit. Helium zum Beispiel löst sich viel schneller als Stickstoff, daher gelten beim Tauchen mit Mischgasen auch andere Dekompressionstabellen.

Halbwertszeiten

Die Sättigung und Entsättigung eines Gewebes bei Änderung des Umgebungsdruckes erfolgt nicht linear, sondern in der Form einer Exponentialfunktion, d. h. in einer immer flacher auslaufenden Kurve. Die Steilheit wird gekennzeichnet durch den Begriff des Halbsättigungs- oder Halb-

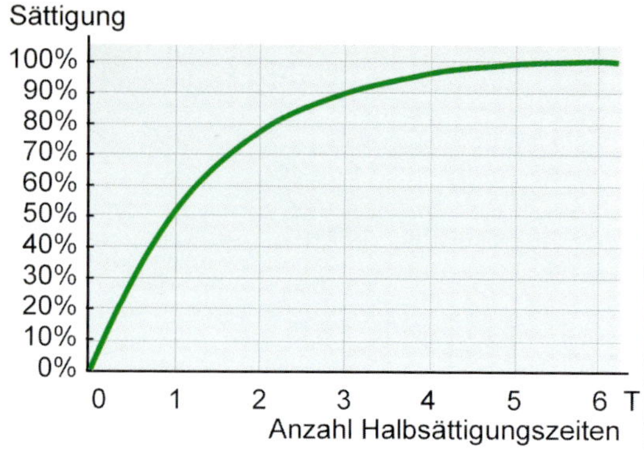

Abb. 14: Sättigungsverlauf

entsättigungswertes »T«, der in der Kernphysik auch als Halbwertszeit bezeichnet wird. Bei einem plötzlichen Drucksprung wird dieser Wert durch die Zeit gekennzeichnet, in der die Sättigung auf die Hälfte des Endwertes angestiegen ist. Nach der doppelten Halbwertszeit ist die Sättigung wiederum auf die Hälfte der noch verbliebenen Differenz angestiegen.

Nehmen wir im obigen Beispiel eine Halbwertszeit von 10 Minuten, so wäre nach 10 Minuten die Sättigung auf 50 % angestiegen, nach der doppelten Halbwertszeit, also 20 Minuten, auf 75 %, nach der dreifachen Halbwertszeit auf 87,5 % usw. Nach der sechsfachen Halbwertszeit hat die Sättigung etwa 98,4 % des Endzustandes erreicht. Nach jedem Zeitabschnitt »T« hat sich also die Differenz zwischen dem augenblicklichen Druck und dem Enddruck halbiert, dadurch entsteht die immer mehr abflachende Kurve.

Bei der Entsättigung kehren sich die Verhältnisse um. Das noch gesättigte Gewebe hätte sich dann nach 10 Minuten in unserem Beispiel zu 50 % wieder entsättigt.

Sättigungsverlauf der Gewebe

Unser Körper besteht nicht aus einer homogenen Flüssigkeit, sondern aus vielen unterschiedlichen Geweben, welche auch noch unterschiedlich stark durchblutet werden. So ist es nicht möglich, für den ganzen Körper eine einzige Halbwertszeit anzunehmen, wie es beim ersten Dekompressionsmeter der Firma S.O.S noch erfolgte. Die modernen Dekompressionsmodelle rechnen mit bis zu 16 verschiedenen Gewebegruppen, denen Halbwertszeiten zwischen 3 und über 600 Minuten zugeordnet werden (siehe Kapitel 4: Fallbeispiele S. 175). Die unterschiedlichen Halbwertszeiten führen dazu, dass nach Ablauf einer gewissen Zeit langsame Gewebe, also jene mit langen Halbwertszeiten, erst minimal aufgesättigt sind, während schnelle Gewebe, das sind die mit den kurzen Halbwertszeiten, nahezu gesättigt sind. Die schnellen Gewebe sind mehr für die kurzen tiefen Tauchgänge relevant, während die langsamen Gewebe mehr bei häufigen Wiederholungstauchgängen an mehreren aufeinanderfolgenden Tagen ausschlaggebend sind. Eine weitere Schwierigkeit bei der Dekompressionsberechnung ist die Tatsache, dass ein bestimmtes Gewebe bei der Aufsättigung eine andere Halbwertszeit haben kann als bei der Entsättigung. Dies gilt zum Beispiel für die Haut, die zu Beginn des Tauchganges noch gut durchblutet ist und den Stickstoff relativ schnell aufnimmt, am Ende des Tauchganges aber zum Schutz des Körperkernes weniger durchblutet wird, sodass die Entsättigung wesentlich langsamer erfolgt.

Die Menge an Gas, die im Sättigungszustand in einer Flüssigkeit gelöst werden kann, steigt mit

- dem Teildruck des Gases
- abnehmender Temperatur der Flüssigkeit
- der Löslichkeit des Gases in der betreffenden Flüssigkeit
- der Flüssigkeitsmenge

Schall

Der Schall breitet sich im Wasser viel schneller aus als in der Luft, weil die einzelnen Teilchen (Moleküle) aufgrund der hohen Dichte des Wassers (fast das 800-fache der Luftdichte) gut gekoppelt sind und die Schwingungen der Schallwellen so besser weitergeben.
Die Schallgeschwindigkeit in der Luft beträgt bei ca. 20 °C und bei 1 bar ca. 340 m/s, im Salzwasser gleicher Temperatur, gleichen Drucks, bei 3,5 % Salzgehalt und einer Dichte von 1,027 kg/dm^3 ca. 1485 m/s. Im Wasser ist die Schallgeschwindigkeit also mehr als viermal so hoch wie an der Luft!
Geräusche und Vibrationen (z. B. Schraubengeräusche von Schiffen) werden unter Wasser besser und weiter übertragen als an der Oberfläche. Schallwellen werden an der Grenzschicht Luft/Wasser zum größten Teil reflektiert, sodass auch lauteste Schreie und Geräusche von der Oberfläche unter Wasser praktisch unhörbar sind.
Töne, die unter Wasser entstehen, breiten sich dagegen rasch aus und führen zum Eindruck, dass ihre Entstehungsquelle näher und lauter ist, als es unserer üblichen Erfahrung mit der Fortpflanzung des Schalls an der Luft entspricht. Daher ist die Entfernung einer Schallquelle nicht aus unseren Erfahrungen vom Hören an der Luft ableitbar.
An der Luft können wir die Richtung einer Schallquelle orten, da der Schall an unseren beiden Ohren unterschiedlich auftrifft. Aus dem Zeitunterschied des Auftreffens an den Ohren kann auf die Richtung der Schallquelle geschlossen werden. Unter Wasser dagegen ist dieser Zeitunterschied wegen der höheren Schallgeschwindigkeit derart gering, dass das Auflösungsvermögen unseres Hörsinns überfordert ist.

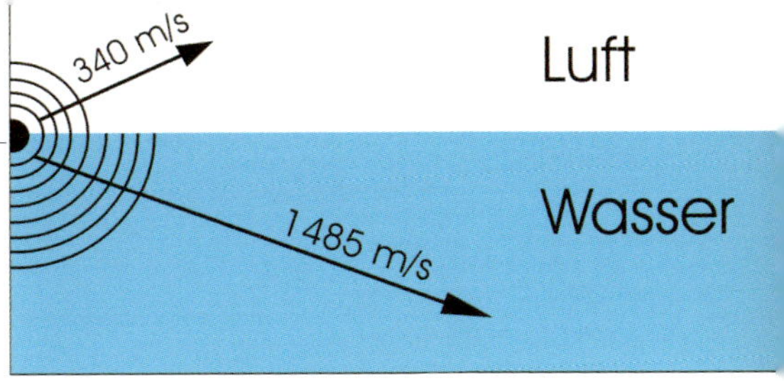

Abb. 15: Schallgeschwindigkeiten Luft / Wasser

Das fehlende Richtungshören kann gefährlich werden, wenn zum Beispiel Bootsverkehr über dem Tauchgebiet herrscht und der Taucher auftaucht. Die Richtung, aus der ein Schraubengeräusch gehört wird, ist dann nicht feststellbar. Allerdings hört man ganz gut aufgrund der Intensität der Schraubengeräusche, ob das Boot näher kommt oder sich entfernt.
Trotz erheblicher Erschwerung können Taucher in ihrer Welt der Stille akustische Signale zur Verständigung nutzen: Klopfzeichen an Tauchgeräten oder Metallteilen werden beispielsweise recht gut verstanden. Um Aufmerksamkeit durch Schall zu erregen, schlagen Unterwasserrugbyspieler mit einer Faust in ihre andere Hand.

Licht

Die Sichtverhältnisse unter Wasser werden bestimmt durch die
- Intensität des Oberflächenlichtes (Wetter, Tageszeit, Einfallswinkel der Sonnenstrahlen)
- Tauchtiefe
- Durchsichtigkeit des Wassers (Trübungsgrad)
- Beschaffenheit des Grundes (heller Sand, dunkler Fels, Schlick)

Das Licht unterliegt beim Eindringen in das Wasser folgenden Einflüssen:
- der Brechung
- der Streuung und
- der Absorption

Diese Einflüsse sollen nun verdeutlicht werden.
Durch das Auftreffen von Lichtstrahlen auf unsere Netzhaut erzeugen diese dort ein scharfes Bild, das über unsere Sehnerven

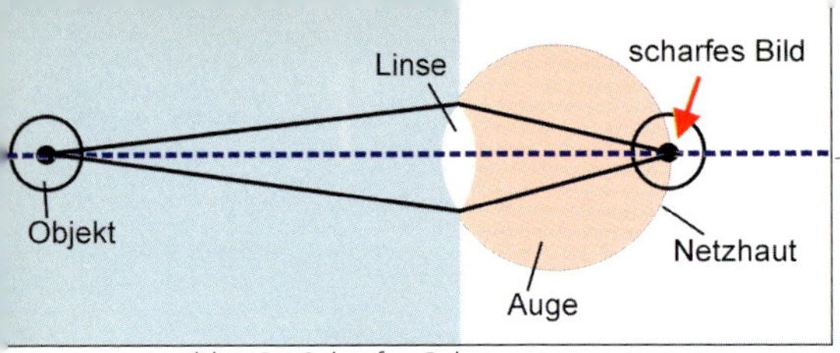

Abb.16: Scharfes Sehen

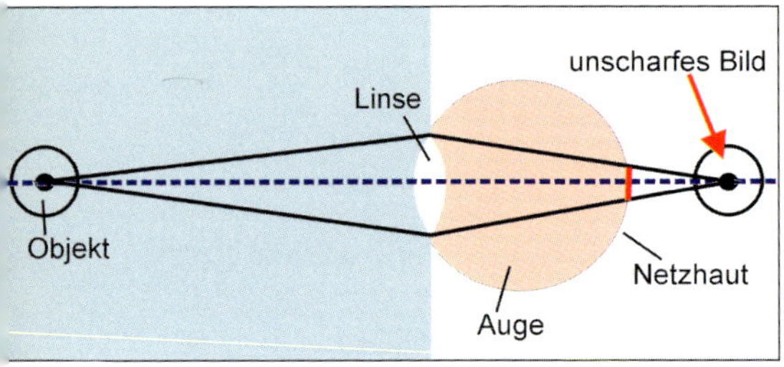

Abb. 17: Bündelung der Strahlen hinter der Netzhaut

zum Gehirn geleitet wird. Entscheidend dafür, ob wir einen Gegenstand scharf sehen, ist es, dass die von jedem Punkt dieses Gegenstandes reflektierten Lichtstrahlen wieder exakt auf der Netzhaut gebündelt werden.

Durch die unterschiedliche Brechung des Lichtes im Wasser gegenüber der Luft sehen wir unter Wasser ein unscharfes Bild, wenn wir ohne Hilfsmittel die Augen ins Wasser halten. Aufgrund der unterschiedlichen Brechung des Lichtes werden die von dem Gegenstand ausgehenden Strahlen erst hinter der Netzhaut gebündelt. Auch unsere Linse hat nicht die Möglichkeit, diese Fehlsichtigkeit auszugleichen. Der Effekt ist der gleiche wie bei einer starken Weitsichtigkeit. Ohne Taucherbrille beträgt unser Sehvermögen nur 10 % von dem an der Wasseroberfläche. Aus diesem Grund muss ein Medium zwischen Augen und Wasser geschaltet werden, das die natürlichen Brechungsverhältnisse wieder herstellt. Dies erreicht man durch das Tragen einer Tauchermaske, da diese wieder eine Luftschicht vor den Augen schafft. Allerdings hat die Lichtbrechung dann Auswirkungen auf das Erkennen von Größen und Entfernungen. Der bereits durch die Tauchmaske eingeschränkte Blickwinkel wird nun durch die Lichtbrechung von Luft und Wasser noch zusätzlich eingeengt. Diese Einengung erfolgt im Verhältnis des Brechungsindex Luft/Wasser. Die Brechung ergibt sich aus der ungefähr 1,33-fachen Geschwindigkeit des Lichtes in der Luft im Vergleich zum Wasser.

Daher erscheinen Gegenstände unter Wasser 4/3 so groß, wie sie in Wirklichkeit sind, also ein Drittel größer.

Ist ein Fisch beispielsweise in Wirklichkeit 1 m lang, so erscheint er uns 4/3-mal so groß, nämlich 1,33 m.

Erscheint er uns dagegen 1 m lang zu sein, so ist das 4/3 seiner wirklichen Länge. Seine tatsächliche Länge erhalten wir also, indem wir durch 4/3 teilen. Das ist das Gleiche, als ob wir mit 3/4 multiplizieren. Die wirkliche Größe, 3/4 von 1 m, beträgt also 0,75 m.

Ähnlich ist das bei den Entfernungen, in denen wir Gegenstände scheinbar sehen. Entfernungssehen geschieht immer mit zwei Augen. Aus dem Winkel, mit dem ein Punkt auf unsere beiden Augen trifft, bestimmt unser Gehirn aufgrund von Erfahrungswerten eine Entfernung. Durch die Brechung an der Tauchermaske verändert sich auch dieser Winkel:

Gegenstände scheinen so nur noch 3/4 ihrer tatsächlichen Distanz entfernt zu sein.

Ist also beispielsweise ein Felsen 4 m weit von uns entfernt, so erscheint er uns nur 3 m weg zu sein, nämlich 3/4 von 4 m.

Erscheint er uns dagegen in 1,50 m Entfernung, so ist er tatsächlich noch 4/3 davon, nämlich 2 m weit entfernt.

Wir müssen uns also nur die Faktoren 3/4 und 4/3 merken, je nachdem, ob der Wert größer oder kleiner sein soll.

Durch Gewöhnung an das Sehen unter Wasser können wir aber später auch Grö-

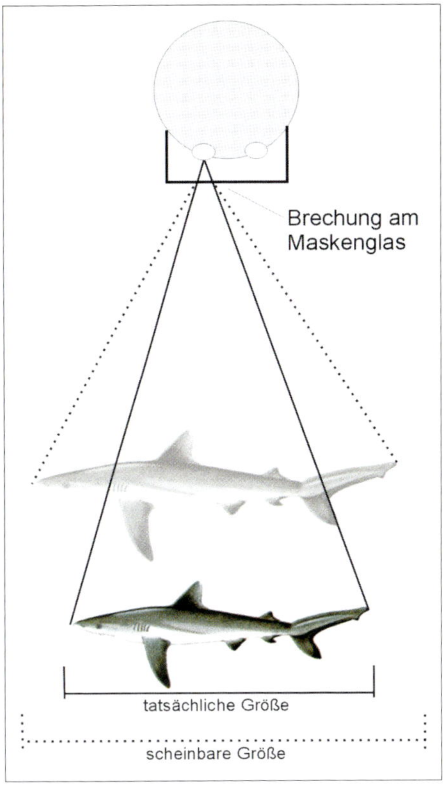

Abb. 18: Größensehen Strahlengang

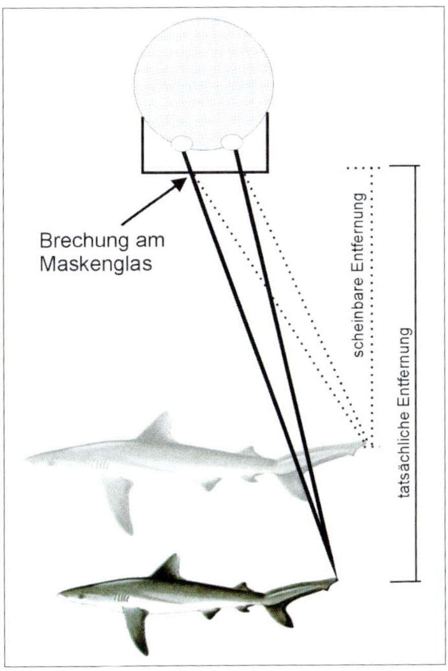

Abb.19: Entfernungssehen mit zwei Augen

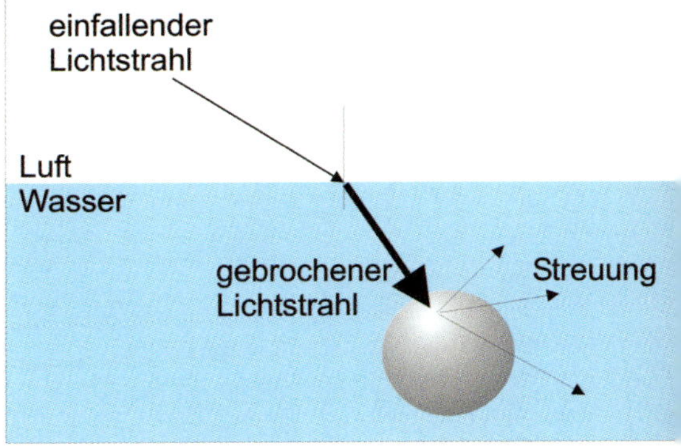

Abb. 20: Streuung

ßen und Entfernungen unter Wasser besser schätzen.

Die Lichtstreuung wird durch feinste Teilchen im Wasser hervorgerufen. Lichtstrahlen werden daran in unterschiedliche Richtungen abgelenkt.

Hierdurch ergibt sich für uns ein Bild wie im Nebel. Alles scheint wie hinter einem Schleier zu liegen. Auch in vollkommen klarem Wasser wird das Licht an den Wassermolekülen gestreut. Je mehr feinste Teilchen jedoch das Wasser enthält, desto größer ist die Streuung. Wir beschreiben das dann mit »schlechter Sicht«.

Auch die Farben erscheinen unter Wasser verändert. So erscheinen Tauchanzüge oder Taucherwesten, die an Land leuchtend rot sind, schon in wenigen Metern Tiefe in einfachem Grau. Die Korallen und Fische haben nicht mehr die Farbe, in der sie uns von Fotos her bekannt sind. Besonders die Fotografen unter uns stört das Nachlassen verschiedener Farben mit zunehmender Tiefe.

Diese Farbveränderung ist eine Folge der Absorption (Schwächung) oder Verschluckung des Lichtes unter Wasser, die je nach Farbe bzw. Wellenlänge unterschiedlich ist. Je tiefer wir tauchen, desto mehr Licht wird durch das Wasser über uns verschluckt (absorbiert), wobei rotes Licht stärker absorbiert wird als blaues.

Dies hat zur Folge, dass die Sichtbarkeit der Farben von der Länge des Weges abhängig ist, den das Licht durch das Wasser zurücklegen muss, bis es an unser

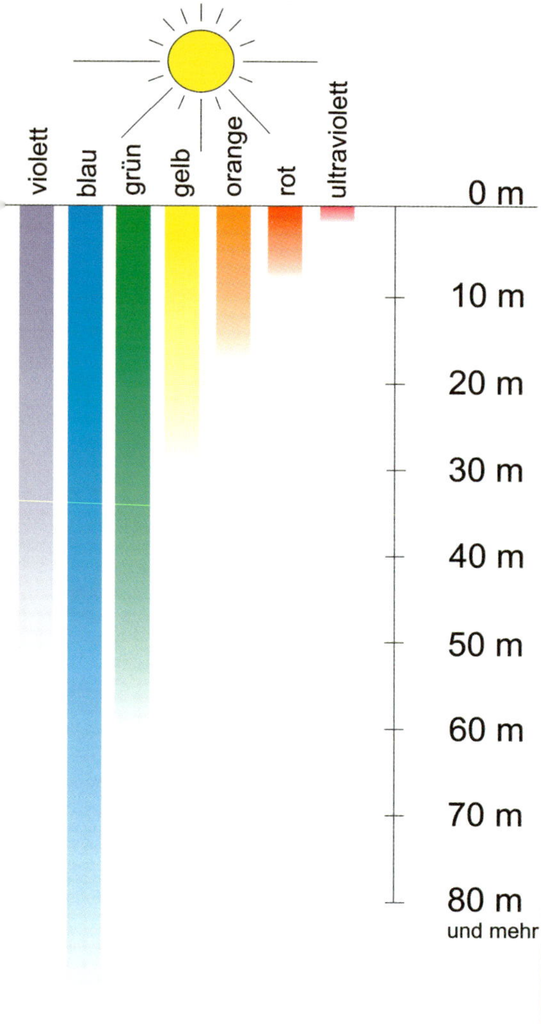

Abb. 21: Farben unter Wasser

Auge gelangt. So ist die Farbe Rot beispielsweise in 10 m Tiefe kaum noch zu erkennen.
Die ungefähren Werte für die Tiefen, in denen wir die verschiedenen Farben noch wahrnehmen können, gibt die Abbildung 20 auf der vorher gehenden Seite wieder. Aus diesem Grund nehmen wir auch in hellen tropischen Meeren fast immer eine Lampe mit unter Wasser. Unterwasserfotografen benutzen nicht nur wegen der Helligkeit, sondern auch wegen der wieder erscheinenden Farben einen Blitz. Alle Objekte und Lebewesen, die sich im Lichtkegel der Lampe oder des Blitzes befinden, erscheinen unabhängig von der Wassertiefe wieder in ihren natürlichen Farben, da sich der Weg des Lichtes von der Lichtquelle zum Objekt so wieder verkürzt. So können wir die farbenprächtige Unterwasserwelt in ihrer natürlichen Schönheit bewundern.

Anatomie

Um die später zu behandelnden Taucherkrankheiten mit ihren theoretischen Hintergründen und den zahlreichen neuen wissenschaftlichen Erkenntnissen verstehen zu können, ist die Kenntnis vom normalen Aufbau des menschlichen Körpers (Anatomie) und von den normalen Lebensvorgängen in Zellen, Geweben und Organen (Physiologie) unerlässlich. Besondere Bedeutung haben dabei die Organe, die die Sauerstoffversorgung des Organismus garantieren, wie Atmungsorgane und die Organe des Herz-Kreislauf-Systems. Aber auch die luftgefüllten Hohlräume sind von Bedeutung, da sie unter verändertem Umgebungsdruck spezifische Taucherkrankheiten hervorrufen können. Die Differenzierung der verschiedenen Gewebearten mit ihren unterschiedlichen Sättigungswerten für Stickstoff ist bedeutsam für die Dekompressionslehre.

Gewebe

Unter Gewebe versteht man einen durch spezifische Leistungen gekennzeichneten Zusammenschluss gleichartig entwickelter Zellen einschließlich des Interzellulargewebes. Die Gewebe stellen den größten Anteil des menschlichen Körpers dar. In Abhängigkeit von ihrer Durchblutung werden sie beim Tauchen, d. h. unter erhöhtem Umgebungsdruck, mit Stickstoff unterschiedlich schnell gesättigt und entsättigt. »Schnelle« Gewebe sind gut durchblutet, »langsame« Gewebe sind geringer durchblutet.

Epithelgewebe

Das Epithelgewebe ist als ein geschlossener ein- oder mehrschichtiger Zellverband charakterisiert, der die Körperoberfläche innen und außen bedeckt. So werden die Hohlorgane wie Schädelhöhlen, Magen-Darm-Trakt, Lungen und Bronchien, aber auch die Drüsen wie eine Tapete mit Epithelgewebe ausgekleidet. Funktionen und Aufgaben sind Produktion von Sekreten und Hormonen, Aufnahme von Stoffen (Resorption) und Schutzfunktion. Bei der äußeren Haut dient eine teilweise derbe Epithelschicht als Schutz gegen mechanische Einwirkungen. Das Flimmerepithel des Atmungstraktes hat eine besondere Schutzfunktion: Schmutzpartikel können durch den Flimmerbesatz der Epithelzellen nach außen geschleust werden.
Das zur Auskleidung der Nasennebenhöhlen vorhandene Epithelgewebe ist leicht zu verletzen, insbesondere bei Druckausgleichproblemen beim Tauchen, wenn der Unterdruck zu Schmerzen, Blutungen und Flüssigkeitsaustritt führt.

Binde- und Stützgewebe

Das Binde- und Stützgewebe besteht aus lockeren Geweben, in die z. B. die Organe eingebettet sind, und aus festem Material wie Knorpel- und Knochengewebe. Dieses Gewebe ist im ganzen Körper vertreten. Das straffe Bindegewebe ist schlecht durchblutet und gehört somit zu den »langsamen« Geweben. Das Knochengewebe zeigt jedoch eine Ausnahme, nämlich einen gut durchbluteten Anteil, den Ort der Blutbildung.

Fettgewebe

Fettgewebe kommt als Baufett und als Speicherfett in teils sehr unterschiedlicher Menge im Organismus vor. Hoher Fettanteil, d. h. Übergewicht (Adipositas), ist ein Risiko für den Dekompressionsunfall; denn die Löslichkeit des Stickstoffs ist in Fettgewebe mehr als fünfmal höher als in Wasser oder Blut. Fett ist ein »schnelles« Gewebe.

Nervengewebe

Das Nervengewebe besteht aus Nervenzellen, aus bis zu einem Meter langen Nervenfortsätzen und spezifischen Stütz- und Nährzellen (Gliazellen). Es sind erregungsleitende Elemente sowie zellhaltiges Hüll- und Stützgewebe vorhanden.
Man unterscheidet anatomisch das zentrale Nervensystem (ZNS) mit Gehirn und Rückenmark und das periphere Nervensystem. Funktionell trennt man das willkürliche (zerebrospinale) Nervensystem vom vegetativen (autonomen) System, das die Innervation der inneren Organe und die Gefäßfunktionen regelt und welches mit den Gegenspielern Sympathikus und Parasympathikus (Vagus) funktioniert.
Die Meldungen aus den Sinnesorganen werden verarbeitet und dann an das Gehirn weiter geleitet. Das Gehirn ist der Sitz des Willens, des Verstandes und des Bewusstseins. In dieser Zentralfunktion werden die Impulse dann an die Erfolgsorgane geschaltet. Das Rückenmark dient vor allem als Umschaltstelle für die Nervenreize.
Das periphere Nervensystem besteht aus einem engmaschigen Netz von einzelnen Nerven, die überall im Körper vorhanden sind.

Unter dem sensorischen System versteht man die gesamten nervalen Strukturen für Aufnahme, Weiterleitung und Verarbeitung von Informationen über die Umwelt im Dienste der Sensibilität durch die Sineswerkzeuge Gesichts-, Gehör-, Geschmacks- und Geruchssinn.
Da das Nervengewebe zum großen Teil aus Fettgewebe besteht, ist auch hier die Löslichkeit von Stickstoff vermehrt.

Muskelgewebe

Muskelgewebe besteht aus der Skelettmuskulatur, der glatten Muskulatur und dem Herzmuskel. Die Skelettmuskulatur ist mikroskopisch betrachtet quer gestreift und in Abhängigkeit von der Körperarbeit stark durchblutet. Die glatte Muskulatur der inneren Organe und Gefäße arbeitet autonom, d. h. sie untersteht nicht unserem Willen. Unter Berücksichtigung von Anatomie und Funktion des Muskelgewebes findet sich nach Körperarbeit und Anstrengung eine teils erhebliche Durchblutungssteigerung, entsprechend schnell und gesteigert ist die Stickstoffaufsättigung.

Blut

Das Blut ist ein flüssiges Gewebe, dekompressionsphysiologisch ist es das schnellste Gewebe. Das heißt, dass kurz nach dem Tauchgang die Aufsättigung von Stickstoff beginnt, erst dann erfolgt die Aufsättigung der anderen Gewebe.
Die normale Blutmenge des Erwachsenen beträgt ca. 1/12 des Körpergewichts, d. h., ein 70 kg schwerer Mensch hat 5 bis 6 l Blut. Man unterscheidet den zellulären Anteil von 45 % und den flüssigen Anteil von 55 %. Dieses Verhältnis von Zellen und Flüssigkeit bezeichnet man als Hämatokrit.

Abb. 22: Bestandteile des Blutes

Der Hämatokrit hat entscheidende Bedeutung bei der Dekompression:

- Hämatokrit erhöht bedeutet, dass das Blut »eingedickt« ist. Sättigung und Entsättigung sind verlängert.
- Hämatokrit erniedrigt bedeutet, dass das Blut »verdünnt« ist. Sättigung und Entsättigung sind verkürzt.

Eine Änderung des Hämatokrits wird nach Blutspenden, bei Durchfallerkrankungen (Exsikkose = Austrocknung), bei fieberhaften Zuständen, Alkoholmissbrauch, Medikamenteneinnahme, Blutarmut und beim

Tauchen schlechthin beobachtet. Das Risiko für einen Dekompressionsunfall und Tiefenrausch kann erhöht sein.

Die Bestandteile des Blutes sind das Blutplasma (55 % des Gesamtblutes) mit den Eiweißkörpern Albumine, Globuline und Fibrinogen, Wasser, anorganische Salze, Transportstoffe wie Nahrungsmittel, Hormone, Vitamine u. a. Blutserum ist das Blutplasma ohne Fibrinogen.

Die zellulären Bestandteile werden vorwiegend im Knochenmark gebildet; wir unterscheiden drei Arten. Rote Blutkörperchen (Erythrozyten) gleichen in der Form einer runden, beidseits eingedellten Scheibe mit einem Durchmesser von 8 µm (1 Mikrometer = 1/1 000 mm). Sie enthalten den roten Blutfarbstoff Hämoglobin, an den der Sauerstoff zum Transport chemisch gebunden wird. Die Lebensdauer einer roten Blutzelle beträgt bis zu 120 Tage, ein Zellkern ist im Funktionszustand nicht mehr vorhanden. Die Gesamtzahl beträgt 4 bis 5 Mill./mm^3, die Hämoglobinkonzentration beträgt beim Mann 14 bis 18 g %, bei der Frau 12 bis 16 g %.

Die weißen Blutzellen (Leukozyten) sind größer als die roten, kernhaltig und selbstständig fortbewegungsfähig. Die Zahl beträgt 4000 bis 10 000/mm^3. Sie haben entscheidende Bedeutung bei den Abwehrvorgängen im Organismus, da sie Fremdkörper und Zelltrümmer in sich aufnehmen können (Phagozytose). Bei entzündlichen Prozessen ist die Leukozytenzahl im Blut erhöht. Ein Teil der Leukozyten sind Lymphozyten (20 bis 25 %), die in der Milz und in den Lymphknoten gebildet werden und bei der Abwehr eine Rolle spielen.

Blutplättchen (Thrombozyten) sind sehr kleine (2 bis 3 µm im Durchmesser), unregelmäßig geformte Scheibchen, die bei der Blutgerinnung eine Bedeutung

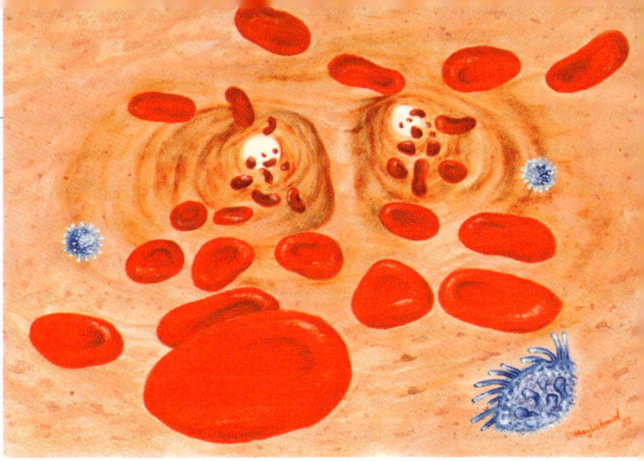

Abb. 23: Blick in ein Blutgefäß mit Erythrozyten (rot/rundlich) und Leukozyten (blau)

haben. Die Zahl beträgt 150 000 bis 300 000/mm^3. Bei einer kritischen Verminderung der Zahl kann es zu Blutungen kommen.

Lymphe

Die Lymphe ist eine hellgelbe Flüssigkeit, bestehend aus Lymphplasma und Lymphkörperchen, die fast alle Lymphozyten entsprechen. Die Lymphe entsteht durch Austritt von Blutplasma aus den Blutkapillaren ins Gewebe. Sie fließt dann in die Gewebsspalten und wird durch besondere Gefäße (Lymphgefäße) über die regionalen Lymphknoten erneut dem Blutkreislauf zugeführt.

Atmungsorgane

Mit Atmung werden alle Vorgänge bezeichnet, die der Aufnahme und dem Transport des Sauerstoffs bis in die Zellen sowie dem Abtransport des durch den Stoffwechsel entstehenden Kohlenstoffdioxids und damit der Energiegewinnung im weitesten Sinne dienen. Da die Zellen ohne Sauerstoff nicht lebensfähig sind, ist die Atmung eines unserer lebenswichtigen Versorgungssysteme. Der Weg des Sauerstoffs zur Zelle geht über die Atmungsorgane, das Blut und das Herz-Kreislauf-System. Um zu verstehen, wie es zur Störungen der Atmung kommen kann, sind daher Kenntnisse über Aufbau (Anatomie) und normale Funktion dieser Organe nötig.

Als Atmungsorgane bezeichnen wir alle Organe auf dem Weg des Sauerstoffs von der Umgebung bis zum Übergang ins Blut. Dabei handelt es sich um die oberen Luftwege, die Bronchien und die Lungen mit den elastischen Fasern und den Lungenbläschen (Alveolen). Die Atemluft kann durch Nase und Mund zu den Alveolen gelangen.

Die Atemwege

Die oberen Luftwege bestehen aus der Mundhöhle, dem Nasen-Rachen-Raum, dem Kehlkopf mit der Stimmritze und der Luftröhre *(Trachea)*. Sie haben die Aufgabe, die Atemluft zu reinigen, anzufeuchten und zu erwärmen.

Im vordersten Teil der Nasenhöhle halten die Nasenhaare wie ein Sieb die gröberen Verunreinigungen zurück. Das Naseninnere ist mit einer mit Flimmerhärchen besetzten Schleimhaut (Flimmerepithel) überzogen. Durch eine große Anzahl von Schleimdrüsen wird das Naseninnere ständig feucht gehalten. Dabei verdunstet täglich eine große Tasse Wasser! Bei der Einatmung wird die vorbeistreichende Luft somit angefeuchtet und erwärmt. Zugleich erfolgt auch eine Feinreinigung der Luft von mitgeführten Staubpartikeln, die sich auf der Schleimhaut niederschlagen.

Der Kehlkopf

Im oberen Teil der Luftröhre liegt der Kehlkopf. Er dient der Stimmerzeugung und vermag durch Verschluss der Stimmritze (Stimmritzenkrampf) den Luftweg abzu-

Abb. 24: Atemwege

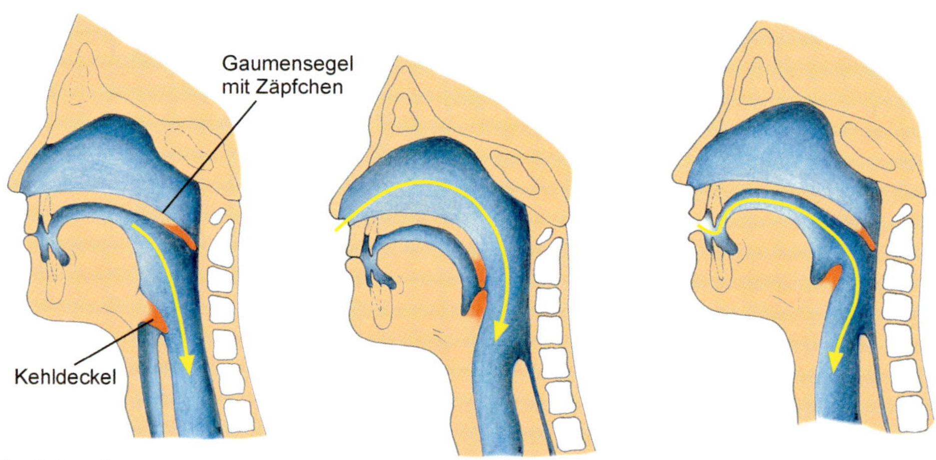

Schlucken
Beim Schlucken wird das Gaumensegel (oder Zäpfchen) gehoben, der Eingang der Luftröhre durch den Kehldeckel verschlossen. Somit können keine Speisereste in die Luftwege gelangen.

Nasenatmung
Wenn wir normal durch die Nase einatmen, wird das Gaumensegel gesenkt und der Kehldeckel gehoben, so dass die Atemluft ungehindert vom Nasen-Rachen-Raum durch die Luftröhre in die Lunge strömen kann.

Mundatmung
Beim Tauchen erhalten wir unsere Atemluft vomAtemregler via Mund zugeführt. Normalerweise ist dabei das Gaumensegel gehoben, der Kehldeckel selbstverständlich auch.

sperren. Dieses Phänomen ist eine gefährliche Unfallursache beim Tauchen, da der Stimmritzenkrampf zu einem Lungenüberdruckbarotrauma mit Lungenriss führen kann. Bei der Erzeugung von Tönen spielen auch die luftgefüllten Hohlräume eine Rolle, denn sie helfen als Resonanzkörper mit, den Klang der Stimme zu bilden.

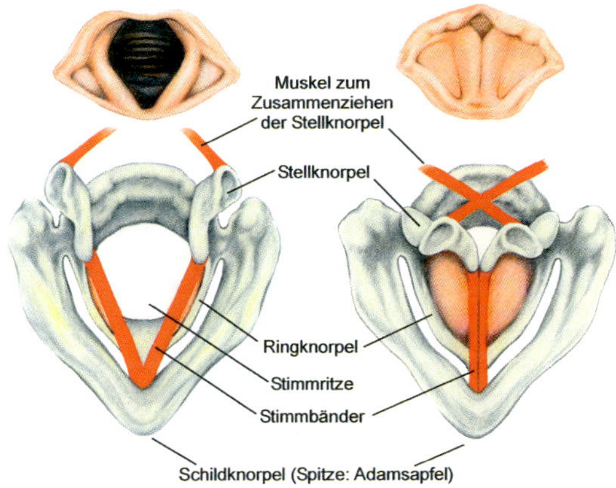

Abb. 25: Kehlkopf und Stimmritze

Abb. 26: Aufbau der Lunge

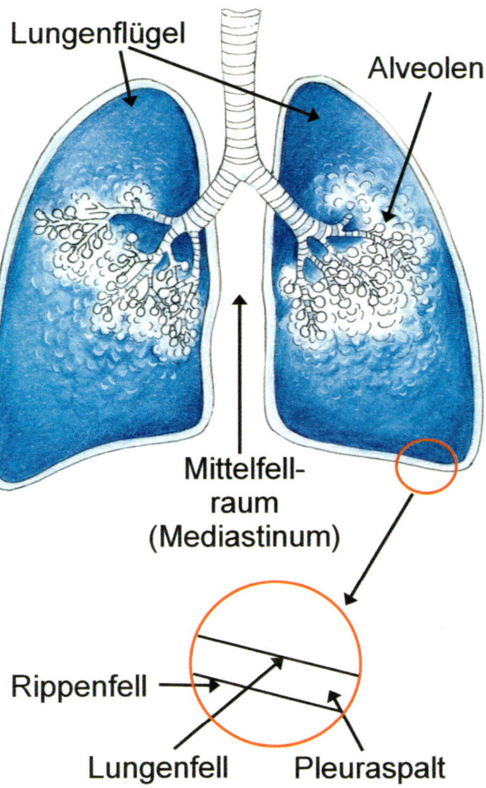

Die Lunge

Die Lunge besteht aus zwei Lungenflügeln, die rechts in drei und links in zwei Lappen aufgeteilt sind. Sie liegen im knöchernen Brustkorb *(Thorax)*, der eine wichtige Funktion für die Mechanik der Atmung wahrnimmt. Der *Thorax* besteht aus zwölf Rippenpaaren, die durch viele kleine Gelenke, die die Rippen mit der Wirbelsäule und dem Brustbein verbinden, durchaus beweglich sind. Diese Beweglichkeit ist für die zur Atmung notwendige Volumenänderung der Lunge erforderlich.

Die Lunge ist an ihrem äußeren Rand durch ein dünnes Häutchen, das Lungenfell (*Pleura visceralis*) bedeckt. An der Lungenwurzel schlägt dieses Häutchen um und geht in das Rippenfell (*Pleura parietalis*) über. Zwischen beiden Fellen liegt der Pleuraspalt, der allseits geschlossen ist. Der Pleuraspalt ist flüssigkeitsgefüllt und weist einen negativen Druck auf. Hierdurch wird erreicht, dass das Lungenfell an dem Rippenfell »klebt«. Gleichzeitig sind sie dadurch gegenseitig verschiebbar. Der Brustkorb selbst ist durch Zwischenrippenmuskeln bewegbar, sodass der von ihm eingeschlossene Raum durch Muskulatur vergrößert oder verkleinert werden kann. Nach unten sind die Lungen durch das Zwerchfell begrenzt. Das Zwerchfell ist ein großer Muskel, der sich durch Kontraktion nach unten bewegt und damit die Lun-

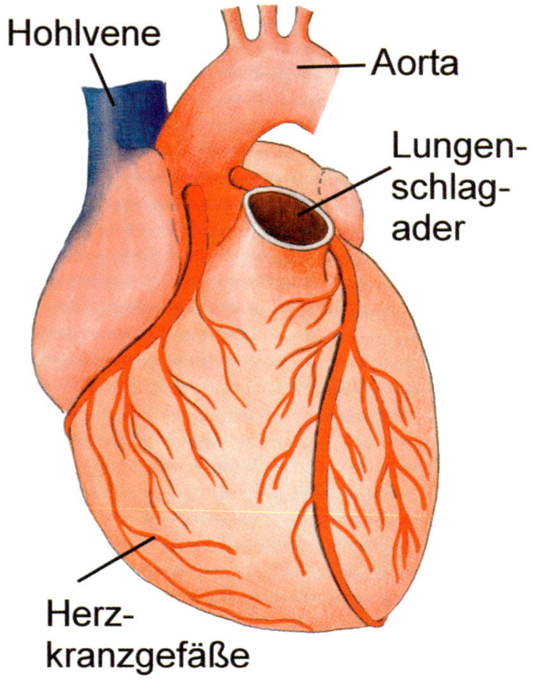

Abb. 27: Herz, Vorderseite

ge in diese Richtung vergrößert. Das Zwerchfell ist der wichtigste Atemmuskel. In der Mitte zwischen den beiden Lungenflügeln befindet sich der Mittelfellraum *(Mediastinum)*, an den die Lungenflügel unmittelbar angrenzen. Im Mittelfellraum

Abb. 28: Herz, Längsschnitt im Schema

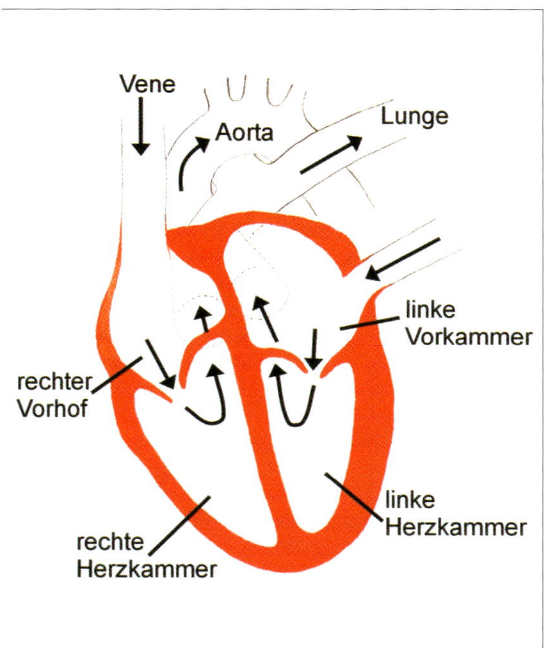

befinden sich das Herz, die Luftröhre, die großen Blutgefäße, bei einem Kind die Thymusdrüse und lockeres Bindegewebe. Die Luft gelangt über das Bronchialsystem, welches aus den Bronchien und den sich immer weiter wie die Äste eines Baumes verzweigenden Bronchiolen besteht, in die Alveolen. Die Alveolen bilden das eigentliche Funktionsepithel der Lungen. In ihnen findet der Gasaustausch statt. Die Millionen Alveolen hängen wie eine Art Weintraube am Ende der Bronchiolen. Hierdurch wird eine enorme Oberflächenvergrößerung der Funktionsfläche der Lungen erreicht. Die gesamte Funktionsfläche beträgt ca. 100 m^2. Zwischen den Alveolen befinden sich Blutgefäße und elastisches Bindegewebe.
Das elastische Bindegewebe bewirkt wie ein Gummi, dass die Lunge von sich aus das Bestreben hat, sich zusammenzuziehen. Durch den Unterdruck im Pleuraspalt wird sie jedoch am Brustkorb gehalten, sodass ein Zusammenfallen verhindert wird und die Lunge der Bewegung des Brustkorbs folgen muss.

Das Herz

Das Herz ist unsere zentrale Saug-Druck-Pumpe, welche dafür sorgt, dass das Blut in den Körperkreislauf und in den Lungenkreislauf transportiert und von dort wieder abtransportiert wird. Ohne das Herz kann das sauerstoffreiche Blut nicht zu den Zellen gelangen. Daher ist seine Funktion für uns lebenswichtig.
Das Herz ist ein etwa faustgroßer aus vier Hohlräumen bestehender Hohlmuskel, der seine Befehle von einem eigenen Reizleitungssystem erhält, weitere kommen vom vegetativen Nervensystem. Die beiden Herzhälften haben unter normalen Bedingungen keinerlei Verbindung miteinander,

arbeiten jedoch synchron. Die rechte Herzhälfte versorgt den Lungenkreislauf, die linke Herzhälfte den Körperkreislauf. Jede Herzhälfte besteht aus einem Vorhof und einer Hauptkammer.
Zwischen diesen bestehen ventilartige Verbindungen, die Segelklappen, die das Blut nur in einer Richtung hindurchlassen. Die Herzklappe zwischen dem rechten Vorhof und der rechten Hauptkammer heißt Trikuspidalklappe *(Valva atrioventricularis sinistra)* und die Herzklappe zwischen dem linken Vorhof und der linken Hauptkammer heißt Mitralklappe *(Valva atrioventricularis dextra)*. Die Austrittsöffnungen vom Herzen zum Lungenkreislauf und zum Körperkreislauf sind ebenfalls durch Klappen gesichert, die sogenannten Taschenklappen. Die Klappe zwischen Herz und Aorta heißt Aortenklappe, die Klappe zwischen Herz und Lungenarterie heißt Pulmonalklappe.
Durch die Herzmuskulatur hat das Herz die Fähigkeit, sich zusammenzuziehen. Durch ein Zusammenziehen der jeweiligen Kammer hat das darin befindliche Blut das Bestreben zu entweichen. Durch die Herzklappen hat es jedoch nur die Möglichkeit, in eine Richtung zu entweichen, und wird so bei einer Herzkontraktion von der jeweiligen Hauptkammer in den Lungen- bzw. Körperkreislauf gedrückt. Bei einer Entspannung des Herzmuskels füllt sich die Kammer wieder mit Blut. Aufgrund der Ventilfunktion der Klappen kann das Blut nur aus der Vorkammer nachströmen. Somit ist eine eindeutige Pumprichtung vorgegeben.
Damit die Herzmuskulatur arbeiten kann, benötigt sie wie jede Muskulatur Sauerstoff, der dem Blut entnommen wird. Daher zweigen direkt hinter der Aortenklappe aus der Aorta die Herzkranzgefäße ab, über die das Herz sich zunächst selbst mit Blut versorgt. Wenn diese Blutversorgung gestört ist, kann der Herzmuskel nicht mehr ausreichend arbeiten, und das Herz kann seine Aufgabe nicht mehr wahrnehmen. Dann besteht akute Lebensgefahr. Eine Störung der Blutversorgung der Herzkranzgefäße kann erfolgen, wenn Gasblasen in das arterielle Blut gelangen und die Herzkranzgefäße embolisch verschließen.
Die Muskulatur der linken Kammer ist wesentlich stärker als die der rechten Kammer, da das linke Herz die größere Arbeit zu verrichten hat, nämlich den gesamten Körperkreislauf zu versorgen.
Die Vorhöfe und Kammern arbeiten jeweils synchron zusammen, d. h., die Vorhöfe treiben gleichzeitig das Blut in die Kammern, die Kammern gleichzeitig das Blut in die Aorta bzw. in die Lungenarterie. Die Herzfrequenz beträgt in Ruhe 60 bis 80 Schläge in der Minute, das Schlagvolumen einer Herzaktion ist 70 bis 100 ml. Durch Erhöhung der Schlagzahl (bei Anstrengung auf bis zu 180/min oder mehr) und Vergrößerung des Schlagvolumens z. B. durch Training kann die Leistung des Herzens erheblich gesteigert werden. Dies ist bei stärkerer Arbeit erforderlich. Eine Erhöhung des Schlagvolumens ist dabei effektiver als eine Steigerung der Herzfrequenz. Je besser der Trainingszustand, desto mehr kann zunächst das Schlagvolumen gesteigert werden. Das Schlagvolumen der linken Herzkammer beträgt in Ruhe ca. 70 ml Blut pro Herzschlag.
Der Befehl zum Zusammenziehen des Herzmuskels erfolgt nicht willentlich über das Gehirn, sondern automatisch über ein eigenes Reizbildungs- und Reizleitungssystem des Herzens. Die Erregungsbildung, also die spontane Bildung des Herzaktionspotenzials, erfolgt normalerweise

rhythmisch im Sinusknoten als Ort der höchsten Erregungsfrequenz. Der Sinusknoten ist praktisch unser physiologischer Herzschrittmacher. Vom Sinusknoten wird der Reiz weitergeleitet über den Atrioventrikularknoten (AV-Knoten) und tiefere Abschnitte des Erregungsleitungssystems (His-Bündel, linker und rechter Tawara-Schenkel und Purkinje-Fasern). Wenn der Sinusknoten als primäres Reizbildungszentrum ausfällt, bleibt das Herz nicht stehen, sondern die Aufgabe der Reizbildung wird dann durch nachgeordnete Abschnitte, zunächst durch den AV-Knoten, übernommen. Bei einer krankhaften Störung des Sinusknotens kann ein künstlicher Herzschrittmacher als Ersatz für das physiologische Reizbildungssystem installiert werden.

Die elektrischen Ströme des Reizleitungssystems können mithilfe eines Elektrokardiogramms (EKG) gemessen werden. Ein EKG stellt als Herzstromkurve die bioelektrischen Potenziale bzw. Potenzialdifferenzen dar. Die Ableitung erfolgt in der Regel mithilfe von Elektroden von der Körperoberfläche. Das gewonnene Kurvenbild erlaubt zahlreiche auswertbare Faktoren zur Diagnose von Herzstörungen. Für die Tauchtauglichkeitsuntersuchung ist eine Ergometeruntersuchung aufschlussreich, bei der der Taucher auf einem Fahrradergometer eine gewisse gleichmäßige Belastung erbringt und dabei sein EKG abgeleitet wird. Dieses dient zusammen mit den Ergebnissen der Puls- und Blutdruckmessung der Beurteilung eines leistungsfähigen Herz-Kreislaufsystems.

Die Herzschlagfrequenz und das Herzschlagvolumen werden von Reglersystemen gesteuert, die im Gehirn koordiniert werden.

Abb. 29: Offenes Foramen ovale

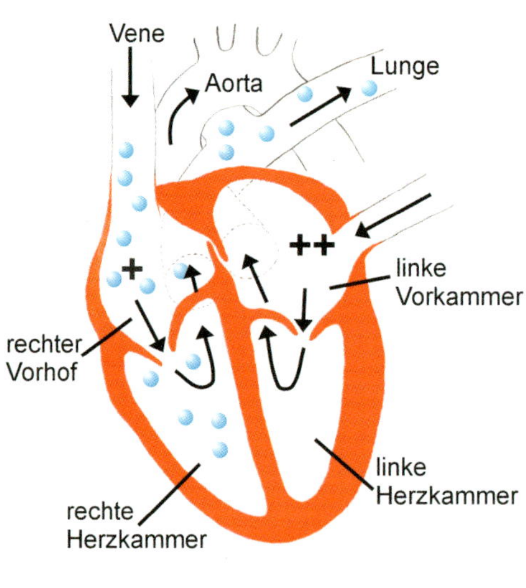

Offenes Foramen ovale, Druck im rechten Vorhof geringer als links.

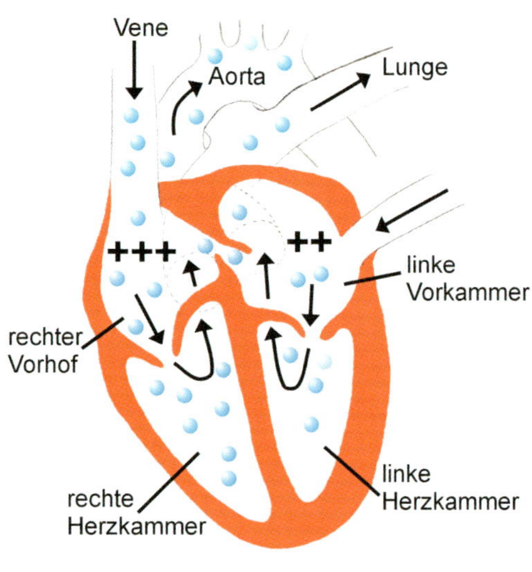

Offenes Foramen ovale während des Valsalva-Versuchs, Druck im rechten Vorhof größer.

Zwischen der rechten und der linken Herzhälfte gibt es normalerweise keine Verbindung. Während der Schwangerschaft jedoch hat jeder Embryo zur natürlichen Umgehung des Lungenkreislaufs ein Loch in der Herzscheidewand der Vorhöfe und bewirkt so einen »Kurzschluss«. Normalerweise wächst dieses Loch nach der Geburt wieder zu. Dies ist jedoch nicht bei allen Menschen der Fall. Unabhängig von Herzfehlern behalten rund 25 % der Menschen ein – wenn auch kleines – Loch in der Vorhofscheidewand, das zwar nicht dauerhaft geöffnet ist, unter bestimmten Umständen jedoch den Durchtritt von Blut freigibt. Dieses Loch nennt man »offenes *Foramen ovale*«.
Auf die Auswirkungen eines offenen Foramen ovale für das Tauchen und die Funktion des Herz-Kreislauf-Systems wird an späterer Stelle (s. S. 51) eingegangen.

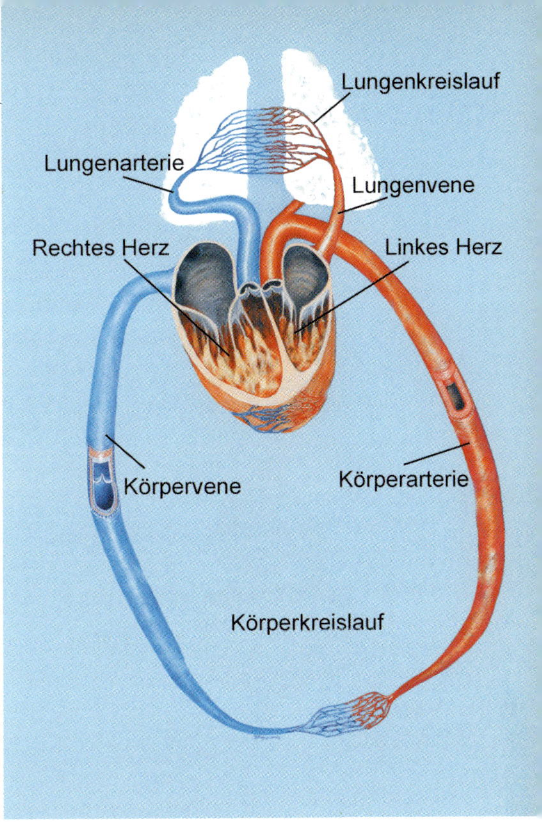

Abb. 30: Herz-Kreislauf-System

Der Kreislauf

Anatomisch kann der Kreislauf eigentlich nicht isoliert behandelt werden; denn das Herz-Kreislauf-System ist funktionell eine Einheit, bestehend aus dem Herzen als zentraler Saug-Druck-Pumpe, den Arterien, Arteriolen und den Kapillaren (Haargefäße) einerseits und andererseits um Venen und Venolen.
Man unterscheidet den großen Kreislauf (Körperkreislauf) und den kleinen Kreislauf (Lungenkreislauf). Der arterielle Kreislauf enthält viel Sauerstoff, die Farbe des Blutes ist hellrot. Der venöse Kreislauf enthält weniger Sauerstoff, aber viel Kohlendioxid. Das venöse Blut ist »verbraucht«, die Farbe ist dunkelrot.
Die Arterien sind Blutgefäße mit vom Herzen wegleitender Strömungsrichtung des Blutes. Jenseits der Aortenklappe entsteht die Aorta, die größte und muskelstärkste Arterie. Ihre Wand besteht aus einer kräftigen Muskelschicht mit Einlagerung von elastischen Fasern, einer Innenschicht aus Epithelgewebe (Endothel bzw. Intima) und einer Außenschicht aus lockerem Bindegewebe. Die Aorta hat eine Windkesselfunktion, um die starke arterielle Blutwelle in den peripheren Kreislauf zu pumpen. Die Arteriolen sind im Querschnitt schwächer und haben eine geringere Muskelschicht. Für die Blutdruckregulation sind sie aber von Bedeutung. Die Kapillaren sind nur so weit, dass die roten Blutzellen sie gerade für den Stoffaustausch passieren können. Arterielle und venöse Kapillaren sind anatomisch ähnlich. In den Venolen sammelt sich das Blut aus dem venösen Kapillarnetz. Venen sind Blutgefäße mit zum Herzen führender Strömungsgeschwindigkeit des Blutes. Die Wand einer Vene hat eine geringere Muskelschicht. Der Blutdruck ist

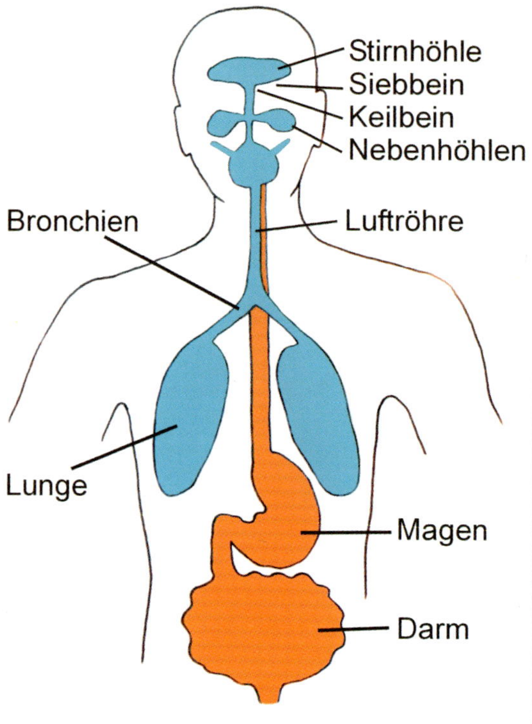

Abb. 31: Hohlräume des Körpers

geringer als in den Arterien, in den herznahen großen Venen sogar manchmal negativ. Als Besonderheit gibt es die Venenklappen in den großen Extremitätenvenen, die einen Rückstau des venösen Rückflusses verhindern sollen.

Die Schädelhöhlen

Die großen luftgefüllten Hohlräume des Körpers sind die Brustkorbhöhle mit den Lungenflügeln und die Bauchhöhle mit den Hohlräumen im Magen-Darm-Kanal. Im Mittelfellraum (*Mediastinum*) der Brustkorbhöhle ist keine Luft vorhanden, deshalb gibt es auch dort kein Barotrauma.
Der Begriff »Schädelhöhlen« ist nicht sauber definiert. Man redet besser von Nasennebenhöhlen. Einerseits gehören die Augenhöhlen zu den Schädelhöhlen, andererseits haben die Augenhöhlen nicht viel zu tun mit den Nasennebenhöhlen.
Die Nasennebenhöhlen liegen innerhalb der Knochensubstanz des knöchernen Schädels, sie sind mit einer Epithelschicht ausgekleidet, die sie vor Austrocknung und mechanischer Schädigung (z. B. Barotrauma) schützt, sie können Sekret produzieren und auch resorbieren. Erst nach zehn Lebensjahren sind diese Höhlen vollständig mit Luft gefüllt (pneumatisiert).
Sie sind von großer Bedeutung für den Tauchsport, da der veränderte Umgebungsdruck die luftgefüllten Hohlräume schädigen kann. Sie stehen über ein Kanalsystem mit dem Nasen-Rachen-Raum, teilweise aber auch miteinander in Verbindung. Sind diese Verbindungswege durch

Abb. 32: Hohlräume im Schädel

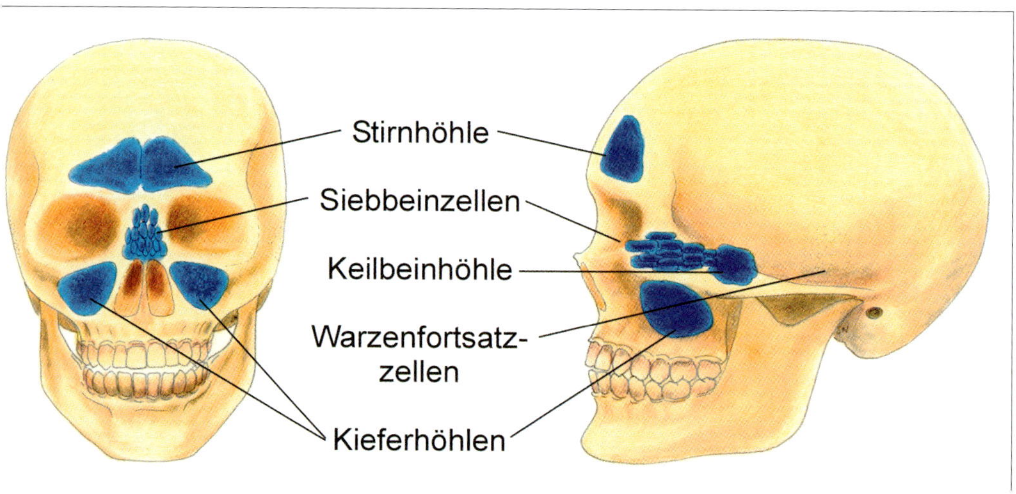

entzündliche Veränderungen verlegt, so kann es beim Tauchen zum Barotrauma kommen.

Das Innenohr ist nicht luftgefüllt, ein typisches Barotrauma kann daher nicht entstehen. Möglich ist aber eine andere Druckschädigung: ein Innenohr-Barotrauma durch eine direkte Druckschädigung bei einem erzwungenen Druckausgleich.

Zu den Nasennebenhöhlen *(Sinus paranasales)* gehören streng genommen nur die

- Stirnhöhle des Stirnbeins *(Sinus frontalis,* nicht paarig angeordnet). Sie ist wie die anderen Nasennebenhöhlen mit einer Schleimhaut ausgekleidet. Bei Druckausgleichproblemen hat der Betroffene Schmerzen vorwiegend in der Stirn;
- Kieferhöhlen des Oberkieferknochens (*Sinus maxillaris*, paarig angeordnet). Bei fehlerhaftem Druckausgleich Schmerzen in den Oberkiefern;
- Siebbeinzellen des Siebbeins (*Sinus ethmoidal*, als Cellulae paarig angeordnet). Beschwerden in diesem Bereich hat man im Bereich der Nasenwurzel oder auch als Gesichtskopfschmerz;
- Keilbeinhöhlen der Keilbeine (*Sinus sphenoidalis*, paarig angeordnet). Diese Höhle liegt über dem Nasen-Rachen-Raum. Sie mündet in die Nasenhöhle. Bei Druckausgleichproblemen hat man nicht exakt zu lokalisierende Schmerzen, vorwiegend im Gesichtsschädel.

Die übrigen Höhlen sind Schädelhöhlen, die keine offene Verbindung zur Nasenhöhle aufweisen:

- Warzenfortsatzzellen der Warzenfortsätze der Schläfenbeine (Mastoid, *Processus mastoideus*, paarig angeordnet). Die Warzenfortsatzzellen sind der Ansatzpunkt eines Muskels, des Kopfnickers. Bei Druckausgleichproblemen hat man Schmerzen unterhalb des äußeren Ohrs.
- Schläfenbeine (*Os parietalis*, paarig angeordnet) beherbergen das Mittelohr mit der Paukenhöhle und das Innenohr mit dem Labyrinth. Die für uns wichtigste Verbindung ist die Eustachische Röhre zwischen Mittelohr und Rasen-Rachen-Raum. Wegen der anatomischen Inhalte des Mittel- (Gehörknöchelchen) und Innenohrs (Hör- und Lagesinn) ist diese Region sehr empfänglich für Barotraumen, aber auch für Dekompressionsunfälle des Innenohrs.

Zum Verständnis der Druckschädigung in den Körperhöhlen dient die folgende Aufstellung, bei der die Barotraumen nach der Art der krankmachenden Druckwirkung aufgelistet sind:

Maskenbarotrauma	Unterdruck
Mittelohr	Unter- und Überdruck
Innenohr	Überdruck
Gehörgang	Unterdruck
Zahn	Überdruck
Darm	Überdruck
Lunge	Unter- und Überdruck

Tab. 2: Barotraumen und Druckwirkung

Ohren und Hören

Das Ohr ist für den Taucher eines der wichtigsten Organe, deshalb ist es unbedingt in die tauchsportärztliche Untersuchung einzubeziehen. Mit defektem Trommelfell z. B. ist die Ausübung des Tauchsports undenkbar.

Anatomie des Ohrs

Anatomisch besteht das Hörorgan aus dem äußeren Ohr mit Ohrmuschel, äußerem Gehörgang und Trommelfell. Das Mittelohr beinhaltet die Paukenhöhle mit den Gehörknöchelchen Hammer, Amboss und Steigbügel. Diese Knöchelchen sind durch kleine Gelenke verbunden. Der Steigbügel ist dann bindegewebig mit dem ovalen Fenster des Trommelfells verwachsen. Die Eustachische Röhre (Ohrtube) reicht vom Mittelohr nach vorn in Richtung des Nasen-Rachen-Raums. Spontan durch den Schluckakt oder auch willkürlich beim Tauchen kommt es zu einer klaffenden Öffnung der Ohrtrompete, wodurch der Druckausgleich zwischen Paukenhöhle und Außenluft erfolgt. Ein gestörter Druckausgleich und damit ein Barotrauma kann durch Entzündungen oder Ermüdungserscheinungen des muskulären Schlauchs der Ohrtrompete entstehen.

Die Schallwellen treten von außen an beide Trommelfelle, wodurch ein räumliches Hören möglich ist. Das Trommelfell wird durch die Schallwellen in Schwingung versetzt und diese auf die Kette der Gehörknöchelchen übertragen und auf das ovale Fenster geleitet. Das ovale Fenster ist gleichzeitig die Begrenzung zum Innenohr mit den Bogengängen und der Hörschnecke. In der Hörschnecke ist das eigentliche Hörorgan lokalisiert, in den Bogengängen das Gleichgewichtsorgan.
Das Innenohr liegt in der Keilbeinhöhle *(Sinus sphenoidalis)* des Schläfenbeins. Unter dem darin liegenden Labyrinth versteht man das knöcherne und das häutige Labyrinth, ein System von endo- und perilymphatischen Räumen, in das die Hörschnecke und die Bogengänge integriert sind. Die Bogengänge reichen in die drei Richtungen des Raumes, dort ist der Gleichgewichtssinn *(Nervus vestibularis)* lokalisiert. Die Hörschnecke ist für das

Abb. 33: Ohr mit Hör-, Dreh- und Lagesinn

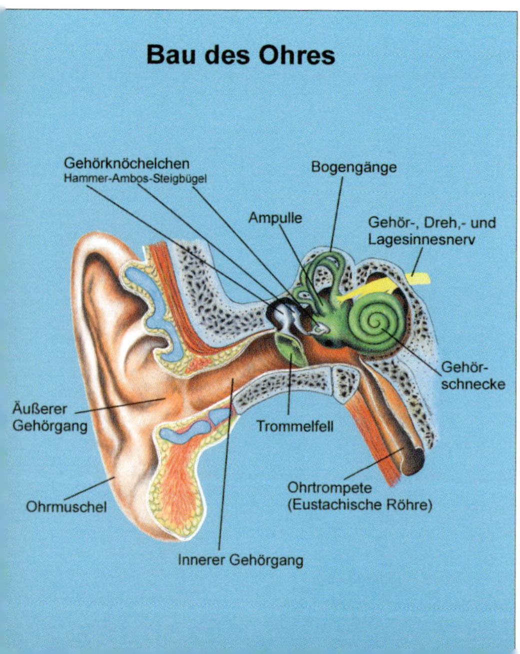

Abb. 34: Aufbau des Dreh- und Lagesinnes

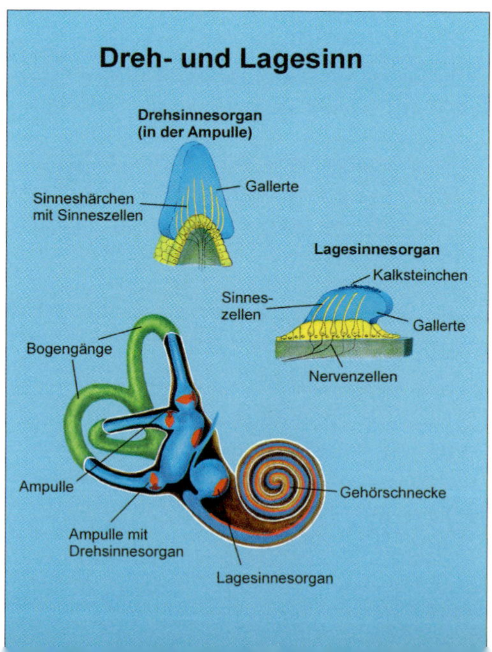

Gehör zuständig *(Nervus cochlearis)*. Beide Sinnesorgane gehen als 8. Hirnnerv, *Nervus vestibulo-cochlearis*, zu einem Zentrum ins Gehirn.

Vom Innenohr gibt es zwei Verbindungen zum Mittelohr, das ovale Fenster zum Steigbügel und das runde Fenster mit der Möglichkeit, eine überschießende Druckwelle aus dem Innenohr zu entlasten.

Das Innenohr enthält keine Luft, ein klassisches Barotrauma ist daher nicht möglich. Dekompressionsunfälle (DCS II) des Innenohrs sind in letzter Zeit häufiger beschrieben worden.

Druckausgleich

Die häufigste Komplikation bei Tauchanfängern ist das Maskenbarotrauma. Es handelt sich dabei um ein Unterdruckbarotrauma, das durch einen vergessenen Druckausgleich in die Tauchermaske zustande kommt. Der Anfänger hat bei seinen ersten Tauchgängen nur das Finimeter und seinen Inflator im Kopf, sodass er beim Abstieg den Druckausgleich in die Maske vergisst. Hier ist der Tauchlehrer in der Pflicht, er muss den Anfänger schon während des Briefings und auch später während des Abstiegs im Bedarfsfall auf die Problematik hinweisen. Die durch den Unterdruck entstehenden Schäden an den Schleimhäuten von Nase und Augen sind zwar nicht gefährlich, sehen aber wegen der Blutaustritte nicht schön aus und schränken weitere Tauchaktivitäten ein.

Dieses Beispiel wurde gewählt, um auf die Wichtigkeit des Druckausgleichs hinzuweisen. Um ein Barotrauma des Mittelohrs zu verhindern, ist der Taucher verpflichtet, den Druckausgleich vom Nasen-Rachen-Raum in das Mittelohr durchzuführen, andernfalls riskiert er einen Trommelfellriss. Die häufigste Methode des Druckausgleichs ist die von Valsalva. Sie wird so durchgeführt, dass der Taucher zu Beginn des Abstiegs, wenn er schon die Druckwirkung des Wassers bemerkt hat, eine Pressatmung mit zugehaltenen Nasenflügeln versucht, um dadurch die Eustachische Röhre zu öffnen. In der Regel ist nun der Druckausgleich erfolgt, der Abstieg kann fortgesetzt werden.

Unter normalen Umständen, d. h. bei 75 % der Menschen, können keine Schäden bei dieser Methode entstehen. 25 % der Menschen haben aber ein offenes Foramen ovale, durch das venöses Blut des rechten Vorhofs in den linken Vorhof übergeht. Das passiert nur bei einer Drucksteigerung im Lungenkreislauf, also im Moment des Valsalva-Versuchs. Durch den Kurzschluss in den Herzvorhöfen (Shunt) können Mikroblasen in den arteriellen Blutkreislauf überwechseln und einen Dekompressionsunfall (DCS II) verursachen.

Wie kann das verhindert werden? Taucher, die ein offenes *Foramen ovale* haben, sollten zum Druckausgleich keinen Valsalva-Versuch unternehmen, dann gibt es keine Drucksteigerung im Lungenkreislauf und keinen Shunt in den Vorhöfen.

Glücklicherweise gibt es auch andere Methoden zum Druckausgleich, die spontan funktionieren oder durch etwas Übung zum Erfolg führen:

Möglichkeiten des Druckausgleichs sind:

- spontaner Druckausgleich (passiv), funktioniert sozusagen von selbst und ohne jede Anstrengung;
- nach Valsalva, Pressen der Ausatemluft gegen die geschlossene Nase und den geschlossenen Mund (gefährlich bei offenem Foramen ovale in der Sättigungsphase);
- nach Toynbee, Schlucken bei geschlossener Nase und geschlossenem Mund;

Druckausgleich nach

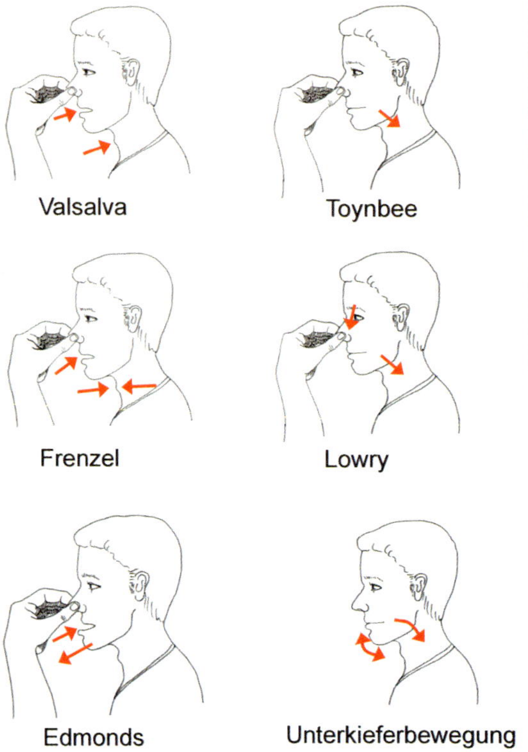

Abb. 35: Druckausgleichsmethoden

- nach Frenzel, durch Kontraktion der Zungen- und Schlundmuskulatur gegen den geschlossenen Mund versucht man, bei gleichzeitig geschlossener Nase, das Gaumensegel und damit auch die Eustachische Röhre zu öffnen. Dies geschieht dadurch, dass man die Zunge dann nach hinten gegen den Gaumen drückt und wie einen Kolben gegen den Gaumen schiebt. Der Versuch ist gelungen, wenn man fühlt, wie sich die Eustachischen Röhren öffnen. Diese Methode ist erlernbar und bei offenem Foramen ovale sehr zu empfehlen, da es hierbei nicht zu einer Drucksteigerung im kleinen Kreislauf kommt;
- nach Lowry (Kombination von Valsalva und Toynbee), sanftes Ausblasen der Ausatemluft gegen die geschlossene Nase unter gleichzeitigem Schlucken;
- nach Edmonds, Vorschieben des Unterkiefers unter gleichzeitiger Anwendung des Valsalva-Versuchs und/oder der Methode nach Frenzel;
- unterschiedliches Schlucken unter Hin- und Herschieben des Unterkiefers.

Alle Druckausgleichsmethoden bezwecken eine Drucksteigerung im Rachenraum bzw. durch Muskelkontraktion eine Öffnung der Eustachischen Röhre.

Augen und Sehen

Die Augen bilden zusammen mit dem Sehnerv (*Nervus opticus*) das Sehorgan und ermöglichen es uns durch die Ansprechbarkeit auf Licht, etwas zu sehen. Die Augen erkennen Licht in einem Wellenlängenbereich von 350 bis 800 nm.
Das Auge liegt in der Augenhöhle und besteht aus dem Augapfel und dessen Inhalt sowie den Hilfs- und Schutzorganen.
Der Augapfel ist ein annähernd kugeliges Gebilde von ca. 24 mm Durchmesser mit mehrschichtiger Wand, die – von außen nach innen – gebildet wird von der Lederhaut, die vorn in die Hornhaut übergeht, und von der gefäßführenden Augenhaut, die sich vorn zum Strahlenkörper verdickt und deren vorderer Teil die Regenbogenhaut (Iris) bildet. Die Iris begrenzt die Pupille. Im hinteren Teil des Auges befindet sich die Netzhaut (Retina). Das Auge wird größtenteils ausgefüllt von dem gallertigen Glaskörper. Vor dem Glaskörper und hinter der Pupille befindet sich die Augenlinse.

Als Schutz- und Hilfsorgane wirken die Bindehaut, Lider, Tränenorgane, Augenbrauen und Augenmuskeln.
Das einfallende Licht wird durch die Linse gebündelt und gelangt durch den Glaskörper auf die Netzhaut. Der dort entstehende Eindruck wird vom Sehnerv an das Gehirn weitergeleitet und dort ausgewertet. Das Auge versucht, von Objekten ein scharfes Bild auf der Netzhaut zu erzeugen, indem Punkte durch die Brechung des reflektierten Lichtes wieder als Punkte auf der Netzhaut abgebildet werden. Auf diese Art und Weise können wir sehen.

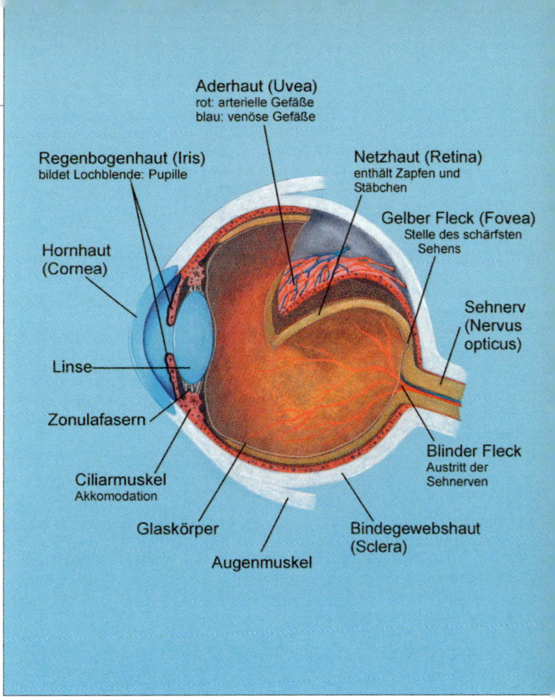

Abb. 36: Bau des Auges

Physiologie und Pathophysiologie

Die Atmung

Von zentraler Bedeutung für die Erhaltung der Lebensvorgänge ist die Atmung. In Ergänzung zur Anatomie der Atmungsorgane soll nun deren Funktionsweise (Physiologie) beschrieben werden.
Im Körper gibt es zwei lebenswichtige Versorgungssysteme:

- Die Zufuhr von Nährstoffen und Wasser und
- die Versorgung der Zellen mit Sauerstoff und Entsorgung der entstehenden Stoffwechselprodukte.

Die Zellen sind ohne Sauerstoff nicht lebensfähig. Eine zentrale Bedeutung kommt daher der Frage zu, wie der Sauerstoff zur Zelle gelangt. Dies ist die Aufgabe der Atmung:

Unter der Atmung verstehen wir alle Vorgänge, die mit der Sauerstoffaufnahme und Kohlenstoffdioxidabgabe in Verbindung stehen und damit der Energiegewinnung im weitesten Sinne dienen.

Zusammensetzung der Atemluft

Unsere Einatemluft ist die Umgebungsluft. Diese besteht aus rund
- 78 % Stickstoff (N_2)
- 21 % Sauerstoff (O_2)

– 1 % Rest (insbesondere Edelgase), darunter ca. 0,04 % CO_2

Die Ausatemluft hat eine demgegenüber veränderte Zusammensetzung. Sie besteht aus rund
- 78 % Stickstoff (N_2)
- 17 % Sauerstoff (O_2)
- 4 % Kohlenstoffdioxid (CO_2)
- 1 % Rest (insbesondere Edelgase)

Man erkennt, dass sich die Anteile des Sauerstoffs und des Kohlendioxids durch die Stoffwechselvorgänge im Körper verändert haben. Die Anteile von Stickstoff und Edelgasen bleiben jedoch gleich, da sie nicht am Stoffwechsel teilnehmen. Man bezeichnet sie daher als Inertgase.
Für die Versorgung des Körpers mit Sauerstoff sind 16 % Anteil ausreichend. Daher ist auch eine Herz-Lungen-Wiederbelebung mit der Ausatemluft möglich.

Abb. 37: Lungenalveolen

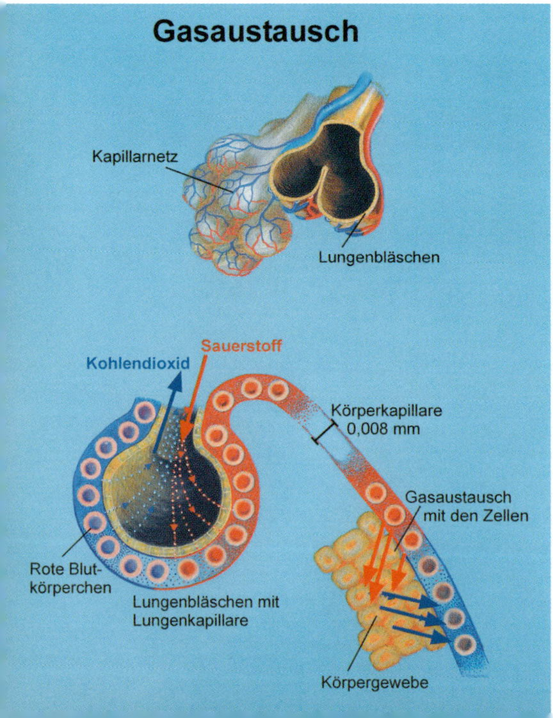

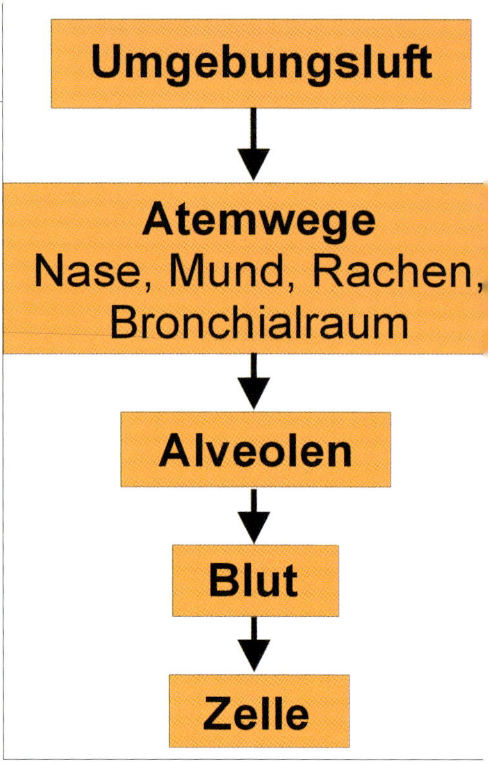

Abb. 38: Gastransport

Gastransport

Wir beschäftigen uns nun mit der Frage, wie die einzelnen Gase unserer Atemluft zur Zelle gelangen.
Die Gase gelangen von der Umgebungsluft über die oberen Atemwege in die Lungenbläschen (Alveolen). Die oberen Atemwege stellen einen Totraum dar, da in ihnen kein Gasaustausch erfolgt.
Von den Lungenbläschen diffundieren die Gase unter bestimmten Umständen ins Blut. Das Blut transportiert die Gase dann zu den einzelnen Zellen, an denen ebenfalls wieder ein Gasaustausch durch Diffusion stattfindet.
Physiologisch entscheidend sind jedoch nicht die Volumenanteile der Gase, sondern deren Partialdrücke. Wir verfolgen

daher nun die Entwicklung der Partialdrücke auf dem Weg zur Zelle.
Zunächst wird die Atemluft in den oberen Atemwegen mit Wasserdampf bei ca. 37 °C gesättigt. Der Wasserdampfteildruck im Sättigungszustand beträgt 0,0627 bar und reduziert durch seinen Anteil am Gesamtdruck auch die Partialdrücke der einzelnen Atemgase.
Dies wird beispielhaft am Partialdruck des Sauerstoffs pO_2 erläutert:
Bei einem Umgebungsdruck von 1,013 bar würde ohne Berücksichtigung des Wasserdampfanteils der Sauerstoffpartialdruck 0,212 bar betragen. Durch die Verdünnung mit Wasserdampf beträgt der inspiratorische pO_2 jedoch nur noch

$$
\begin{aligned}
p_IO_2 &= (p_{amb} - 0{,}0627)\ \text{bar} \cdot 20{,}95\ \% \\
&= (1{,}013 - 0{,}0627) \cdot 0{,}2095\ \text{bar} \\
&= 0{,}199\ \text{bar}.
\end{aligned}
$$

Auf dem Weg zur alveolaren Austauschfläche sinkt der pO_2 durch Beimischung von Ausatemluft weiter ab, während der pCO_2 ansteigt.
Ein weiterer Einfluss ist der sogenannte respiratorische Quotient.
In Ruhe ist das Volumen an CO_2, das vom Blut in die Alveolen diffundiert, kleiner als das Volumen an O_2, das von den Alveolen in das Blut diffundiert. Wäre die Alveole ein abgeschlossener Hohlraum, so müsste dies zu einer Volumenverringerung der Alveole führen. Da jedoch eine Verbindung zur Außenluft besteht, fließt zum Volumenausgleich Frischluft in die Alveole nach.
Dieser Frischluftanteil reduziert die Verringerung des Sauerstoffteildrucks durch das in der Alveole vorhandene Kohlenstoffdioxid. Zur Berechnung dieser Verringerung wird eine Rechengröße R gebildet, die das Verhältnis des Volumens an Kohlendioxid, das vom Blut in die Alveole diffundiert, zu dem Volumen an Sauerstoff, das von der Alveole in das Blut diffundiert, ausdrückt. Diese Rechengröße wird als respiratorischer Quotient bezeichnet.

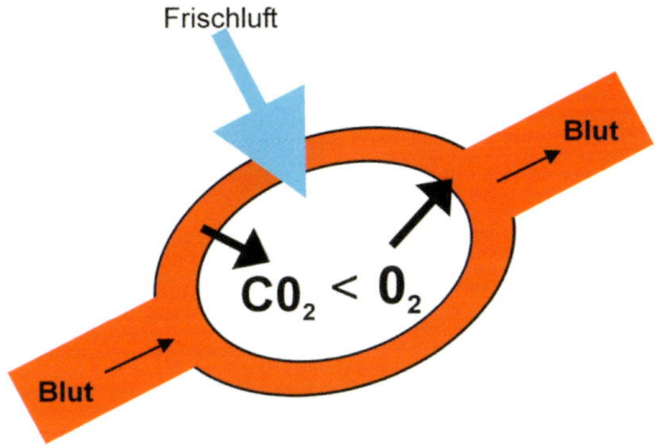

Respiratorischer Quotient:

$$R = \frac{\text{Volumen } \mathbf{CO_2}\text{-Abgabe}}{\text{Volumen } \mathbf{O_2}\text{-Aufnahme}}$$

Abb. 39: Respiratorischer Quotient

Der respiratorische Quotient ist in den verschiedenen Lungenbezirken je nach Ventilation und Durchblutung unterschiedlich. Daher lässt sich kein einheitlicher Wert für R angeben.
Nun lässt sich der Sauerstoffpartialdruck in der Alveole berechnen:

$$p_AO_2 = p_IO_2 - [(p_A\,CO_2 - p_I\,CO_2) \cdot (F_IO_2 + \frac{1 - F_IO_2}{R})]$$

Diese Formel besagt, dass von dem inspiratorischen Sauerstoffteildruck $p_I\,O_2$, den wir oben berechnet haben, der Kohlenstoffdioxidteildruck abgezogen wird, der in den Alveolen den inspiratorischen Kohlenstoffdioxidteildruck p_ICO_2 übersteigt. Durch den Nachfluss von Frischluft wird dieser Wert jedoch noch verringert. Dazu dient der Korrekturfaktor, in den der respiratorische Quotient R eingeht. Wäre R = 1 (das heißt, es würde genauso viel CO_2 in die Alveole abgegeben wie Sauerstoff vom Blut aufgenommen wird), so würde dieser Korrekturfaktor ebenfalls 1 und hätte keinen Einfluss. Da jedoch R < 1 gilt, wird der Korrekturfaktor größer als 1. Je mehr sich R jedoch dem Wert 1 nähert, desto weni-

ger wird vom inspiratorischen Sauerstoffteildruck abgezogen, d. h., desto geringer ist die Verdünnung mit Kohlendioxid.
Geht man davon aus, dass der $p_I\,CO_2$ im Verhältnis zu dem alveolaren Kohlendioxidteildruck nahezu null ist, so kann auch die folgende Näherungsformel (2) verwendet werden:

$$p_AO_2 = p_IO_2 - \frac{p_AO_2}{R}$$

p_AO_2 = alveolarer Sauerstoffteildruck.

Als Mittelwert für den alveolaren Sauerstoffteildruck erhalten wir

$p_AO_2 = 0{,}14$ bar.

Im arteriellen Blut beträgt der Sauerstoffteildruck schließlich

$p_aO_2 = 0{,}13$ bar.

Der Grund für diese geringfügige Differenz ist einerseits die zeitliche Verzögerung bei der physikalischen Lösung des Sauerstoffs im Blut und andererseits, in einem wesentlich höheren Maße, eine venöse Beimischung zum arteriellen Blut.
Die Abbildung 40 verdeutlicht nun die gesamte Entwicklung des Sauerstoffpartialdrucks auf dem Weg von der Umgebungsluft zur Zelle und zurück.
In den oberen Atemwegen wird die Luft gereinigt, angewärmt und angefeuchtet, bis sie in der Alveole ankommt. Da der pO_2 im venösen Blut mit 0,04 bar wesentlich geringer ist als in der Alveole (0,14 bar), findet ein Übergang (Diffusion) des Sauerstoffs von der Alveole in das Blut statt, also vom Ort des höheren Partialdrucks zum Ort des niedrigeren Partialdrucks. Die Geschwindigkeit dieses Diffusionsvorgangs wird durch das Fick'sche Gesetz beschrieben. Dieses besagt, dass die Diffusionsgeschwindigkeit direkt proportional zur Differenz der Partialdrücke ist. Daher ist die Diffusionsgeschwindigkeit zu Beginn des Vorgangs am höchsten und nimmt ständig ab. Da die Gesetzmäßigkeit eine natürliche Sättigung beschreibt, kann die Geschwindigkeit durch eine Exponentialfunktion in Abhängigkeit von der Zeit beschrieben werden. Das Gesetz von Henry spielt für den Diffusionsvorgang keine Rolle, da es nur die Menge des gelösten Gases im Sättigungszustand beschreibt.
Die Lösung des Sauerstoffs im Blut erfolgt physikalisch und chemisch. Jede Alveole ist von Kapillaren umgeben, die einen Durchmesser von ca. 8 μm haben. Dies bedeutet, dass gerade noch ein rotes Blutkörperchen hindurchpasst. Beim Passieren der Alveole wird nun jedes rote Blutkörperchen mit Sauerstoff beladen, der sich chemisch an das Hämoglobin bindet. Andererseits wird der Sauerstoff auch physikalisch im Blutplasma gelöst, jedoch zu einem wesentlich geringeren Teil. 1 mg Hämoglobin (Hb) bindet 1,34 ml Sauerstoff. Das bedeutet, dass in 100 ml Blut

Abb. 40: Entwicklung des pO_2

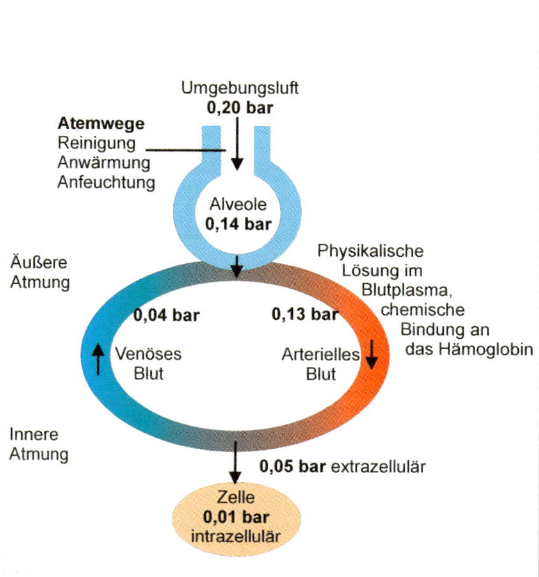

18 bis 20 ml Sauerstoff gebunden sind, also 1/5 dieses Blutvolumens! Dies verdeutlicht die enorme Sauerstofftransportkapazität des Blutes.
In der Zelle herrscht nur noch ein Sauerstoffteildruck von 0,01 bar. Daher findet beim Passieren des arteriellen Blutes an der Zelle erneut ein Diffusionsvorgang vom Ort des höheren pO_2 (Blut) zum Ort des niedrigeren pO_2 (Zelle) statt. Das venöse Blut hat anschließend noch einen Sauerstoffteildruck von ca. 0,04 bar.
Wir unterscheiden die äußere und die innere Atmung. Unter der äußeren Atmung verstehen wir den Weg des Sauerstoffs von der Umgebungsluft bis zur Zelle (und entsprechend den umgekehrten Weg des Kohlendioxids). Mit der inneren Atmung werden die Stoffwechselvorgänge in den Mitochondrien der Zellen bezeichnet, bei denen Sauerstoff verbraucht und Kohlendioxid produziert wird. Die Abbildung 41 verdeutlicht die analoge Entwicklung des Kohlendioxidteildrucks pCO_2.

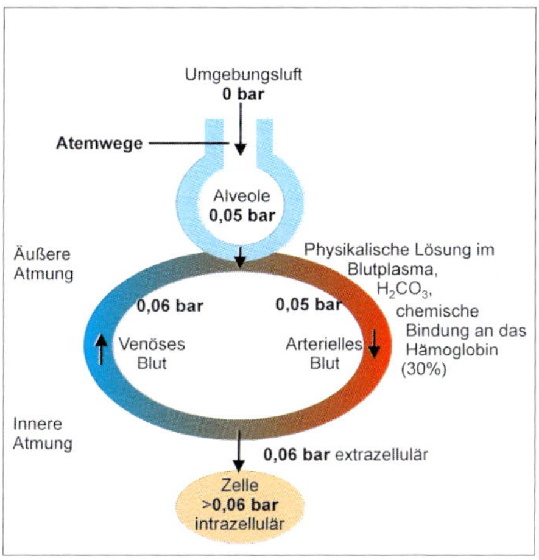

Abb. 41: Entwicklung des pCO_2

Das Kohlendioxid wird im Unterschied zum Sauerstoff von seinem Entstehungsort, der Zelle, zur Alveole transportiert. Das CO_2 wir dabei einerseits auch physikalisch im Blutplasma gelöst, verbindet sich andererseits mit dem Wasser auch zu H_2CO_3 und ist schließlich noch zu 30 % an das Hämoglobin gebunden.

Der Rechts-links-Shunt

Verschiedene Lungenpartien werden unterschiedlich ventiliert und durchblutet. Im Extremfall kommt es sogar zur Durchblutung nicht ventilierter Lungenpartien. Dies bewirkt, dass das venöse Blut ohne einen Gasaustausch in das arterielle System gelangt und insofern den Sauerstoffpartialdruck mindert. Diese venöse Zumischung zum arteriellen Blut wird als Rechts-links-Shunt bezeichnet, da sie von der rechten Herzhälfte (venöses Blut) zur linken Herzhälfte (arterielles Blut) verläuft. In Ruhe beträgt diese venöse Zumischung sogar 5 bis 10 % des Herzzeitvolumens, sonst ist sie kleiner. Bei Arbeit beträgt sie ca. 2 % des Herzzeitvolumens.
Auch ein offenes Loch in der Vorhofscheidwand des Herzens (offenes *Foramen ovale*) kann zu einem solchen Shunt-Effekt führen (siehe Seite 54). Da jedoch der Druck des arteriellen Systems in der Regel höher ist als der venöse Blutdruck, ist dieser Vorgang nicht gravierend. Ein solches offenes *Foramen ovale* tritt bei allen Neugeborenen auf und wächst anschließend normalerweise zu. Es gibt je-

Abb. 42: Atemvolumina

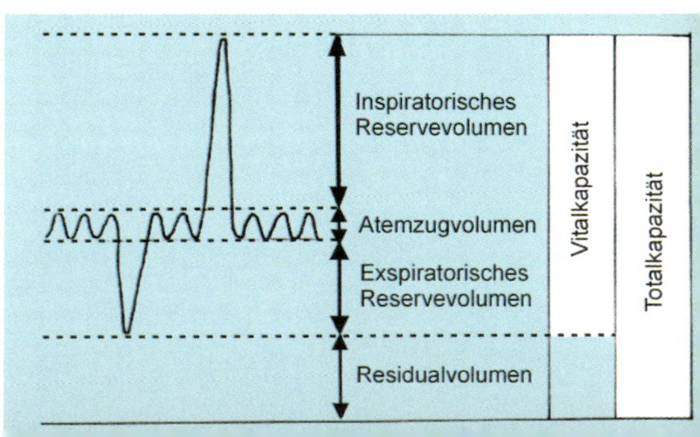

doch nicht wenige Menschen, bei denen es sich nicht schließt. Sofern dann die Senkung des Sauerstoffpartialdrucks durch venöse Zumischung nicht zu stark ist, bedeutet das keine Beeinträchtigung. Erst ab einer gewissen Größe muss ein solches Loch operiert werden.

Für die Tauchmedizin spielt ein offenes *Foramen ovale* eher bei der Dekompressionskrankheit eine Rolle, da es dort zum Blasenübertritt von der rechten in die linke Herzhälfte und daher zu Schäden im arteriellen System führen kann.

Der Shunt spielt in der Tauchmedizin auch für die Dekompression eine große Rolle. Beim Abtauchen steigt der Stickstoffteildruck in der Lunge schneller als der arterielle Stickstoffteildruck. Dies bedeutet eine verzögerte Entsättigung und damit längere Austauchzeiten.

Atemvolumina

Die Volumina an Luft, die ein- und ausgeatmet werden, hängen vom Bedarf des Körpers ab. Sie können an den unterschiedlichen Sauerstoffbedarf der Körpers in Grenzen angepasst werden.

Im Ruhezustand bewegt der Mensch nur ca. 0,5 l Luft hin und her. Dieses Volumen wird als Atemzugvolumen (AZV) bezeichnet. Bei einer Durchschnittsfrequenz von 10 bis 17/min beträgt dann das Atemzugvolumen 5 bis 8 l/min. Bei Bedarf kann noch zusätzlich ein Volumen von ca. 2,5 l eingeatmet werden. Dies wird als inspiratorische Reserve (IR) bezeichnet.

Auch nach der normalen Ausatmung hat der Mensch noch eine Reserve von ca. 1,5 l, die zusätzlich ausgeatmet werden kann. Dies wird als exspiratorische Reserve bezeichnet (ER).

Zusammen ergeben das Atemzugvolumen, die inspiratorische Reserve und die exspiratorische Reserve das Volumen, das nach maximaler Einatmung noch maximal ausgeatmet werden kann. Es wird als Vitalkapazität (VK) bezeichnet.

VK = AZV + IR + ER

Die Vitalkapazität ist abhängig von der Größe, dem Gewicht, dem Geschlecht, dem Alter und dem Trainingszustand des Menschen. Je besser der Trainingszustand, desto höher wird seine Vitalkapazität.

Nach der maximalen Ausatmung verbleibt noch ein Restvolumen in der Lunge und in den Atemwegen von ca. 1,5 l. Es wird als das Residualvolumen (RV) bezeichnet.

Zusammen mit der Vitalkapazität ergibt das Residualvolumen das gesamte Volumen, das die Lunge einnehmen kann. Es wird Totalkapazität genannt und beträgt hier ca. 6 l.

Alle diese Zahlenangaben sind Beispiele. Die Volumina sind bei jedem Menschen unterschiedlich.

Bei starker körperlicher Belastung kann das Atemminutenvolumen durch Ausschöpfen der Reservevolumina auf bis zu 180 l/min ansteigen. Das Atemminutenvolumen einer trainierten Person ist geringer als das einer untrainierten Person bei gleicher Leistung.

Mechanik der Atmung

Die Lunge ist ein elastisches Gewebe, das wie Gummi bestrebt ist, sich zusammenzuziehen. Man könnte sie mit einem aufgeblasenen Luftballon vergleichen, der ohne äußere Einflüsse in sich zusammenfallen würde.

Dieses Zusammenfallen wird durch den Brustkorb verhindert, an dem die Lunge durch den Unterdruck im Pleuraspalt quasi »klebt« (s. Abb. 26, S. 33).

Die Lunge ist von außen mit dem Lungenfell und die Rippen nach innen mit dem Rippenfell ausgekleidet. Zwischen Lungen- und Rippenfell befindet sich der Pleuraspalt. In diesem herrscht ein Unterdruck von ca. 5 mbar. Die Flüssigkeit darin ermöglicht ein reibungsarmes Verschieben von Lungen- und Rippenfell. Dieser Zustand ist ähnlich dem zweier Glasplatten, die durch einen Flüssigkeitsfilm aneinander haften.
Wird nun der Brustkorb durch Muskelkontraktionen der Atemhilfsmuskulatur (Zwerchfell, Zwischenrippenmuskulatur, Skelettmuskulatur) vergrößert, so muss die Lunge dieser Vergrößerung folgen. Die Folge ist, dass wegen der offenen Verbindung zur Umgebungsluft Frischluft nachströmt. Dies ist der Einatemvorgang, der aktiv durch Muskelarbeit vollzogen werden muss.
Man unterscheidet zwischen der Bauchatmung und der Brustatmung. Unter der Bauchatmung verstehen wir die Kontraktion des Zwerchfells und unter der Brustatmung die Kontraktion der Zwischenrippenmuskulatur, die ein Heben der Rippen und dadurch eine Vergrößerung des Brustkorbvolumens bewirkt. Bei verstärkter Atmung werden auch die Halsmuskeln, die Brustmuskeln, der Kopfnicker, der Schulterblattheber und die Kapuzenmuskeln hinzugezogen. Die Ausatmung hingegen erfolgt vorwiegend passiv. Wird die Einatemmuskulatur nicht mehr kontrahiert, so ziehen sich die elastischen Bänder der Lunge zusammen. Dies bewirkt, dass die Lunge an Volumen verliert und Luft ausströmt. Eine Verstärkung der Ausatmung ist durch die Zwischenrippenmuskulatur möglich. Diese ist jedoch in der Regel nicht dafür trainiert. Für eine gute Atemtechnik sollte jedoch gerade auch die Ausatmung trainiert werden.

Durch eine abwechselnde Vergrößerung und Verkleinerung des Volumens der Lunge wird die Ventilation bewirkt. Mit dem Tiffeneau-Test wird bei der Tauchsport-Tauglichkeitsuntersuchung die Ein-Sekunden-Kapazität gemessen. Dazu atmet der Taucher in ein Spirometer mit der Vorgabe, in der ersten Sekunde möglichst viel seiner gesamten Vitalkapazität auszuatmen. Das in der ersten Sekunde ausgeatmete Volumen wird in Prozent der Vitalkapazität ausgedrückt und ermöglicht Rückschlüsse auf die Elastizität der Lunge und obstruktive (einengende) Funktionsstörungen der Atemwege. Bei einer gesunden Person beträgt die Ein-Sekunden-Kapazität 70 bis 80 Prozent der Vitalkapazität.

Die Atemregulation

Bei Änderungen der Stoffwechselsituation (z. B. durch Arbeit) und der Erfordernisse des Gesamtorganismus muss sich die Atmung darauf jeweils einstellen. Dies geschieht durch die Atemregulation.
Die Atmung ist zwar ein unbewusster und autonomer Vorgang, aber eine willkürliche Beeinflussung ist möglich.
Die Atmung wird kontrolliert durch:
- Mechanorezeptoren in der Lunge, den Atemwegen und der Brustwand (u. a. Dehnungsrezeptoren)
- Chemorezeptoren in den Arterien und im Hirnstamm (Regulation entsprechend den Erfordernissen des Körpers)
- Rezeptoren in den Atemmuskeln (Kontrolle der Kontraktionen)

Diese Rezeptoren senden Informationen an das Atemzentrum. Das Atemzentrum liegt im verlängerten Rückenmark (*Medulla oblongata*). Dort werden diese Informationen verarbeitet und durch das Rückenmark u. a. an die Zwerchfellnerven weitergeleitet.

So werden Atemtiefe, Atemfrequenz und damit auch das Atemminutenvolumen reguliert.

Wir unterscheiden folgende Atemregulationsformen:

- neurale Atemregulation
- chemische Atemregulation
- physische Atemregulation
- psychische Atemregulation
- nervös-reflektorische Einflüsse
- Spannungsreize in den Lungen
- Körpertemperatur

Die neurale Atemregulation durch die Nerven erfolgt durch afferente (zum zentralen Nervensystem führende) Schmerzfasern bei den Lungenkapillaren, Dehnungsrezeptoren der Lunge und afferente Schmerzfasern für irritierende Reflexe im Bereich der Stimmritze und des Kehlkopfes.

Die chemische Atemregulation erfolgt durch den pCO_2, den pO_2 und den pH-Wert. Den Hauptatmungsantrieb bildet der Kohlendioxidpartialdruck. Eine Erhöhung bewirkt eine Steigerung der Ventilation, jedoch tritt ab einem gewissen Wert eine Lähmung des Atemzentrums ein.

Der pH-Wert hat ebenfalls einen großen Einfluss auf die Atemregulaton. Wird er kleiner als der Normwert von 7,4 (Richtung sauer), so wird die Atmung gesteigert. Wird er größer als 7,4 (alkalischer), so nimmt die Atmung ab. Je höher der pCO_2, desto niedriger wird der pH-Wert. Der pH-Wert wird jedoch durch Puffersysteme ständig konstant gehalten. Dies bewirkt eine Kompensation, und unter Umständen ist eine Herabsetzung der CO_2-Empfindlichkeit durch Training möglich. Gegen einen zu niedrigen pO_2 reagiert der Körper ziemlich unempfindlich. Sinkt er unter 0,04 bar, so ist sogar eine Bewusstlosigkeit ohne vorherige Atemnot (Blackout) möglich.

Der Kreislauf

Der Blutkreislauf ist ein in sich geschlossenes System von Blutgefäßen, in dem das Blut durch die Kapillarsysteme des Lungen- und des großen Kreislaufs ständig zurückfließt. Die Zeit für eine gesamte Passage des Blutvolumens nennt man eine Kreislaufzeit, sie beträgt 23 sec. Die Flussgeschwindigkeit des Blutes ist in den großen Arterien 10 bis 50 cm/sec, in den kleinen Kapillaren deutlich langsamer. Die Pulsfrequenz ist 60 bis 100/min. Eine Verminderung unter 60/min nennt man Bradykardie, eine Beschleunigung über 100/min ist eine Tachykardie.

Der Blutkreislauf des Erwachsenen

Im Blutkreislauf des Erwachsenen zirkuliert das Blutvolumen in einem geschlossenen System. Es dient als Transportsystem mit den Blutgefäßen als Transportwegen. Die wichtigsten Aufgaben sind die Versorgung von Körperzellen mit den erforderlichen Stoffen, der Abtransport von Stoffwechselprodukten der Zelle und der Wärmetransport.

Die linke Herzkammer (Ventrikel) treibt das arterielle Blut durch die große Körperschlagader *(Aorta)* bis in die kleinsten Kapillargebiete, wo der Gasaustausch erfolgt, d. h., Sauerstoff wird in die Zellen abgegeben und Kohlendioxid wird aus den Zellen entfernt. Dieser Gasaustausch erfolgt an der engsten Stelle des Kapillarsystems. Dort haben die Kapillaren einen Durchmesser von ca. 8 µm, sodass die roten Blutzellen *(Erythrozyten)* gerade einzeln und nacheinander hindurchpassen. Das venöse Kapillarsystem sammelt das verbrauchte Blut und transportiert es über die obere und die untere Hohlvene *(Vena cava)* zum rechten Vorhof, von dort aus weiter durch den rechten Ventrikel über die Lungenarterie *(Arteria pulmonalis)* zur Lunge. Dort findet wieder ein Gasaustausch statt: Durch Diffusion gelangt das Kohlendioxid (CO_2) aus dem Gefäßsystem in die Alveolen der Lunge, dort wird es abgeatmet. Der Sauerstoff (O_2) wird auf dem gleichen Wege aufgenommen und chemisch an das Hämoglobin der Erythrozyten gebunden, nur ein kleiner Teil ist im Blutplasma physikalisch gelöst. Die Lungenvenen bringen dann das sauerstoffreiche Blut zum linken Vorhof und weiter zum linken Ventrikel.

Der rechte Ventrikel ist die Pumpe des Lungenkreislaufs (kleinen Kreislaufs), der linke Ventrikel ist die Pumpe des Körperkreislaufs (großen Kreislaufs). Die Unterteilung des großen Kreislaufs in ein venöses und arterielles System hat für die Dekompression eine Bedeutung; denn Mikroblasen dürfen lediglich im venösen System vorhanden sein, damit sie über die Lunge abgeatmet werden können. Bei Kurzschlüssen zwischen beiden Systemen (Shunt), kann es im arteriellen System zu embolischen Verschlüssen durch Stickstoffblasen (N_2) kommen, und der Tatbestand des Dekompressionsunfalls ist gegeben.

Ein solcher Shunt kann beim offenen *Foramen ovale* (PFO) vorliegen. Es ist eine funktionelle Verbindung zwischen den beiden Vorhöfen, die aus dem embryonalen Blutkreislauf erklärt werden kann.

Der Blutkreislauf des Embryos

Das Kreislaufsystem des Embryos ist über die Nabelschnur mit der Plazenta (Mutterkuchen) verbunden. Es funktioniert bis zur Geburt, weil beide Herzhälften nur für den Körperkreislauf tätig sind. Das in der Plazenta arterialisierte Blut fließt durch die Nabelvene zum Teil mit wenig Pfortaderblut vermischt zur Leber. Der andere Teil des Blutstroms geht durch den Verbindungskanal (*Ductus venosus*) an der Leber vorbei in die untere Hohlvene und gelangt über den rechten und linken Vorhof und Ventrikel (verbunden durch das offene *Foramen ovale*) in den großen Kreislauf. Das Blut aus der oberen Hohlvene geht über die rechte Herzhälfte unter Umgehung der Lungen durch den *Ductus arteriosus* in die Aorta. Aus der Aorta fließt das Blut durch die Nabelvene zurück zum Gasaustausch in die Plazenta.

Nach der Geburt tritt die Lungenatmung ein, der Plazentakreislauf fällt fort. Durch eine Trennung der Pumpleistung des Herzens, den Ventilverschluss des offenen Foramen ovale und durch die Verödung der ehemaligen Kurzschlüsse *Ductus veno-*

Abb. 43: Fetaler Blutkreislauf

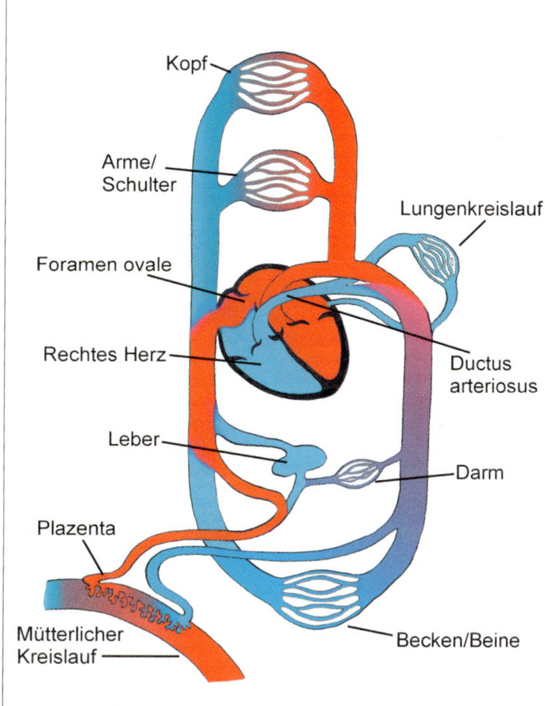

sus und *Ductus arteriosus* sind nun zwei Systeme vorhanden, das arterielle und venöse Kreislaufsystem.
Das *Foramen ovale*, also die embryonale Verbindung zwischen beiden Vorhöfen, kann bei ca. 25 % der Menschen offen bleiben, ähnlich einer Ventilfunktion. Das kann bei Tauchern durch eine Drucksteigerung im Lungenkreislauf im Zuge des Valsalva-Manövers leicht entstehen. Der hohe Druck im Lungenkreislauf setzt sich in den rechten Ventrikel und schließlich in den rechten Vorhof fort. Nun ist der Druck im rechten Vorhof höher als im linken. Es kommt zu einem Rechts-links-Shunt, das venöse mikroblasenhaltige Blut geht in den arteriellen Schenkel des Kreislaufs über.

Die Kreislaufregulation

Die Kreislaufregulation ist physiologisch die reflektorische Beeinflussung des Herz-Kreislauf-Systems im Sinne einer bedarfsgerechten Blutzirkulation. Die zentrale Kreislaufregulation ist durch Regelkreise gekennzeichnet, die durch Weit- und Engstellungen (Vasodilatation und Vasokonstriktion) der Gefäße das Blut angemessen auf arbeitende und ruhende Organe verteilen. Die entsprechenden Kreislaufzentren erhalten hierfür afferente (zuführende) Bahnen, vor allem die sinusaortalen Rezeptoren (Barorezeptoren des Karotissinus), und geben ihre efferenten (weggehenden) Impulse über vegetative Nerven an die Gefäße ab. Dadurch wird über die Blutverteilung hinaus auch der Druck des Systems insgesamt reguliert, d. h., es werden blutdruckhebende bzw. -senkende Reaktionen ausgelöst. Die periphere Kreislaufregulation erfolgt in den peripheren Gefäßen durch lokale und autonome Reaktionen der Gefäßmuskulatur auf Stoffwechselprodukte, vasoaktive (gefäßaktive) Substanzen (z. B. CO_2, Acetylcholin und Histamin), pH-Wert, Temperatur und Dehnungsreize.

Blutdruck und Blutdruckmessung, Hypertonie

Der systolische Blutdruck ist der nach der Methode von Riva-Rocci (RR) gemessene erste und höhere Wert, bedingt durch die Auswurfkraft des linken Herzens. Der diastolische Druck ist der zweite und niedrigere Wert, der durch die Herzpause (Füllphase) bedingt ist. Grenzwerte sind systolisch 140 mm Hg und höher und diastolisch 90 mm Hg und höher. Zur Sicherung der Diagnose müssen wenigstens dreimal erhöhte Blutdruckwerte bei wenigstens zwei verschiedenen Gelegenheiten gemessen werden.
Die Messung des Blutdrucks in der Arztpraxis ist hierbei nicht beweisend, da die Werte durch viele Faktoren beeinflusst werden können (sog. Weißer-Kittel-Hochdruck). Die zu erwartende Organschädigung ist bedingt durch die Höhe des diastolischen Blutdrucks und die Dauer der Einwirkung. Bei der Selbstmessung staut der Patient seinen Oberarm oberhalb der Ellenbeuge mit der Manschette eines Blutdruckmessgerätes. Dann versucht er, mit dem Stethoskop unter vorsichtigem Ablassen des Manometerdruckes den Puls in der Ellenbeuge zu hören. Der erste Ton entspricht dem systolischen Druck, der letzte hörbare Ton entspricht dem diastolischen Druck.
Arterielle Hypertonie (Bluthochdruck, Hypertonus, Hypertension) kann eine Einschränkung der Tauchtauglichkeit nach sich ziehen, wenn keine vernünftige medikamentöse Behandlung erfolgt ist. Unter Hypertonie wird ganz allgemein die krank-

hafte Erhöhung des Blutdrucks über die Norm verstanden, hier ist jedoch die Hypertonie im arteriellen Kreislaufbereich gemeint. Nach der Weltgesundheitsorganisation (WHO) liegt die Krankheit vor, wenn der systolische Wert >160 mm, der diastolische >95 mm Quecksilbersäule (mm Hg) beträgt.

Der Schock

Im täglichen Leben und im Verlauf von Tauchunfällen kommt es häufig zu Bewusstseinstrübungen und Bewusstlosigkeit. Es ist wichtig, die Begriffe Kreislaufkollaps, Schock und Herz-Kreislauf-Stillstand zu definieren, um sie im Notfall voneinander unterscheiden zu können.
Bei einem Kreislaufkollaps handelt es sich lediglich um eine ungefährliche und meist kurzfristige Blutverteilungsstörung. Beim Herz-Kreislauf-Stillstand sind die vitalen Funktionen Bewusstsein, Atmung und Puls erloschen, es besteht dringende Notwendigkeit zur Reanimation. Der Kreislaufkollaps kommt häufig bei kreislauflabilen Personen vor, die konstitutionsbedingt niedrige Blutdruckwerte aufweisen. Nach plötzlicher Lageänderung des Körpers, z. B. nach schnellem Aufstehen, kommt es zu diesem Kollaps, da das Blut in den unteren Körperregionen versackt und nicht ausreichend zum Herzen zurückfließt. Es entsteht ein Sauerstoffmangel im Gehirn, der den Kreislaufkollaps zur Folge hat. Im Gegensatz zum Schock fällt die Herzfrequenz ab, steigt aber in der Folgezeit schnell wieder an. Die Bewusstlosigkeit ist meist nur kurzfristig. Nach flacher Lagerung mit Hochhalten der Beine (»Autoinfusion«) kommt es schnell zu einer Besserung der Kreislaufsituation. Ärztliche Maßnahmen sind dann meist nicht mehr erforderlich.

Dagegen ist der Schock ein lebensgefährlicher Zustand, ein komplexes Kreislaufversagen, das infolge eines Missverhältnisses zwischen Herzminutenvolumen und aktuellem Durchblutungsbedarf der Organe auftritt. Die anfängliche Störung der Makrozirkulation geht über in eine Störung der Mikrozirkulation. Die daraus resultierenden Schäden (z. B. Hypoxie, Störung des Wasser- und Mineralhaushalts, Veränderung der Blutgerinnung und Zunahme der Blutviskosität) sind abhängig von der Einwirkungszeit. Unbehandelt entsteht häufig ein irreversibler Zustand, der tödlich enden kann.
Nach ursächlichen Faktoren gibt es unterschiedliche Schockformen.

Die Ursachen des Schocks

- Hypovolämie (Volumenmangelschock) bei starken Blutungen oder Exsikkose
- kardiovaskuläre Ursachen bei Herzinfarkt oder Herzschwäche
- endokrinologische Ursachen bei hormonellen Störungen, z. B. Schilddrüsenerkrankungen oder Diabetes
- metabolisch-toxische Ursachen die Endstadien chronischer Organerkrankungen, z. B. Leberzirrhose oder Nierenversagen
- septisch-toxischer Schock, z. B. durch Bakteriengifte
- anaphylaktischer Schock bei allergischen Prozessen
- neurogener Schock, bedingt durch gestörte neurale Kontrollmechanismen der Kreislaufregulation, z. B. bei Hirnstamm- und Rückenmarkverletzungen

Bei diesen zahlreichen ursächlichen Faktoren sind der Krankheitsverlauf und die unterschiedlichen Erscheinungsbilder des Schocks doch recht einheitlich. Schockzu-

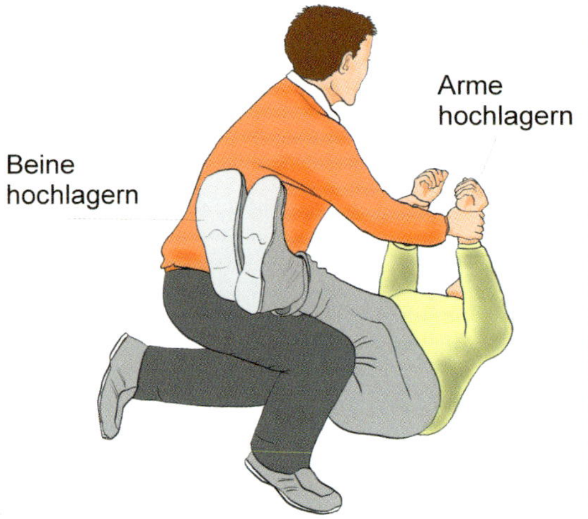

Abb. 44: Schocklagerung

Schock

Klinischer Parameter	Hypovolämischer Schock
Hauttemperatur	Kalter Schweiß
Blutdruck	Blutdruckabfall
Peripherer Kreislauf	Vasokonstriktion (enge Gefäße)
Periphere Zyanose	Häufig
Puls	Schwach, fadenförmig, Tachykardie
Zentraler Venendruck	Erniedrigt
Auskultation des Herzens	Unauffällig

stände, die sich im Rahmen von schweren Tauchunfällen ereignen, sind meist kardiogen, hypovolämisch oder auch eine Mischform.

Symptome

Die Symptome (als Beispiel eines Volumenmangelschocks) entsprechen einem schwer kranken Patienten:

Der Ablauf des Schocks ist nicht mit einem Zustand, sondern mit einem Film zu vergleichen. Der systolische Blutdruck sinkt, gleichzeitig steigt der diastolische Blutdruck, d. h., die Blutdruckamplitude sinkt.

Schockindex

Wert	Bewertung	Bedeutung
0,5	normal	Blutverlust unter 10 %
1	drohender Schock	Blutverlust unter 20–30 %
1,5	manifester Schock	Blutverlust über 30–50 %

Die Herzfrequenz steigt an. Diese Phase ist die kompensatorische Zentralisation. Bei Besserung des Zustandes bzw. nach Therapie ist der Blutdruck wieder ausgeglichen, die Blutdruckamplitude normalisiert und die Tachykardie verschwunden.

Eine orientierende Beurteilung des Volumenmangels ist anhand des Schockindex möglich. Es handelt sich um den Quotienten aus Pulszahl und systolischem Blutdruck.

Der Ersthelfer kann auch den Kapillarpuls prüfen, um die Zentralisation des Kreislaufs festzustellen. Durch Druck auf den Fingernagel entsteht eine Blutleere, die auch bei Nachlassen des Drucks weiter besteht (»Fingernagelprobe«).

Maßnahmen

Im Vordergrund stehen ersthelferische Sofortmaßnahmen zur Beseitigung der vitalen Bedrohung und der ursächlichen Grunderkrankung. Bei Volumenmangel ist die Schocklagerung zu empfehlen: zur Kompensation des Volumenmangels »Autotransfusion«, Tieflagerung des Oberkörpers und Hochlagerung der Beine. Die Position der Beine sollte nicht steiler als 45°, sonst können die Eingeweide und auch die Lungen beeinträchtigt werden.

Vielleicht sind normobarer Sauerstoff, Blutstillung, Schutz vor Unterkühlung und

Überlegungen zum Krankentransport erforderlich.
Der Arzt wird sich für eine flache Lagerung mit Volumen- bzw. Blutersatz in Kombination mit einer medikamentösen Behandlung entscheiden. Hierbei steht der parenterale Volumenersatz (Infusionsbehandlung) im Vordergrund, weiter aber auch Elektrolytersatz, Behandlung von Blutgerinnungsstörung u. a.

Shuntsituationen und offenes Foramen ovale

Immer wieder kommt es im Tauchsport zu Unfällen mit Störungen des zentralen Nervensystems, die sich nicht mit dem vorhergehenden Tauchgang erklären lassen. Völlig normale Tauchgänge, die noch dazu weit innerhalb der Nullzeit waren und deren Austauchphase eher großzügiger als gefordert war, enden in der Druckkammer mit oft irreparablen Schäden.
Falls die Symptome direkt nach dem Tauchgang auftraten, handelt es sich in den meisten Fällen um ein Air Trapping. Dieses wird im Zusammenhang mit den Lungenüberdruckbarotrauma genauer dargestellt.
Treten jedoch einige Zeit nach dem Tauchgang Symptome der Dekompressionskrankheit vom Typ II auf, und dies meist nur bei einer Person der Gruppe, so liegt dies an den unterschiedlichen physiologischen und pathologischen Situationen im Körper verschiedener Menschen.
Eine große Bedeutung hat hier der »Rechts-links-Shunt«, der Übertritt von venösem Blut in den arteriellen Kreislauf. Hier sollen die Erscheinungsformen des Rechts-links-Shunts und Konsequenzen insbesondere für die Dekompression dargestellt werden.

Physiologischer Shunt

In der Lunge kommt es beim Atmen zu ständig unterschiedlichen Ventilations- und Durchblutungsverhältnissen. Manche Bezirke der Lunge werden stark ventiliert, andere überhaupt nicht. Im Extremfall kommt es zur Durchblutung nicht ventilierter Lungenpartien.
Dies führt zum sogenannten physiologischen oder funktionellen Rechts-links-Shunt. Aufgrund der Durchblutung nicht ventilierter Lungenbereiche gelangt venöses Blut in den arteriellen Kreislauf, ohne dass an den Alveolen ein Gasaustausch stattfinden konnte. Hierdurch entspricht der Sauerstoff- und Kohlendioxidgehalt nicht dem des arteriellen Blutes, was uns hier jedoch nicht weiter beschäftigen soll.
Befindet sich der Körper im Ruhezustand, so ist die Ventilation am geringsten. Nur wenige Lungenbereiche werden für die Atmung benötigt, sodass die nicht ventilierten Bezirke in Ruhe am größten sind. Daher ist auch der Übertritt von venösem Blut in den arteriellen Kreislauf in Ruhe am größten. Der Shunt beträgt dann ca. 5 bis 10 % des Herzzeitvolumens. Dieses Volumen ist nicht nur im Liegen und Sitzen am größten, auch im Alter nimmt es zu.
Bei Arbeit dagegen kommt es zur Ventilationssteigerung und somit zu einer gleichmäßigeren Belüftung der verschiedenen Lungenpartien. Dies führt zu einem Absinken des Shuntvolumens auf ca. 2 % des Herzzeitvolumens.

Mikrogasblasen in der Lunge

Zahlreiche Untersuchungen bei Tauchern haben ergeben, dass sich nach jedem Tauchgang Mikrogasblasen im Körper

befinden, die über den venösen Kreislauf in die Lunge gelangen.
Normalerweise werden sie dort allmählich durch Diffusion abgebaut und führen zu keiner Beeinträchtigung. Solange sie dort vorhanden sind, kommt es jedoch zu einer zeitlich begrenzten teilweisen Verlegung der Lungenkapillaren. Dies stört das Verhältnis von Atmung und Durchblutung. Es werden die Bereiche verstärkt durchblutet, in denen weniger Mikrogasblasen die Lungengefäße verlegen. Dies sind ebenfalls die weniger ventilierten Bezirke. Hierdurch kommt es verstärkt zum Übertritt von venösem Blut ohne Gasaustausch in den arteriellen Kreislauf.

Auswirkungen auf die Stickstoffaufnahme und -abgabe

Kompressionsphase:
In der Abtauchphase kommt es zu einem schnellen Anstieg des Stickstoffteildrucks in der Lunge, des inspiratorischen Stickstoffpartialdrucks p_IN_2. Durch die venöse Beimischung kann der Anstieg des arteriellen Stickstoffpartialdrucks p_aN_2 nicht in gleichem Maße erfolgen. Der inspiratorische Stickstoffteildruck ist also höher als der arterielle Stickstoffteildruck. In Prozent des p_IN_2 beträgt der p_aN_2:

Shunt in %	2	5	10
$p_aN_2 / p_IN_2 \cdot 100$	>98	96	91–92

Daher ist auch die Differenz zwischen dem arteriellen Stickstoffteildruck und dem Stickstoffteildruck im (rechnerischen) Gewebe p_tN_2 kleiner als die Differenz zwischen dem inspiratorischen Stickstoffteildruck und dem p_tN_2. Gerade der Gradient p_aN_2 - p_tN_2 ist jedoch entscheidend für die Aufsättigung. Konventionelle Modelle der Stickstoffaufnahme gingen bisher ohne Berücksichtigung eines Shunts von dem Gradienten p_IN_2 - p_tN_2 aus. Tatsächlich ist also die wirkliche Stickstoffaufnahme geringer als die ohne Berücksichtigung eines Shunts. Diese verzögerte Aufsättigung ist eine für uns Taucher durchaus positive Sache.
Bei Arbeit hingegen kommt es, wie oben dargelegt, zu einem geringeren Shunt und daher zu einer schnelleren Aufsättigung. Dies ist ein Grund für die längeren Dekompressionszeiten bei Arbeit, die bisher nur mit der Zunahme der Durchblutung der arbeitenden Muskulatur erklärt wurden.

Isopressionsphase:
Finden keine Druckveränderungen mehr statt, so ist im Zustand des völligen Druckausgleichs der Stickstoffpartialdruck im venösen Blut gleich dem Stickstoffpartialdruck im arteriellen Blut. Der Shunt kann sich daher nicht auf die Stickstoffaufnahme auswirken.

Dekompressionsphase:
Beim Auftauchen sinkt der inspiratorische Stickstoffteildruck wieder schneller ab als der arterielle Stickstoffteildruck, da dem arteriellen Blut noch venöses Blut beigemischt wird. Dies führt zu einer zeitlich begrenzten verzögerten Stickstoffabgabe, die für uns Taucher von großer Bedeutung ist. Neben dem physiologischen Shunt, der ja gerade bei Ruhe am größten ist, kommt es auch durch die wegen der Drucksenkung in die Blutbahn eingeschwemmten Mikrogasblasen und die Verlegung der Lungenkapillaren zu einer venösen Zumischung, sodass die Stickstoffabgabe hierdurch zusätzlich verzögert wird.

Auswirkungen nach dem Tauchgang:
Bis zum völligen Druckausgleich zwischen

den Geweben des Körpers und der umgebenden Luft kann es bis zu 48 Stunden dauern. Dies ist in die Tabellenvorgaben für das Fliegen nach dem Tauchen eingeflossen.
Erst dann ist der arterielle gleich dem inspiratorischen Stickstoffteildruck, und die Berechnung der Aufsättigung kann ohne Berücksichtigung des vorangegangenen Tauchgangs erfolgen.
Tatsächlich kommt es wegen des Rechts-links-Shunts zu einer verzögerten Stickstoffabgabe. Dies hat zur Folge, dass der Stickstoffteildruck im Gewebe größer ist als ohne Berücksichtigung des Shunts. Dies ist wichtig für die Dekompression bei einem Wiederholungstauchgang, für das Fliegen nach dem Tauchen und für das Fahren über einen Bergpass nach dem Tauchen.
Wird kein Shunt berücksichtigt, so kann es zu Symptomen der Haut, der Muskulatur und der Gelenke (Symptome vom Typ I) kommen.
Insbesondere bei Oberflächenpausen von 15 bis 150 Minuten wirken sich die Mikrogasblasen durch den Rechts-links-Shunt auf die Stickstoffabgabe verzögernd aus. Beim Jo-Jo-Tauchen kam es daher in der Vergangenheit zu Erscheinungen der Dekompressionskrankheit. Bei mehr als 180 Minuten Oberflächenpause treten jedoch kaum noch Symptome auf.

Pathologischer Shunt durch offenes Foramen ovale

Neben der venösen Zumischung in der Lunge gibt es jedoch noch eine andere Möglichkeit, dass venöses Blut in den arteriellen Kreislauf gelangt, nämlich im Herzen. Dies kann geschehen, wenn es eine Verbindung zwischen der rechten und der linken Herzhälfte durch ein Loch in der Herzscheidewand der Vorhöfe gibt. Ein solches Loch hat jeder Embryo während der Schwangerschaft zur natürlichen Umgehung des Lungenkreislaufs durch einen »Kurzschluss« der Vorhöfe. Normalerweise wächst dieses Loch nach der Geburt wieder zu.
Rund 25 % der Menschen behalten jedoch ein (wenn auch kleines) Loch. Dieses nennt sich »offenes *Foramen ovale*«. Neuere Studien deuten darauf hin, dass dieser Prozentsatz noch wesentlich höher liegt.
Die Folgerungen für das Tauchen ergeben sich zunächst wie beim physiologischen Shunt. Es kommt zu einer verstärkten venösen Zumischung, die eine verzögerte Stickstoffaufnahme und -abgabe zur Folge hat.

Problematisch sind jedoch jetzt die Mikrogasbläschen, die bei jedem Tauchgang entstehen. Im venösen System richten sie keinen Schaden an, da sie in der Lunge mit der Zeit abgebaut werden. Außer einer verzögerten Dekompression hat dies keine Auswirkungen.
Beim offenen *Foramen ovale* jedoch können die Mikrogasblasen in den arteriellen Kreislauf gelangen und dort eine Gasembolie mit Gehirn- und Rückenmarkschädigungen verursachen.
Dies geschieht natürlich nicht bei jedem Tauchgang, denn sonst hätten 25 % der Taucher schon eine solche Dekompressionskrankheit bekommen. Das Phänomen ist auch abhängig von der Einkapselung der Mikrogasblasen mit Gerinnungsprodukten, die bei jedem Menschen unterschiedlich abläuft. Insbesondere ist jedoch das Risiko größer, wenn der zweite Tauchgang tiefer als der erste Tauchgang ist.
Die Konsequenz für jeden Taucher muss sein, dass es nach einem Tauchgang ernst

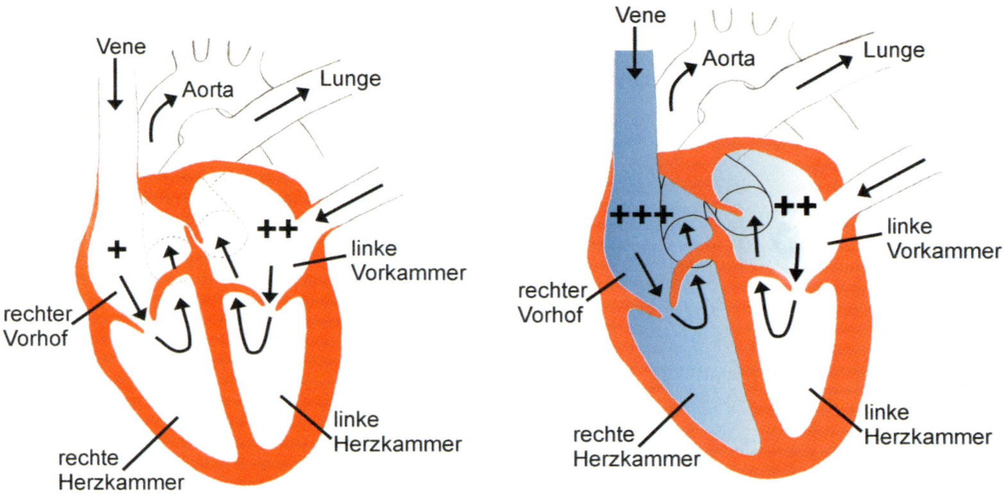

Offenes Foramen ovale, Druck im rechten Vorhof geringer als links.

Offenes Foramen ovale während des Valsalva-Versuchs, Druck im rechten Vorhof größer.

Abb. 45: Offenes Foramen ovale

genommen wird, wenn ein Taucher Symptome der Dekompressionskrankheit aufweist, während alle anderen Tauchpartner beschwerdefrei sind. Auch nach einem vorherigen Tauchgang in der Nullzeit kann es zu einer solchen Dekompressionskrankheit gekommen sein.

Zu einem Übertritt von Mikrogasblasen vom rechten in den linken Vorhof kommt es nur unter bestimmten Umständen. Ein offenes Foramen ovale ist wie ein Ventil durch sich überlappende Bereiche der Herzscheidewand aufgebaut. Normalerweise ist dieses Ventil geschlossen, da der Druck im linken Herzen größer ist als der Druck im rechten Herzen.

Falls jedoch der Druck im rechten Herzen größer ist als der im linken Herzen, so ist ein Übertritt von Blut und damit auch von Mikrogasblasen möglich.

Eine Erhöhung des Drucks im rechten Herzen kann geschehen beim

- Druckausgleich nach Valsalva mit starkem Pressen,
- Husten,
- Niesen
- und bei Pressatmung.

Dies muss daher unbedingt beim Tauchen unterlassen werden! Da Mikrogasblasen nur in der Dekompressionsphase entstehen, ist erst dann ein erneuter Druckausgleich problematisch. Beim Auftauchen selbst nimmt der Umgebungsdruck jedoch ab, sodass ohnehin kein Druckausgleich erforderlich ist. Erst wenn in der Dekompressionsphase wieder abgetaucht wird, ist ein Druckausgleich erforderlich. Solche Tauchprofile mit wiederholtem Abtauchen sind daher zu vermeiden. Besonders die Druckausgleichsmethode nach Valsalva ist mit hohem Pressdruck in der Lunge verbunden. Besser ist der Druckausgleich nach der Methode von Frenzel, bei der mit dem Zungengrund der Nasen-Rachen-Raum verschlossen wird und beim Druckausgleich daher nicht die Lunge, sondern nur der Nasen-Rachen-Raum einem Überdruck ausgesetzt ist (siehe Seite 42).

Da es natürlich nicht immer möglich ist, ein Husten zu unterdrücken, sollte man sich dann entsprechend verhalten und seine Dekompressionszeiten verlängern.
Husten unter Wasser ist daneben auch für ein Air Trapping eine der Hauptursachen, da dabei Bezirke der Lunge verkleben können. In dem nicht mehr ventilierten Lungenbezirk kann es zu einem partiellen Lungenüberdruckunfall kommen. Deswegen ist es angezeigt, nach einem Husten nicht aufzutauchen, sondern noch eine Weile auf der entsprechenden Tiefe zu verbleiben, damit eventuell verlegte Lungenbezirke sich wieder öffnen.
Schützen gegen eine Dekompressionskrankheit durch ein offenes Foramen ovale kann man sich prinzipiell nicht. Auch in der Tauchsporttauglichkeitsuntersuchung wird kein offenes Foramen ovale festgestellt. Dies ist nur durch spezielle Untersuchungsmethoden (z. B. Echokardiografie) möglich, die natürlich Geld kosten.
Aber selbst wenn ein offenes Foramen ovale festgestellt wird, bedeutet dies noch keinen Ausschluss vom Tauchen. Schließlich tauchen zurzeit rund 25 % der Taucher mit einem offenen Foramen ovale, ohne dass einem entsprechenden Prozentsatz etwas passiert. Die Feststellung eines offenen Foramen ovale wird jedoch mit Sicherheit zu einem verstärkten Risikobewusstsein bei dem betroffenen Taucher führen, der seine Dekompressionszeiten daraufhin individuell verlängern bzw. eine höhere Empfindlichkeit an seinem Tauchcomputer einstellen wird.

Die Blutgerinnung

Um bei einer Gefäßverletzung nicht zu verbluten, verfügt unser Körper über ein kompliziertes Gerinnungssystem. Bei kleinsten Verletzungen kommt es zur Bildung eines Blutgerinnsels, das die defekte Stelle verschließt. Dieser Prozess ist das Produkt einer komplizierten Kette von Faktoren, auch als Gerinnungssystem bezeichnet. Es bewirkt, dass im Blutplasma ein Netz aus feinen Fäden entsteht, in dem sich dann Blutplättchen (Thrombozyten) und rote Blutkörperchen (Erythrozyten) verfangen. Die Folge ist ein Blutgerinnsel (Thrombus), welches zum Gefäßverschluss führt. Das Gerinnungssystem lässt sich über eine Reihe von Faktoren aktivieren, wie eine Strömungsverlangsamung in den Gefäßen, eine Bluteindickung (erhöhte Viskosität), Gefäßverletzungen oder durch Fremdkörper.
Auch Gasblasen aus Stickstoff oder Luft, die bei einem Tauchunfall entstehen können, werden vom Körper mit Gerinnungsprodukten eingekapselt, sodass nicht nur die Gasblase selbst, sondern auch die Kapselung embolische Verschlüsse in lebenswichtigen Blutgefäßen hervorrufen kann.

Die Abwehrsysteme

Täglich muss sich unser Körper mit den unterschiedlichsten Mikroorganismen aus unserer Umwelt auseinandersetzen. Hierzu gehören neben Bakterien und Viren auch Pilze und Mikroben. Gegen diese Eindringlinge besitzt der Mensch ein Abwehrsystem, das sowohl unspezifisch (bezüglich des Erregers) als auch spezifisch reagiert. Die unspezifische Reaktion stellt die angeborene Immunität, die spezifische die erworbene Immunität dar. Beide Systeme arbeiten jedoch eng zusammen und greifen an den unterschiedlichsten Stellen ineinander. Dringt ein Fremdkörper in unseren Organismus ein, so stellt seine Oberfläche eine fremde Struktur (Antigen) dar, auf die unser Abwehrsystem reagiert.

Der unspezifischen Abwehr von Fremdstoffen dienen bestimmte in den Körperflüssigkeiten gelöste Stoffe. Zu ihnen zählen die Signalstoffe, die andere Abwehrzellen herbeiholen, sowie aggressive Verbindungen, die nach ihrer Freisetzung eine Zelle direkt zerstören, z. B. Sauerstoffradikale und Proteine, die aktiviert werden, um bestimmte Fremdkörperoberflächen aufzulösen, z. B. Komplementfaktoren. Neben den gelösten Stoffen verfügt die unspezifische Abwehr auch über Fresszellen (Phagozyten) wie Monozyten, Makrophagen und neutrophile Granulozyten. Die Phagozyten sind gegen eine Vielzahl von Erregern wirksam. Diese Zellen werden durch Signalstoffe, die von anderen Abwehrzellen ausgeschüttet wurden, angezogen.

Im Laufe der Evolution haben die Erreger jedoch gelernt, diese Zellen zu überlisten. So sind bestimmte Erreger zum Beispiel in der Lage, die Bildung von Proteinen (z. B. Lysozyme) aus Fresszellen (Phagozyten) zu verhindern. Andere können diesen Mechanismus gänzlich verhindern oder bewirken ein Absterben der Phagozyten, nachdem sie gefressen wurden. Um sich gegen solche Erreger und die meisten Viren zu schützen, verfügt der menschliche Organismus über ein spezifisches Immunsystem. Bei dieser Art von Abwehr arbeiten Makrophagen und Lymphozyten eng zusammen. Die Fremdkörperoberflächen hatten hierbei bereits einmal Kontakt mit dem Abwehrsystem des Organismus. Er hat in diesem Zusammenhang Gedächtniszellen produziert, die beim Erkennen einer bekannten Oberflächenstruktur eine schnelle Vermehrung von speziellen Killerzellen hervorrufen. Diese spezifische Immunantwort ist z. B. für eine Immunität nach einer durchgemachten Erkrankung wie z. B. Windpocken verantwortlich.

Eine weitere Rolle im Abwehrsystem des Körpers spielt das Komplementsystem. Dieses Abwehrsystem von 20 unterschiedlichen Proteinen, die sich gegenseitig in komplexer Art kaskadenartig aktivieren, führt zu einer Entzündungsreaktion auf der Blasenoberfläche. Bekannt sind hierfür vor allem die Komplementfaktoren C3 und C5, die im Experiment zu einer heftigen Reaktion auf eine Mikroblase im Blut führen können. Das aktivierte Komplementsystem führt nun zu einer unspezifischen Immunreaktion auf der Gasblase. Alarmiert durch die Botenstoffe, mutiert die Blasenoberfläche zum Schlachtfeld, auf dem Fresszellen wie Monozyten und Makrophagen die Blase attackieren. Diese heftigen Reaktionen können bei empfindlichen Patienten in der Transplantationsmedizin zu dramatischen Zuständen führen. Auch bei Menschen, bei denen Gasblasen durch andere Mechanismen ins Gefäßsystem gelangt sind, können ähnliche Immunreaktionen beobachtet werden. Bei Tauchern könnte ein reaktiveres Komplementsystem ein erhöhtes Risiko für Dekompressionsunfälle darstellen. Obwohl Komplement in anderen Bereichen der Medizin nachweislich für Zwischenfälle verantwortlich ist, ist ein direkter Nachweis einer Komplementreaktion bei Tauchern noch nicht erbracht. Auch ist es zum gegenwärtigen Zeitpunkt noch nicht möglich, durch einfache Verfahren die Sensibilität des Komplementsystems bei einzelnen Tauchern zu messen. Dennoch scheint über diesen Mechanismus eine Erklärung für die erhöhte Empfindlichkeit einzelner Taucher gegeben zu sein. Weitere Studien und Untersuchungen werden in den kommenden Jahren dieses Gedankengebäude untermauern und eventuell eine Blutuntersuchung ermöglichen, die Aufschluss über die Blasenanfälligkeit von Tauchern gibt. Neue Erkenntnisse stammen in diesem Bereich aus der Transplantationsmedizin. Bei der Verwendung von Herz-Lungen-Maschinen, die während einer Operation die Pumpfunktion des Herzens übernehmen und das Blut mit Sauerstoff anreichern, kann es zu Zwischenfällen kommen, deren Ursprung im Immunsystem liegt. Durch Mikroblasen wird bei diesen Patienten das oben angesprochene Komplementsystem aktiviert.

Die Immersion

Unter Immersion wird das Eintauchen eines Körpers in Flüssigkeit verstanden. Sie ruft eine Reihe von Veränderungen im Körper hervor. Sie betreffen die Atmung, das Herz-Kreislauf-System, die Nierenfunktion sowie die Sinnesorgane. Beim Eintauchen in Wasser unterliegt das Regelsystem des Kreislaufs einer Täuschung. Durch die annähernde Aufhebung der Schwerkraft in den Beinen kommt es zu einer Verschiebung von Blut in den Brustkorb. Die im Herzen befindlichen Messfühler lösen nun über Hormone eine vermehrte Ausscheidung von Körperwasser aus, um die vermeintlich hohe Flüssigkeitsmenge zu reduzieren. Dieses macht sich nach geraumer Zeit durch einen erhöhten Harndrang bemerkbar. Neben dieser Taucherdiurese kommt es durch die Blutansammlung im Brustkorb sowie durch den durch die Wassersäule bedingten Unterdruck um den Brustkorb zu einer Abnahme der Lungenkapazität. Schließlich sorgen die aufgehobenen Schwerkraftverhältnisse für Fehlinformationen des Gleichgewichtssinnes.

Der Tauchreflex

Der Tauchreflex stammt noch aus der Entwicklungsgeschichte der Landlebewesen,

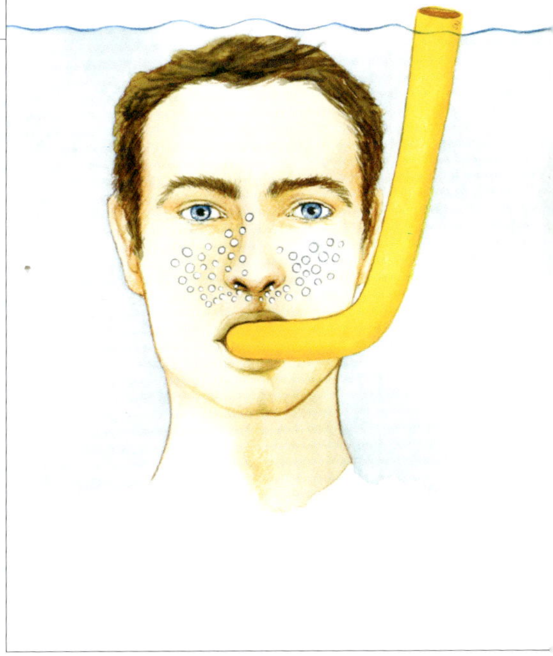

Abb. 46: Während der Tauchreflex (Eintauchen des Gesichts in kaltes Wasser) ein Schutzmechanismus ist, muss der hier gezeigte Wasser-Nase-Reflex beim Atmen durch den Schnorchel oder Atemregler bei abgenommener Maske beherrscht werden, da sonst in entsprechenden Situationen leicht Panik entstehen kann.

er stellt eine Schutzmaßnahme des Organismus zum Zwecke der Sauerstoffeinsparung dar. Bei den Enten ist dieser Reflex sehr stark ausgeprägt. Er ist bei den Menschen mehr oder weniger stark vorhanden und dient dem Zweck der Sauerstoffeinsparung. Das geschieht durch folgende Mechanismen, die nach Eintauchen des Gesichts in kaltes Wasser ausgelöst werden:

1. Vagusreflex nach Eintauchen des Gesichts in kaltes Wasser
2. periphere Vasokonstriktion (Einengung der körperfernen Blutgefäße)
3. Abfall des Herzminutenvolumens
4. Abfall der Pulsfrequenz (Bradykardie)
5. evtl. Blutdruckerhöhung
6. Gefahr des Sekundenherztodes bei gestörtem Tauchreflex

Die o. g. Symptome fallen dem Taucher im

praktischen Tauchbetrieb nicht auf, er bemerkt allenfalls eine Verlangsamung seiner Pulsfrequenz. Apnoetaucher machen sich die physiologischen Vorgänge beim Tauchreflex zunutze, um ihre Atemanhaltezeiten zu verlängern. Es ist noch unklar, ob es bei diesem Reflex auch Trainingseffekte gibt, oder ob er bei den guten Apnoetauchern nur individuell stark ausgeprägt ist.
Bei den Kälteeinwirkungen unterscheidet man die Allgemeinreaktion Unterkühlung von den lokalen Kälteeinwirkungen.

Tauchprofile und Dekompression

Geschichte der Dekompressionsforschung

Es war eine kleine Gasblase, die Robert Boyle, der von 1627 bis 1691 lebte, bei einem Unterdruckversuch im Auge einer Schlange beobachtete, die den ersten Hinweis auf eine Druckfallerkrankung gab. Die richtige Erklärung und vor allem die Auswirkungen auf die Praxis der Taucherei ließen noch lange auf sich warten. Im Jahre 1841 trat bei der ersten Benutzung eines Caissonkastens in Frankreich auch der erste Dekompressionsunfall auf. Mit der weiteren Verbreitung der kommerziellen Taucherei und den Arbeiten unter Überdruck wurden auch die Dekompressionsunfälle immer häufiger. Zur Erklärung wurden viele Theorien herangezogen, wie z. B. die zu schnelle Kompression oder die Kälte bei der Dekompression. Andere Wissenschaftler machten die Beobachtungen, dass ein langsamer Aufstieg die Gefahren verringerte, so gab schon ein Instruktionsbuch der deutschen Marine aus dem Jahre 1872 die Empfehlung, dass der Taucher langsam aufsteigen und auch Pausen einlegen sollte, wobei die empfohlene Aufstiegsgeschwindigkeit ein bis zwei Meter pro Minute betrug. 1889 wurden von Moir die ersten Behandlungsrichtlinien für Dekompressionsunfälle erarbeitet. Seit dieser Zeit werden verunfallte Taucher in Überdruckkammern behandelt. Trotz dieser Kenntnisse kam es noch um die Jahrhundertwende zu zahlreichen tödlichen Druckfallunfällen bei der Erstellung von Brückenpfeilern mittels Caisson.
Bahnbrechende Untersuchungen zu diesem Thema kamen erst von Sir John Scott Haldane. Er teilte die Gewebe in fünf Kategorien mit unterschiedlichem Wasser- und Fettanteil ein. Diese fünf Kategorien verfügten über unterschiedliche Sättigungsgeschwindigkeiten und Halbwertszeiten. Auch ging er in seinem Modell nicht mehr von einer linearen Sättigung, sondern von einer exponentiellen Kurve aus. Seine Theorien führten 1908 zu den ersten brauchbaren Dekotabellen. Seine grundsätzlichen Überlegungen sind dem Prinzip nach auch heute noch gültig.
Durch die Entwicklung der Lungenautomaten 1943 durch Cousteau nahm das Tauchen eine neue Dimension an. Vor allem die Militärs besaßen ein gesteigertes Interesse an der Einsatzmöglichkeit von Menschen unter Wasser und setzten sich zwangsläufig mit der Dekompression auseinander. Die US Navy modifizierte das Modell von Haldane und ging von 6 Gewebegruppen aus. 1958 erschien kurze Zeit nach der Tabelle der Royal Navy die US-Navy-Tabelle, welche die nächsten 25 Jahre entscheidend prägte.

Mit dem Tauchgang von Hannes Keller auf eine Tiefe von 250 Meter in der Druckkammer von Toulon 1960 war die Ära des Tieftauchens angebrochen. Trotz dieses Erfolges widmete man der Dekompressionsforschung in den kommenden Jahren kein großes Interesse. Erst nach der Erdölkrise 1973 wurde der Nutzen des Tieftauchens offensichtlich und es entstanden zahlreiche tauchmedizinische Institute. In den kommenden Jahren erlebte die tauchmedizinische Forschung einen Boom. Insbesondere die Arbeiten von Bühlmann und Hahn trugen zur Berechnung neuer Dekompressionstabellen für Sporttaucher bei.

Als 1983 die ersten elektronischen Tauchcomputer auf dem Markt erschienen, wurden sie noch milde belächelt. Von den großen, teuren »Kästen« ging jedoch in den nächsten Jahren ein neuer Trend aus. Größe und Preis schrumpften, und das Tauchverhalten änderte sich erheblich. Die Zunahme der Jo-Jo-Tauchgänge sowie Wiederholungstauchgänge mit kurzer Oberflächenpause zeigten die Mängel an den bisherigen Tabellen und Computern auf. Durch die immer größer werdende Zahl an Sporttauchern in den kommenden Jahren nimmt auch die Anzahl der Tauchgänge zu und mit ihr die Erfahrung über die Vorgänge bei der Dekompression.

Aufnahme und Transport von Stickstoff

Entsprechend dem Gesetz von Henry löst sich Stickstoff in unserem Körper. Dies ist auch schon bei normalem atmosphärischen Druck (1013 mbar = ca. 1 bar) der Fall. Nach dem Gesetz von Dalton entfällt aufgrund des hohen Anteils von Stickstoff mit 78 % auch der größte Anteil des Partialdruckes auf Stickstoff.

Normaldruck (vereinfacht)

0,79 bar Stickstoff und Edelgase
0,21 bar Sauerstoff
0,00 bar Wasserdampf
0,00 bar Kohlendioxid
____
1,00 bar Luftdruck

Atmen wir nun Luft mit einem Druck von 1013 mbar ein, so verändert sich die Konzentration der Einatemgase bis in die Alveolen. Aufgrund des Verbrauchs von Sauerstoff (O_2) und der Produktion von Kohlendioxid (CO_2) verändern sich die Partialdruckverhältnisse zu Ungunsten des Sauerstoffs. Auch ist der Anteil von Wasserdampf in unseren Atemwegen in der Regel höher als der in der Umgebung. Diese veränderten Verhältnisse führen zu einer Verschiebung der Partialdrücke der einzelnen Gase in der Lunge. Der Luftdruck in der Lunge mit 1013 mbar = ca. 1 bar setzt sich wie folgt zusammen:

Lungendruck (vereinfacht)

0,76 bar Stickstoff und Edelgase
0,13 bar Sauerstoff
0,06 bar Wasserdampf
0,05 bar Kohlendioxid
____
1,00 bar Luftdruck

Von den Alveolen diffundiert der Stickstoff ins Blut. Mit ihm wird er auf arteriellem Weg durch das linke Herz in den gesamten Organismus transportiert. Vom Blut aus diffundiert er in alle anderen Gewebe des Körpers. Bei einem Luftdruck von 1013 mbar löst sich ca. 1 Liter Stickstoff in unserem Körper. Dieser verteilt sich jedoch nicht gleichmäßig auf den gesamten Körper. Blut und andere wässerige Gewebe nehmen pro 100 ml dabei 1 ml Stickstoff auf. Auf eine gleiche Menge Fett entfallen dagegen 5 ml. Bis eine vollständige Sättigung mit Stickstoff erreicht ist, vergeht eine gewisse Zeit, die vom langsamsten Gewebe bestimmt wird. Sie dauert mindestens 50 Stunden und wird beim Sporttauchen wohl nicht erreicht werden. Tauchen wir nun mit einem Drucklufttauchgerät auf eine Tiefe von 40 Meter ab, so wird der Stickstoffpartialdruck in den Lungen auf das Fünffache ansteigen, also auf etwa 4 bar. In unserem Körper herrscht jedoch ein Stickstoffpartialdruck von nur etwa 0,8 bar. Die Folge ist eine Druckdifferenz von 3,2 bar. Der Stickstoff wird nun entlang dieses Gradienten von den Lungenalveolen ins Blut wandern. Dies geschieht sehr schnell, und das Blut ist beim Verlassen der Lunge bereits mit einem Stickstoffpartialdruck von 4 bar gesättigt. In den Geweben angelangt, herrscht jetzt wiederum eine Druckdifferenz zwischen dem inzwischen aufgesättigten Blut und dem Gewebe. Der Druckausgleich vollzieht sich hier in gleicher Weise wie schon in der Lunge, Stickstoff wandert ins Gewebe. Dies dauert jedoch länger als der Druckausgleich zwischen Blut und Lunge. Das liegt zunächst einmal daran, dass der Organismus nur ca. 5 Liter Blut besitzt, welches den Stickstoff der wesentlich größeren Masse des Körpers anbietet. Fast alle Gewebe nehmen den Stickstoff langsamer auf als Blut. Weiterhin ist zu bedenken, dass mit kleiner werdender Druckdifferenz die Diffusionsgeschwindigkeit abnimmt.

Beim Auftauchen drehen sich die Druckverhältnisse um. Bei langsamer Druckentlastung diffundiert der Stickstoff aus dem Blut in die Lunge und wird dort abgeatmet. Entlang dem entstehenden Druckgefälle zwischen Blut und Gewebe wird der Stickstoff aus den Geweben zurück ins Blut diffundieren (Entsättigung). Dieser Prozess wird, wie bei vollständiger Sättigung, ebenfalls über 50 Stunden dauern. Der Sättigungsprozess hängt also unter anderem von der Art des betrachteten Gewebes, von dem Gas und von der hierdurch definierten Halbsättigungszeit des jeweiligen Gewebes ab (vgl. Seite 23 ff).

Gewebearten

Wie schon ab Seite 23 erklärt wurde, lösen sich Gase in Flüssigkeiten. Nun besteht unser Körper nicht aus einer homogenen Flüssigkeit, sondern aus vielen unterschiedlichen Geweben. Diese wiederum besitzen unterschiedliche Anteile an Fett und Flüssigkeit. Fett löst fünfmal mehr Stickstoff als andere Flüssigkeiten. Auf Seite 63 wurde bereits angesprochen, dass der Stickstoffpartialdruck des Blutes beim Verlassen der Lunge dem Stickstoffpartialdruck der Umgebung entspricht. Das Blut ist also das Transportmittel für Stickstoff in unserem Körper. Allerdings ist die Durchblutung des Körpers sehr unterschiedlich. Prinzipiell sind reich kapillarisierte Gewebe gut durchblutet und wenig kapillarisierte wenig durchblutet. So unterscheidet man stark (z. B. Nerven), mäßig (z. B. Muskeln), schwach (z. B. Fett) und kaum (z. B. Knochen) durchblutete Gewebe. In diesem Zusammenhang muss ebenfalls berücksichtigt werden, dass Haut und Muskulatur ca. die Hälfte des Körpergewichtes ausmachen. Hinzu kommt, dass die Durchblutung starken Schwankungen unterliegt. So beträgt das Herzminutenvolumen in Ruhe ca. 5 bis 6 Liter und kann bei Belastung auf 17 bis 18 Liter ansteigen. In der Folge ändern sich auch die Durchblutungsraten, so steigt die Durchblutung der Muskulatur in Arbeit um das Zehnfache an. Weiterhin muss berücksichtigt werden, dass fettreiches Gewebe fünfmal mehr Stickstoff aufnehmen kann als fettarmes

Gewebe, mit der Folge einer langsameren Auf- und Entsättigung. Mit entscheidend für ein Gewebe bzw. Kompartiment des Körpers ist die Durchblutungsrate, die die Halbwertszeit bestimmt. Bei der Dekompressionsberechnung wird der menschliche Körper modellhaft als eine Gruppe von 6 bis 12 Geweben (Kompartimente) betrachtet, welche alle parallel vom Blutkreislauf mit Stickstoff aufgesättigt und wieder entsättigt werden. Bei Versuchen kam man dabei auf Halbwertszeiten von 3 bis 6 Minuten bis hin zu 635 Minuten. Das Verhältnis von kurzen zu langen Halbwertszeiten ergibt sich aufgrund der unterschiedlichen Durchblutungsraten der Kompartimente. So beträgt der Durchblutungswert der Niere das 100- bis 130-fache pro Gewichtseinheit im Gegensatz zu Knochen und Gelenken, genau dem Verhältnis der kurzen zu den langen Halbwertszeiten. Eine genauere Zuordnung dieser Kompartimente, auch als Gewebe bezeichnet, zu anatomischen Organen oder Geweben ist jedoch nur sehr begrenzt möglich. Bei der Dekompressionsberechnung ist die Wahl eines dichten Netzes von Kompartimenten entscheidend für die Sicherheit. Ein enges Netz ermöglicht bei gleicher Sicherheit kürzere Dekostopps als ein grobes Netz. Im Bereich der Sporttaucherei muss bei den Dekompressionsmodellen berücksichtigt werden, dass Kompartimente mit kurzen Halbwertszeiten ausschlaggebend für die Dekompression sind, hingegen Kompartimente mit langen Halbwertszeiten erst bei mehreren Wiederholungstauchgängen eine Rolle spielen.

Sättigungstoleranzen und Übersättigung

Beim Abtauchen steigt der Umgebungsdruck. Während des Tauchganges nehmen wir Stickstoff vermehrt in den einzelnen Kompartimenten auf. Beginnen wir mit dem Aufstieg, so sinkt der Umgebungsdruck und mit ihm auch die Löslichkeit für Stickstoff. Dabei reduziert sich die in unserem Körper gelöste Stickstoffmenge nach den in Abb. 14 erläuterten Kurven. Wie daraus ersichtlich, steigt die Sättigung während des Tauchgangs relativ schnell an, unser normales Tauchprofil gibt dem Stickstoff jedoch keine Zeit, den Körper während des Tauchganges wieder zu verlassen. Am Ende des Tauchganges ist der Lösungsdruck also geringer als die Menge an gelöstem Stickstoff. Die Folge ist eine Übersättigung unseres Körpers mit Stickstoff. Dass dieser nicht sofort ausperlt und zur Dekompressionskrankheit führt, verdanken wir einer gewissen Übersättigungstoleranz der Gewebe. Das bedeutet, dass eine Blasenbildung nicht sofort beginnt, wenn der Umgebungsdruck den momentanen Lösungsdruck geringfügig unterschreitet. Diese Aussage betrifft die einzelnen Kompartimente jedoch unterschiedlich. Schnelle Gewebe besitzen eine höhere Übersättigungstoleranz als langsame Gewebe. Wird zum Beispiel nach einem Aufenthalt von 48 Stunden in einer Tiefe von 3,7 Meter sofort aufgetaucht, so lassen sich nur vereinzelte Blasen im Blut nachweisen. Nach einem solchen Tauchgang sind zwar auch die langsamen Kompartimente gesättigt, dennoch können die schnellen Kompartimente offensichtlich den Stickstoffüberdruck abbauen, bevor sich Blasen bilden können. Würde dieser Tauchgang auf einer Tiefe von zehn Metern durchgeführt werden, so wäre mit einem schweren Dekompressionsunfall zu rechnen. Experimente konnten zeigen, dass zwischen Umgebungsdruck und toleriertem Stickstoffüberdruck eine lineare

Beziehung besteht. Die Übersättigungstoleranzen unserer Gewebe machen Tauchen erst möglich, und sie spielen bei der Berechnung der Koeffizienten für die Dekompression eine entscheidende Rolle.

Risikoprofile

Vergleicht man Statistiken der letzten Jahre über Dekompressionsunfälle, so findet sich kein erhöhtes Risiko bei der Verwendung von Tauchcomputern. Erstaunlich ist ebenfalls die Tatsache, dass ca. die Hälfte aller Dekompressionsunfälle innerhalb der Tabellenvorschriften liegt. Betrachtet man die einzelnen Unfälle, so gibt es eine Reihe von Tauchprofilen, bei denen das Risiko, einen Dekompressionsunfall zu erleiden, erhöht ist, sogenannte Risikotauchgänge. Nicht nur Tieftauchgänge oder gar missachtete Dekostopps fallen in diese Kategorie, sondern eine Vielzahl anderer Tauchprofile. Wie im vorangegangenen Absatz beschrieben, zählen hierzu auch Tauchgänge im kalten Wasser sowie eine erhöhte Arbeitsleistung. Auch Wiederholungstauchgänge und Non-Limit-Tauchen führen zu einer starken Aufsättigung der langsamen Gewebe und somit zu einem erhöhten Dekompressionsrisiko. Im Gegensatz zu den langsamen Geweben sind die schnelleren Gewebe bei sogenannten Jo-Jo-Tauchgängen, hierunter versteht man mehrere Auf- und Abstiege während eines Tauchganges, und schnellen Aufstiegen verstärkt gefährdet. Aber auch nach dem Tauchen besteht ein erhöhtes Risiko, wenn trotz Restsättigung der Umgebungsdruck weiter abgesenkt wird, wie beim Fliegen oder beim Überqueren eines Passes. Unbedingt zu vermeiden sind auch Anstrengungen, Sport oder Saunagänge nach dem Tauchen.

Aus diesen Gründen ist es ratsam, die Anzeigen der Tauchcomputer äußerst kritisch zu betrachten. Dies betrifft auch Computer der neueren Generationen. Jedes Zusatzrisiko sollte sich in einer nahe der Oberfläche verlangsamten Aufstiegsgeschwindigkeit und in zusätzlichen Sicherheitsstopps niederschlagen, auch wenn der Computer keine Dekopause anzeigt.

Reverse Tauchprofile

Nach den Dekompressionsrichtlinien sollte der erste Tauchgang tiefer sein als der zweite. Ist dies umgekehrt, liegt ein »reverses Tauchprofil« vor. Ohne den Sinn der Regel zu hinterfragen, tauchen einige Taucher deshalb am Vormittag bewusst tiefer, um am Nachmittag zum Beispiel an einem Wrack flacher tauchen zu können. Untermauert wird diese Regel immer wieder mit abschreckenden Beispielen, wie z. B. von dem Tauchlehrer, der den Anker birgt und dabei einen schweren Dekompressionsunfall erleidet. Eine Auswertung der Statistiken kann diese Aussage aber weder belegen noch widerlegen, die Datenmenge ist viel zu gering, und die Unfälle sind viel zu individuell. Dass dennoch täglich Tausende von reversen Tauchprofilen durchgeführt werden, bei denen keine Unfälle geschehen, ist unumstritten.

Tauchcomputer ermöglichen im Sporttaucherbereich eine Berechnung solcher Profile, und bei Forschungs- und Berufstauchern sowie bei militärischen Einsätzen lassen sie sich ebenfalls nicht vermeiden. Im Gegenteil, das Verbot zahlreicher Sporttaucher-Ausbildungsorganisationen findet sich weder beim kommerziellen Tauchen noch in der US Navy. Bei der Erstellung von älteren Tauchtabellen ging es im Wesentlichen darum, die Grundzeit von Tauchgängen zu optimieren. Berufstaucher, für die die ersten Tabellen erstellt wurden, sollten möglichst lange in ihrer vorgesehenen Tiefe arbeiten können. Die Aufladung der Gewebe mit gelöstem Stickstoff gestaltet sich am zeitoptimiertesten, wenn der erste Tauchgang tiefer ist als der zweite. Die Vorschrift begründet sich somit zunächst nicht in einer Sicherheitsregel, sondern vielmehr in einer Verlängerung der Grundzeit. Bei älteren Dekompressionsmodellen werden lediglich die Gasaufnahme und die Übersättigungsgrenze berechnet. Eine Berücksichtigung von Risikoprofilen wie bei Jo-Jo-Tauchgängen oder mehrfachen Wiederholungstauchgängen ist hierbei nicht möglich. Erst neuere Tauchcomputer sind in der Lage, mit variierenden Rechenmodellen die Bildung von Gasblasen zu erkennen und Risikoprofile mit entsprechenden Warnungen zu kennzeichnen und mit verlängerten Austauchzeiten zu berechnen. Die tiefen Tauchgänge führen zu einer vermehrten Aufsättigung, sodass sich das gelöste Gasvolumen und damit das Risiko einer Gasblasenbildung erhöht, eine Tatsache, die eigentlich gegen eine Erhöhung der Sicherheit sprechen würde. Dennoch zeigen Praxistests, dass es bei einigen Modellen zu einer größeren Sicherheitsreserve kommt. Zwar führen die beim ersten Tauchgang entstandenen Mikrogasblasen zu einer gestörten Zirkulation und damit zu einer verzögerten Entsättigung, andererseits werden bei tiefen Tauchgängen auftretende Blasenkeime zerstört. Die Meinung über die Berechenbarkeit von reversen Tauchprofilen ist unter führenden Dekompressionsexperten umstritten. Einigkeit herrscht allerdings dahingehend, dass das Hauptproblem eher in der Tatsache eines Wiederholungstauchganges begründet liegt als in einem umgedrehten Profil. Entscheidend ist für den zweiten Tauchgang die Erkennung von Mikrogasblasen und eine adäquate Dekompression. Eine größere statistische Auswertung von Tauchgängen zeigt, dass bei umgekehrten Tauchprofilen die Differenz zwischen dem ersten und zweiten Tauchgang meist nicht mehr als zehn Meter beträgt und eine Maximaltiefe von 40 Meter nur selten überschritten wird. Die Voraussetzungen werden offensichtlich von den meisten Rechenmodellen problemlos bewältigt. Problematisch wird es bei Dekompressionstauchgängen und mehrfachen Wiederholungstauchgängen. Genaue Berechnungen werden vor allem bei mehrfachen Wiederholungstauchgängen immer ungenauer, und eine sichere Berechnung ist auch hier von den neusten Rechenmodellen praktisch nicht möglich. Mit einer Maximaldifferenz von zehn oder zwölf Metern, die von Experten angegeben wird, erscheint der Gradient für die meisten Modelle noch berechenbar zu sein.

Entgegen der Warnungen vor reversen Tauchprofilen sprechen wenige Gründe für ein solches Verbot. Das häufig angeführte erhöhte Dekompressionsrisiko scheint weniger ein Problem des umgekehrten Tauchprofils als vielmehr ein Problem des Wiederholungstauchgangs zu sein. Wenn keine dekompressionspflichtigen Tauchgänge innerhalb der Sporttauchergrenze durchgeführt werden und die Differenz nicht mehr als zehn Meter beträgt, scheint es wenig Argumente gegen reverse Tauchprofile zu geben. Weitaus entscheidender ist eine sorgfältige Dekompression nach dem ersten und zweiten Tauchgang mit entsprechender Sicherheit.

Mikro- und andere Blasen

Der sich nach jedem Tauchgang bildende Stickstoffüberdruck führt in unserem Körper trotz Übersättigungstoleranzen zu einer Mikroblasenbildung im venösen Blut. Unter Mikroblasen verstehen wir nur so kleine Blasen, die noch keine Symptome der Dekompressionskrankheit hervorrufen. Mittels eines Ultraschallgerätes (Doppler-Effekt) lassen sich, z. B. in der Schlüsselbeingrube, solche Blasen nachweisen. Sie entstehen in den Geweben, aus denen der gelöste Stickstoff ausperlt. Von dort werden sie in den venösen Kreislauf eingeschwemmt und gelangen somit in die Lunge. Die Folge ist eine venöse Gasembolie, die nicht zu Symptomen der Dekompressionskrankheit führt. Da Haut und Muskulatur etwa die Hälfte des Körpergewichtes ausmachen, wundert es nicht, dass die Mikroblasen zum Großteil aus diesen Geweben stammen. Die Lunge wirkt wie ein Filter, der die Mikrogasblasen aus dem Blut auf dem Wege der Diffusion herausfiltert und auf natürlichem Wege wieder gasförmig mit der Ausatmung abgibt.

In der Lunge angekommen, führen die Blasen jedoch zu einer teilweisen Verstopfung der Lungenkapillaren und damit zu einer Veränderung der Durchblutungsverhältnisse. Die Verstopfung führt zu einer Druckzunahme im venösen Teil des Lungenkreislaufs. Dadurch werden bis dahin verschlossene ateriovenöse Kurzschlüsse eröffnet. In deren Folge entsteht eine vermehrte Zumischung von venösem zu arteriellem Blut, auch als Rechts-links-Shunt bezeichnet. Bleibt das Shuntvolumen gering, kommt es in der Regel zu keinen Symptomen. Der Rechts-links-Shunt nimmt am Ende des Tauchganges aufgrund der Anreicherung mit Blasen zu und verringert sich dann wieder, da der Nachschub aus den Geweben geringer wird und der Stickstoff aus den Mikroblasen in die Alveolen diffundiert. Mit einer Erhöhung des arteriellen Stickstoffpartialdruckes verzögert sich aber auch die Abgabe von Stickstoff aus dem Körper, da dieser noch einmal durch den Körperkreislauf geschleust wird, bevor er die Lunge wieder erreicht. Die in den Geweben und Kapillaren entstehenden Mikroblasen führen ebenfalls zu einer verzögerten Stickstoffabgabe aus den betroffenen Geweben. Die entstandenen Mikroblasen erhöhen die Diffusionsstrecke für Stickstoff in durchblutete Gewebeanteile und somit die Stickstoffabgabe. Diese Tatsache muss bei der Dekompression mit berücksichtigt werden und macht sich sowohl bei Wiederholungstauchgängen als auch beim Fliegen nach dem Tauchen bemerkbar. Niedergeschlagen haben sich diese Ergebnisse in Form von Korrekturfaktoren bei den neueren Dekompressionstabellen sowie in Programmen von Computern der dritten Generation. Erst nach drei Stunden ist dieser Rechts-links-Shunt so gering, dass er für eine normale Entsättigung nicht mehr relevant ist.

Mikroblasen entstehen zwar nach jedem Tauchgang, zu Symptomen der Dekompressionskrankeit führen sie jedoch nicht. Übersteigt die Gasspannung von Stickstoff die Übersättigungstoleranz massiv, werden die entstehenden Gasblasen so groß, dass sie Symptome hervorrufen. In den Geweben führt dies zuerst zu einer Blutleere (Ischämie) und im Weiteren zu Gewebezerreißungen. Bemerkbar machen sich diese Schäden als Taucherflöhe, Muskel- und Gelenkschmerzen (Bends) oder als Innenohrstörungen. Eine weitere Folge der Zerreißung von Fettzellen ist die Fettembolie, bei der feinste Fetttröpfchen ins venöse Blut gelangen und zu einer Lungenembolie führen können. Gelangen größere Gasblasen in den venösen Kreislauf, führen sie ebenfalls zu einer Lungenembolie, die jedoch im Gegensatz zu den Mikroblasen deutlichere Symptome verursacht. Die verstopften Lungenkapillaren führen zu einem erhöhten Druck im Lungenkreislauf (pulmonale Hypertonie) und zu einem Rückstau von Blut im venösen Kreislauf. Die pulmonale Hypertonie führt über atemabhängige Schmerzen hinter dem Brustbein (Chokes) bis hin zu Herzversagen mit Kreislaufkollaps. In diesen Fällen wird der Rechts-links-Shunt so groß, dass Blasen in das arterielle System übertreten. Sie gelangen dorthin über ein ggf. vorhandenes offenes *Foramen ovale* oder über bei normalem Lungenkreislauf geschlossene arteriovenöse Kurzschlüsse. Die arteriellen Gasblasen führen häufig zu Schädigungen im Gehirn und Rückenmark mit den verschiedensten Symptomen. Diese reichen von Kribbeln in den Fingern oder Füßen über Seh- und Sprachstörungen bis hin zu Halbseitenlähmungen.

Blasenorganisation

Auf der Blasenoberfläche als Fremdkörper laufen nun die ab Seite 130 beschriebenen Mechanismen ab. Je größer die Gasblase ist und je aktivierter unser Abwehrsystem ist, desto heftiger ist die Reaktion auf die Blase. Die Folgen sind fatal, denn durch die durch Gasphasen verstopften Gefäße entstehen nun noch Gerinnungsthrombosen, die zu einer weiteren Verstopfung führen. Selbst wenn die Gasblase sich wieder abbaut oder durch Rekompression verkleinert wird, bleibt der Verschluss des Gefäßes bestehen. Aus dem Gefäßverschluss resultiert wegen fehlender Durchblutung ein Sauerstoffmangel in den angrenzenden Geweben, der, wenn er lange genug anhält, zum Absterben dieser Gewebe führt. Durch den Sauerstoffmangel kommt es zu einer Schädigung der Gefäßwände, in deren Folge ein Plasmaaustritt aus dem Gefäßsystem in das geschädigte Gewebe erfolgt. Daraus resultiert wiederum eine Eindickung des Blutes mit einer erhöhten Gerinnungsbereitschaft des Körpers. In der weiteren Entwicklung kommt es aufgrund der erhöhten Viskosität des Blutes zu einer Zusammenballung der roten Blutkörperchen. Dies wiederum bewirkt eine verminderte Fließgeschwindigkeit des Blutes mit einer noch höheren Gerinnungsbereitschaft. Dieser Teufelskreislauf kann mit einer Gerinnung in den verschiedensten Organen des Körpers enden und somit zum Tode führen.

Einflüsse auf die Blasenentwicklung

Bei der Berechnung der Dekompressionstabellen wird eine mittlere Arbeitsleistung zugrunde gelegt. Kommt es während des Tauchganges zu einer vermehrten Arbeit, z. B. durch Strömung, nimmt die Durchblutung der Muskulatur zu. Aufgrund der erhöhten Durchblutung steigt auch die Aufsättigung. Im Gegensatz dazu bleibt die Aufsättigung in den Geweben, die bei vermehrter Arbeit nicht vermehrt durchblutet werden, gleich. Während der Dekompressionsphase ruht sich der Taucher dann aus, mit der Folge einer verringerten Durchblutung und somit mit einer verringerten Entsättigung der Muskulatur. Aus diesem Grund muss bei vermehrter Arbeit ein verlängerter Dekostopp eingelegt werden. Bei kurzer, starker Anstrengung wird in der Dekotabelle die nächsthöhere Zeitstufe abgelesen, bei längerer, starker Anstrengung müssen 50 % zur Grundzeit zugeschlagen werden. Beim Tauchen mit Computern können Computer mit Luftverbrauchsberechnung vermehrte Arbeit berücksichtigen, andere Computer erlauben eine Voreinstellung für vermehrte Arbeit, und bei älteren Modellen sollte ein entsprechender zusätzlicher Stopp eingelegt werden. Da aber auch an der Oberfläche in der Regel die Arbeitsleistung geringer ist als während des Tauchganges, verzögert sich die Entsättigung. Somit kommt es zu einer deutlich verringerten Übersättigungstoleranz und damit zu verlängerten Entsättigungszeiten und Flugverbotszeiten. Diese verzögerte Entsättigung wird nicht durch eine nachträglich vermehrte Arbeit verbessert, da zu diesem Zeitpunkt bereits Mikroblasen in den betroffenen Geweben entstanden sind.

Einen weiteren Aspekt bildet die Dehydratation als ein Ausdruck des Mangels an Körperwasser, der sowohl das Blut als auch die Gewebe betrifft. Dieser Zustand kann durch verschiedene Einflüsse hervorgerufen werden. Nicht nur Schwitzen oder zu wenig trinken führt zu einer Dehydratation, sondern auch die Immersion beim Tauchen. Weiterhin führen Getränke wie Kaffee, Tee und Alkohol zu einer vermehrten Wasserausscheidung. Eine zusätzliche Rolle spielt hier die Kälte, in deren Folge es auch zu einer Zentralisierung des Blutes in Bauch und Brustraum kommt. Alle diese Mechanismen führen zu einer Eindickung des Blutes und zu einer erhöhten Gerinnungsbereitschaft. Kommt es nun am Ende des Tauchganges zu Mikroblasen, welche sich unter normalen Umständen in der Lunge sammeln und dort wieder resorbiert würden, so werden sie nun schneller als Fremdkörper erkannt. Auf ihrer Oberfläche läuft eine Gerinnung ab, deren Blutgerinnsel dann zu den Symptomen einer Dekompressionskrankheit führen. Es empfiehlt sich also, vor Tauchgängen reichlich Flüssigkeit zu sich zu nehmen. Auch sollte der Konsum von Kaffee und Alkohol vor dem Tauchen unterlassen werden, dies gilt auch für den Abend davor.

Wie Arbeit besitzt auch Kälte einen Einfluss auf die Durchblutung und somit auf die Auf- und Entsättigung. Unser Körper ist bemüht, den Wärmeverlust so gering wie möglich zu halten, um eine konstante Körperkerntemperatur von ca. 37 °C zu erhalten. Aus diesem Grund kommt es, in Abhängigkeit von Temperatur und Zeit, zu starken Durchblutungsänderungen. Bei Wärme reagiert der Körper mit einer Gefäßerweiterung und Zunahme der Durchblutung, bei Kälte mit einer Abnahme der Durchblutung durch Zusammenziehen der Hautgefäße. Normalerweise tritt die stärkste Auskühlung am Ende eines Tauchganges, nämlich in der Dekompressionsphase auf. In dieser Phase wird der dort angereicherte Stickstoff langsamer als normal entsättigt, benötigt also mehr Zeit, um den Körper wieder zu verlassen. Beim Tauchen mit einer Dekompressionstabelle muss bei kaltem Wasser die nächsthöhere Zeitstufe abgelesen werden. Wird ein Computer benutzt, so sollte bei Computern der ersten und zweiten Generation ein zusätzlicher Stopp von drei Minuten auf drei Metern eingehalten werden. Bei neueren Computern erfolgt bei Tauchgängen in kalten Gewässern automatisch ein Zeitzuschlag.

Tauchverfahren

Während das Tauchen ohne technische Hilfsmittel oder nur mit Flossen, Maske und Schnorchel schon lange zurückreicht, wurde das Tauchen mit Technik erst im 20. Jahrhundert durch die Erfindung von wegweisenden technischen Hilfsmitteln ermöglicht. Um auch eine längere Zeit unter Wasser verbringen zu können, benötigt der Taucher eine Versorgung mit Atemgas unter Wasser. Dies kann durch verschiedene Verfahren geschehen, die in diesem Abschnitt erläutert werden sollen. Die größte Verbreitung hat wegen der geringen Kosten und der hohen Verfügbarkeit das Tauchen mit Druckluft gefunden. In der jüngsten Zeit haben auch die Verfahren Verbreitung gefunden, bei denen das Atemgas speziell auf die vorgesehenen Tauchtiefen abgestimmt wird. Alle diese Verfahren, bei denen mit einem anderen Sauerstoffanteil als 21 % getaucht wird, werden in die Kategorie »Technisches Tauchen« (Technical Diving) eingeordnet.

Apnoetauchen

Der Begriff Apnoe bedeutet medizinisch Atemstillstand infolge Lähmung oder Unreife des Atemzentrums im weitesten Sinne. Im Tauchsport ist Apnoe das willkürliche Anhalten der Atmung. Hierbei unterscheidet man die statische und die dynamische Apnoe, d. h., der Taucher bewegt sich in irgendeiner Weise, oder er liegt still im Wasser.

Einleitung

In den letzten Jahren hat sich das Apnoetauchen vor allem durch die neuen Tieftauchrekorde und entsprechende Aktivitäten in den Medien zu einem Freizeitsport entwickelt. Früher war das Apnoetauchen eine Angelegenheit des Fischfangs und der Tradition, die dem Erwerb des Lebensunterhaltes diente.
Von der Antike bis zum heutigen Tag haben die professionellen Apnoetaucher wahre Wunderleistungen bezüglich Tiefe und Ausdauer vollbracht, um Perlen, Schwämme, Muscheln oder Korallen aus dem Meer zu holen. Heute bestehen nationale und internationale Verbände für das Apnoetauchen, die feste Regeln und Disziplinen eingeführt haben.

Disziplinen

Man unterscheidet die wesentlichen Disziplinen:

wenn der Taucher eine Vollgesichtsmaske trägt. Dadurch werden die Kälterezeptoren der besonders empfindlichen Regionen der Stirn, Nase, Lippen, Kinn und Wangen abgedeckt.

Die Apnoe bewirkt nicht nur eine Veränderung der Herzfrequenz, sondern auch eine direkte Reaktion auf die Blutgefäße der Lunge. Durch Kaliberschwankungen der pulmonalen Blutgefäße ist im weitesten Sinne erklärt, warum der Mensch auch tiefer als 30 m tauchen kann, ohne dass ein Schaden in der Lunge entsteht. Nach Boyle-Mariotte ist der menschliche Brustkorb in ca. 30 m Wassertiefe bis auf sein Residualvolumen komprimiert. Bei weiterem Abtauchen über diese Grenze hinaus wird ein negativer Druck in der Lunge entstehen, was zum Wassereinstrom in die Lungenalveolen führen kann (Lungenödem). Nach einer persönlichen Mitteilung des Extremtauchers »Pipin« (Francisco Ferreras) fühlt dieser den Einstrom von Wasser in seine Lungen in einer Tiefe von ca. 70 m.

Der Amerikaner Schaefer und der französische Arzt Guillerm haben dieses Phänomen erstmals beschrieben und es als »blood shift« bzw. »Erektion der Lunge« bezeichnet. Es tritt kurz vor Erreichen der kritischen Wassertiefe von ca. 30 m auf und besteht darin, dass es zu einem verstärkten Blutzufluss in die venösen Kapillaren der Lunge kommt.

In 60 m Wassertiefe soll dieser vermehrte Blutzufluss 1000 ml betragen. Die vermehrte Blutfüllung der Kapillaren ist offenbar fähig, den entstehenden Unterdruck in der Lunge zu kompensieren, wenn der Taucher beim Abstieg die 30-m-Grenze überschreitet. Dieser Effekt ist sicherlich trainierbar. Wenn das Lungenvolumen in 100 m Tiefe auf 1/3 des Residualvolumens komprimiert ist, steht das mit Blut gefüllte Kapillarsystem der Lunge dem hohen Umgebungsdruck entgegen, denn Flüssigkeiten sind bekanntlich nicht komprimierbar. Wenn in größeren Tiefen der »blood shift« bzw. die »Erektion der Lunge« nicht mehr ausreichen, strömt das Blutplasma aus dem Kapillarsystem in die Alveolen ein, es entsteht ein Lungenödem.

Während der statischen Apnoe an der Wasseroberfläche sinkt der alveolare Sauerstoffteildruck (pO_2) stark ab, während der Kohlenstoffdioxidteildruck (pCO_2) nur gering absinkt. Um den Stoffwechsel aufrechtzuerhalten, kommt es in den Arterien zu einem starken Absinken des pO_2. Gleichzeitig steigt der pCO_2 ähnlich wie in den Alveolen an. Wenn der Taucher vor dem Apnoetauchgang nicht hyperventiliert hat, wirken sich das Absinken von pO_2 und der geringe Anstieg von pCO_2 auf die Chemorezeptoren in Aorta und Halsschlagader so aus, dass das Atemzentrum in der *Medulla oblongata* (verlängertes Rückenmark, ein Teil des Zentralnervensystems) aktiviert und der Atemreiz ausgelöst wird, d. h., er muss atmen.

Wenn der Taucher jedoch vor dem Tauchgang hyperventiliert hat, um dadurch seine Apnoezeit zu verlängern, bleibt das willentlich gesenkte pCO_2 während der gesamten Dauer der Apnoe sehr niedrig. Das am Anfang sehr hohe pO_2 sinkt entsprechend der Anforderung durch den Stoffwechsel so stark ab (Anoxie), dass die Kollapsschwelle bald erreicht ist. Der Sportler, dessen Atemzentrum nicht stimuliert werden kann, weil sein pCO_2 zu niedrig liegt, wird bewusstlos, bevor er seinen Apnoeversuch unterbrechen kann. Die besondere Tragik liegt darin, dass diese Bewusstlosigkeit vorher nicht angekündigt wird. Dieser Schwimmbad-Blackout tritt natürlich nicht ein, wenn die Risiken der Hyperventilation bekannt und das

Abb. 47: Schwimmbad-Blackout

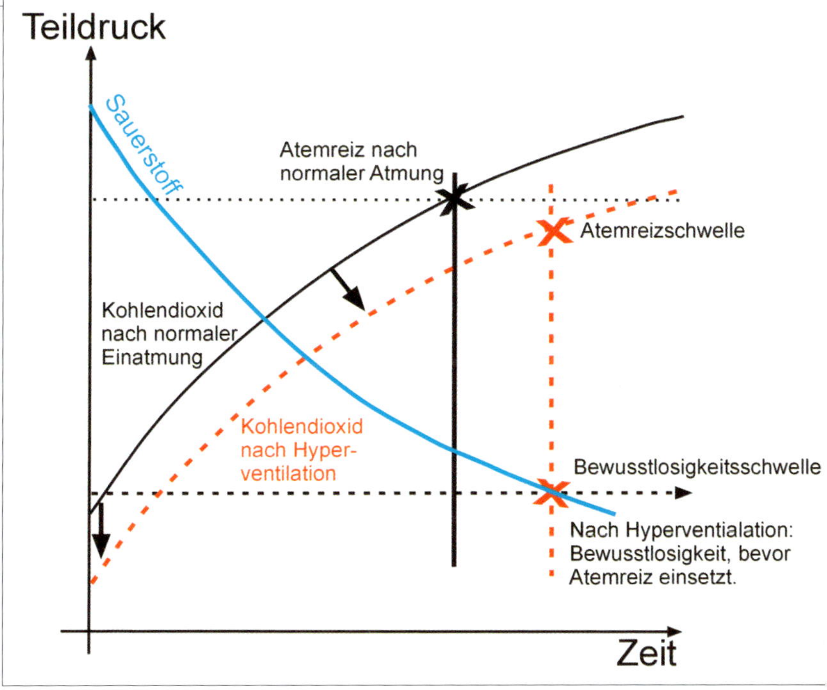

Ende der Apnoe kalkuliert wird (Abb. 48). Beim Apnoe-Tieftauchen ist der zunehmende Umgebungsdruck die wesentliche Ursache für die gasvolumetrischen Veränderungen, d. h. für die Teildrücke von O_2 und CO_2 in den Alveolen und im Gefäßsystem.

Die Abb. 48 zeigt den Ablauf der Partialdruckänderungen im Blut und in den Gefäßen während eines Apnoetauchgangs in verschiedenen Tiefen. Beim Abtauchvorgang steigt der Umgebungsdruck. Das führt zunächst zu einer Erhöhung des pO_2 und zu einer besseren Ausnutzung der Alveolarreserven. Dieses Phänomen bewirkt eine längere Apnoe als an der Wasseroberfläche und gibt dem Taucher ein Gefühl der Unbeschwertheit während seines Aufenthaltes in der Tiefe. Der Anstieg des pCO_2 setzt dann allerdings das Signal zum Auftauchen. Der pCO_2 ändert sich nicht in dem Maße wie der pO_2,

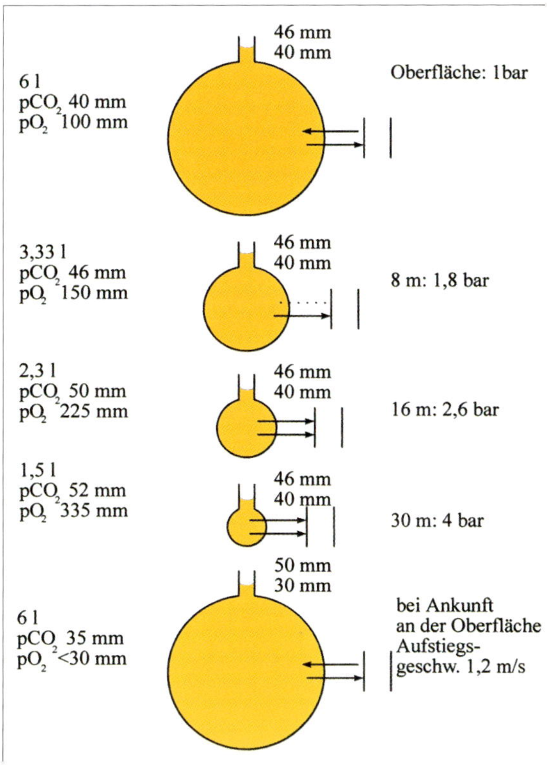

Abb. 48: Veränderungen des Lungenvolumens, pCO_2 und pO_2 in Abhängigkeit von der Tauchtiefe (8 m, 16 m und 30 m) bei einem Apnoetauchgang mit vorangegangener Hyperventilation (nach Carriol)

weil Puffersysteme wirksam werden und große Kohlendioxidreserven im Organismus vorhanden sind.
Beim Aufstieg kommt es infolge der Druckentlastung zu einem Phänomen, das dem Taucher insbesondere nach Hyperventilation sehr gefährlich werden kann. Die Partialdrücke von O_2 und CO_2 sinken im Aufstieg direkt proportional zu der Druckentlastung. Der pO_2 kann erfahrungsgemäß ab einer Tiefe von 7 bis 5 m während des Aufstiegs so weit abfallen, dass die Kollapsschwelle erreicht wird und der gefürchtete Blackout beim Apnoe-Tieftauchen auftritt.

Sicherheit für das Apnoetauchen – die 10 Regeln

Sehr gut bewährt haben sich die 10 Sicherheitsregeln für das Apnoetauchen, dennoch kommt es auch weiterhin zu tödlichen Zwischenfällen. Meist ist es der Einzeltauchgang, verbunden mit dem Schwimmbad-Blackout oder dem Blackout beim Apnoe-Tieftauchen.

1. ***Das Ausbildungsziel ist die Freude an der Erkundung der Unterwasserwelt mit angehaltenem Atem***
   Der VDST hat sich dem Breitensport verschrieben. Ziel ist es, das Element Wasser von einer ganz neuen Seite kennenzulernen.
   Das Erlernen und Beherrschen des Freitauchens vermittelt ein wichtiges persönliches Erlebnis. Wenn man trainiert und eine gewisse Sicherheit erreicht hat, entspannt man sich genauso wie beim Gerätetauchen. Daher keine Rekorde jagen, sondern mit Spaß am Sport abtauchen.

2. ***Tauche und trainiere nie allein***
   Die wichtigste Regel von allen überhaupt, die vielen bereits aus dem Gerätetauchen bekannt ist. Beim Apnoetauchen ist ihre Einhaltung noch wichtiger und muss auch auf das Training angewendet werden. Hierbei wird sie leider nicht immer ernst genommen! Zur Vermeidung von Ertrinkungsunfällen durch Blackout ist es essentiell wichtig, dass man jederzeit und überall seinen Partner im Blickfeld hat und sofort eingreifen kann. Der Leistungsstand der Taucher sollte bekannt und ein richtiges Vertrauensverhältnis vorhanden sein. Dabei ist zu beachten, dass zumindest beim Tieftauchen ein vergleichbarer Leistungsstand der Tauchpartner das effektivste Training ermöglicht.

3. ***Verwende genügend Vorbereitungszeit***
   Ein Apnoetauchgang beginnt schon vor dem Eintauchen ins Wasser. Schon vor den Abstiegen sollte mit Atem- und Konzentrationsübungen der Kreislauf beruhigt und mögliche Stressfaktoren ausgeblendet werden. Zwischen den Tauchgängen folgen immer wieder Atem- und Entspannungsübungen. Erst wenn man mental wirklich dazu bereit ist, sollte der Tauchgang beginnen. Beim Training muss daher genügend Zeit für die richtige Vorbereitung eingeplant werden. Ein wesentliches Merkmal ist die Körpertemperatur. Wer friert, kann sich nicht richtig entspannen.

4. ***Keine Hyperventilation vor dem Abtauchen***
   Hyperventilation ist das bewusste, schnelle und tiefe Ein- und Ausatmen ohne Bedarf. Dabei wird kein Sauerstoff (O_2) zusätzlich aufgenommen,

sondern vermehrt Kohlendioxid (CO_2) abgeatmet. Da der Atemreiz hauptsächlich durch den Kohlendioxidgehalt im Blut gesteuert wird, bewirkt Hyperventilation eine deutliche Verzögerung des Atemreizes, die wiederum im Wasser zu einer gefährlichen Bewusstlosigkeit führen kann.

5. ***Rechtzeitiger Druckausgleich***
Rechtzeitiger, kontinuierlicher Druckausgleich ist Grundlage für den entspannten Tauchgang. Es gibt verschiedene Möglichkeiten des Druckausgleichs:
a) Nach Valsalva (aktiv – durch Verschließen von Mund und Nase wird bei gleichzeitigem Ausatmen ein Überdruck im Rachenraum und damit im Mittelohr erzeugt)
b) Nach Frenzel (bei geschlossenem Mund, Nase und Kehlkopf wird mit dem Zungenhintergrund gegen den Gaumen gepresst)
c) Nach Delonca (willentliches Offenhalten der Ohrtuben, zu dieser Methode ist nur ca. 1/3 der Menschheit in der Lage)
Gerade beim Apnoe-Tieftauchen ist durch die Kopfüber-Körperhaltung beim Abtauchen der Druckausgleich wesentlich schwieriger zu erreichen als beim Gerätetauchen.

6. ***75 m Strecke, 25 m Tiefe und 3 Minuten Zeittauchen sind genug***
Analog zur Tiefenbegrenzung beim Gerätetauchen werden aus Gründen der Sicherheit und des Versicherungsrechts diese Grenzen für optimale Bedingungen dringend empfohlen.

7. ***Habe deinen Partner immer im Blickfeld und sichere ihn in der »struggle-phase« immer auf Armlänge sichtbar für den Tauchenden.***
Diese Vorschrift gilt für alle Apnoe-Disziplinen, wobei auch das Urlaubsschnorcheln nicht ausgenommen ist. Neben der positiven psychologischen Wirkung auf den Übenden ist eine enge Sicherung in der Endphase des Tauchgangs für das schnelle Erkennen und Reagieren auf einen Blackout unabdingbar. Gehen die Tauchgänge an die vom VDST als maximal eingestuften bzw. an die persönlichen Grenzen des Übenden, ist eine zweite Sicherung (back-up) unbedingt erforderlich. Den häufig verwendeten Schnorchel sollte der Übende zumindest in der Sicherungsphase des Tauchgangs (das letzte Drittel) aus dem Mund nehmen. An der Oberfläche muss die Beobachtung des Tauchers mindestens über die halbe Tauchzeit der vorausgegangenen Apnoeübung fortgesetzt werden. Eine Bewusstlosigkeit kann auch noch nach dem Auftauchen verzögert auftreten. Achtung: Beim Zeittauchen (statische Apnoe) kann die Bewusstlosigkeit jederzeit unmerklich einsetzen.

8. ***Achte immer auf die richtige Tarierung***
Während der Auftauchphase beim Tauchen im Freigewässer muss spürbarer Eigenauftrieb entstehen. Als Nennwert wird die halbe Maximaltiefe genommen, d. h., wenn 20 Meter als Maximaltiefe geplant sind, soll beim Aufstieg der Auftrieb bei ca. 10 Meter einsetzen. Eine regelmäßige Kontrolle der Tarierung ist wegen der Materialschrumpfung der üblicherweise verwendeten Neoprenanzüge wichtig. HINWEIS: Nicht alle Tauchschulen und Clubs verfügen über ein Kilo-Bleistück. Es wird empfohlen, ein Kilo-Bleistück mit ins Reisegepäck zu nehmen.

9. ***Apnoe – immer vor dem Gerätetauchen***
Ein durch einen Gerätetauchgang vorgesättigtes Gewebe gibt während der plötzlichen Druckentlastung durch das beim Apnoetauchen typische Jo-Jo-Profil vermehrt Mikrobläschen frei. Diese werden durch Anstrengung (Bewegung) und schnelle Aufstiege noch vergrößert. Somit besteht eine deutlich erhöhte Gefahr eines Dekompressionsunfalls. Deshalb findet Apnoetauchen immer vor dem Gerätetauchen statt. Auch beim intensiven Apnoetauchen sättigen wir etwas Stickstoff (N_2) auf, deshalb sollte auch der nachfolgende Gerätetauchgang immer konservativ (mit Sicherheits-Dekompressionsstopp) durchgeführt werden.

10. ***Benutze Führungsseil und Oberflächenboje (für tiefere Tauchgänge)***
Unsere Hilfsmittel sind Boje und Seil mit einem Grundgewicht oder einer anderen Art der Befestigung am Grund, die das Seil straff hält. Das Seil ist unsere Orientierung und ein ideales Hilfsmittel im freien Wasser. Die Boje dient als Markierung und kann zum Ausruhen vor dem Abtauchen genutzt werden. Der Ab- und Auftauchbereich an der Boje ist freizuhalten, nur der Übende und der bzw. die Sicherungstaucher sollen sich dort aufhalten.
Für Ausbildungszwecke wird gelegentlich ein zusätzliches Gewicht am Seil als Abtriebshilfe bis zehn Meter eingesetzt. Dieses Gewicht hat jedoch kein größeres Eigengewicht als ca. 10 kg. Die Ausbilder sind in der Lage, dieses Hilfsmittel ohne weitere Auftriebshilfen aus dieser Tiefe an die Oberfläche zu bringen. Insgesamt soll die Ausrüstung minimal bleiben. Hilfsgeräte, die die natürliche Vorwärtsbewegung beim Tauchen einschränken, sind nicht zugelassen.
Das Abtauchen aus eigener Kraft ist das Ziel unserer Ausbildung: »Freitauchen«.

Tauchen mit Druckluft

Das Tauchen mit Druckluft hat die größte Verbreitung gefunden, weil hier das Atemgas unserer natürlichen Atmosphäre, nämlich die Luft, verwendet wird. Dieses Gas ist überall verfügbar und ermöglicht das Tauchen in einem Tiefenbereich bis etwa 40 m. Damit ein ausreichender Gasvorrat mobil mitgeführt werden kann, muss dieser so weit komprimiert werden, dass er in einer Druckluftflasche mitgeführt werden kann. Dies geschieht mithilfe von Drucklufttauchgeräten (DTG), bei denen die Umgebungsluft mithilfe eines Kompressors auf in der Regel 200 bar verdichtet wird, also das 200-fache des Umgebungsdruckes auf Meereshöhe. Das bedeutet, dass die in einem DTG von 10 l Innenvolumen bei 200 bar enthaltene Luft einem Volumen von 2000 Litern bei atmosphärischem Druck von 1 bar entspricht. Mit einem solchen Drucklufttauchgerät kann ein Taucher autonom, also ohne Bindung an andere Versorgungseinrichtungen, so lange tauchen, bis sein Reservedruck von 50 bar erreicht ist. Die mögliche Tauchzeit hängt dabei von dem pro Minute ventilierten Atemvolumen (AMV oder Atemminutenvolumen) und der aufgesuchten Tauchtiefe ab. Das Tauchen mit Druckluft ist weltweit überall möglich, wo auch ein Kompressor vorhanden ist. Solche Kompressoren können je nach Bauart auch mobil mitgeführt werden. Sie haben neben der Verdichtung der Luft auch die Aufgabe, das Atemgas zu reinigen und ihm den Wasseranteil zu entziehen.

Das Tauchen mit Druckluft ermöglicht wegen der hohen Verfügbarkeit, der geringen Kosten einer Füllung und des weiten betauchbaren Bereiches dem größten Teil der Taucher eine ausreichende Versorgung für die Standardtauchgänge.

Tauchen mit NITROX und mit Kreislauftauchgeräten

Tauchen mit NITROX bedeutet Tauchen mit deutlich mehr Sauerstoffanteil in der Atemluft als 21% und entsprechend verringertem Stickstoffanteil.

Welche Vorteile hat das Tauchen mit mehr Sauerstoffanteilen in der Atemluft? Durch den höheren Sauerstoffanteil und den damit verbundenen geringeren Stickstoffanteil ergeben sich längere Nullzeiten, es befinden sich weniger Mikroblasen im Körper, die Stickstoffbelastung ist geringer, die Gefahr des Tiefenrausches ist vermindert, die Zeiten nach dem Tauchen bis zum Fliegen werden verkürzt, und es besteht eine größere Sicherheit bei der Planung mit Lufttabellen.

Mit NITROX macht man keine tieferen Tauchgänge, sondern man erhöht mit diesem Gasgemisch die Sicherheit. Es werden im Gegenteil neue Tiefengrenzen definiert, die sich aus dem tiefstmöglichen Einsatzbereich aufgrund des Sauerstoffanteils und des Stickstoffanteils des Atemgases ergeben. Insbesondere durch den Sauerstoffanteil und die damit verbundene Gefahr einer Sauerstoffvergiftung (siehe Seite 137 ff Sauerstoff) wird die maximale Tauchtiefe (MOD = maximum operation depth) bestimmt.

Es wird weltweit überwiegend mit den Gemischen EAN 32 = NOAA I (mit 32 % Sauerstoff) und EAN 36 = NOAA II (mit 36 % Sauerstoff) getaucht. Es werden auch Gemische mit höheren Sauerstoffanteilen verwendet. In Deutschland ist jedes Gemisch mit mehr als 21 % Sauerstoffanteil wie reiner Sauerstoff zu behandeln. In den USA sind spezielle Regelungen erst ab 40 % Sauerstoffanteil definiert.

Es ist eine spezielle und gewissenhafte Ausbildung für Nitroxtauchen erforderlich, da beim Tauchen mit NITROX die Kenntnis weiterer Einflussfaktoren grundlegend ist. Dies sind z. B. der Umgang mit Fett, Staub und Feuer, das Risiko einer Sauerstoffvergiftung oder beim Tauchen das Auftreten einer Hypothermie. Die Folgen der Hypothermie können Konzentrationsverlust sein, sinkende Reaktionszeit, Orientierungsverlust, Beeinträchtigung des Kurzzeitgedächtnisses und sinkende motorische und psychische Leistungsfähigkeit.

Besonders für langandauernde Tauchgänge in mittleren Tiefen (z. B. an Wracks) oder für Vieltaucher wie z. B. Tauchausbilder eignet sich NITROX als Atemgas, weil gerade hier eine höhere Sicherheit in Bezug auf die Dekompressionskrankheit erlangt werden kann. Bei gleicher Sicherheit lassen sich auch die Austauchpausen deutlich verkürzen.

Sauerstoff-anteil	Atemgas-bezeichnung	MOD
60 %	NITROX B	16 m
50 %	Safe Air	22 m
40 %	NITROX C	30 m
36 %	NOAA II	34 m
32,5 %	NITROX D	39 m
32 %	NOAA I	40 m
29 %	NITROX 0	45 m

Tabelle 5: Maximale Tiefen (MOD) für verschiedene NITROX-Gemische

Tauchen mit anderen Gasgemischen

Offenbar begrenzen beim Tauchen mit NITROX sowohl der Sauerstoff als auch der Stickstoff durch ihre Toxizitätsgrenzen die maximale Tauchtiefe. Um höhere Tauchtiefen zu erreichen, muss also einerseits der Sauerstoffpartialdruck reduziert werden, andererseits auch der Stickstoffpartialdruck, um eine Stickstoffnarkose (Tiefenrausch) zu vermeiden. Dies kann also nur durch die Zugabe eines weiteren Atemgases erfolgen.
Dieses zusätzliche Atemgas sollte eine möglichst geringe narkotische Wirkung haben, keine Reaktionen mit dem menschlichen Körper eingehen (also ein Inertgas sein), nicht zu einer Verlängerung der Dekompression führen und dabei auch noch finanzierbar sein. Aus diesen Gründen wird heute Helium als zusätzliches Atemgas im Rahmen des Technischen Tauchens verwendet.
Atemgase, die aus diesen drei Gasen Sauerstoff, Stickstoff und Helium gemischt werden, werden als Trimix bezeichnet und ermöglichen theoretisch Tauchtiefen jenseits der 100 Meter. Allerdings nehmen dann andere Gefahrenpotenziale zu, sodass auch beim Tauchen mit Trimix sehr genaue Tiefengrenzen einzuhalten sind. Um auch einer breiteren Zahl von Tauchern das Tauchen mit anderen Gasgemischen zu ermöglichen und dabei gleichzeitig die erforderliche Gaslogistik und komplexe Dekompressionsberechnung auf ein Minimum zu reduzieren, wurde das Tauchen mit standardisierten sogenannten Triox-Gemischen eingeführt. Mit diesen Atemgasgemischen kann nach einer zusätzlichen Ausbildung ähnlich wie mit NITROX mit offenen Systemen getaucht werden, wobei die Dekompression für diese Standardgemische aus fertigen Tabellenwerken abgelesen und geplant werden kann.

Tauchen mit Kreislauftauchgeräten

Im Zusammenhang mit der Ausdehnung der Tauchzeiten durch NITROX oder andere Gasgemische stoßen Taucher bald an die Grenzen der Einsetzbarkeit sogenannter offener Systeme, d. h. Gasversorgungssysteme, bei denen das Ausatemgas vollständig an die Umgebung abgegeben wird. Je länger der Tauchgang wird, desto größer ist der dafür erforderliche Atemgasvorrat. Das bedeutet, dass unter Umständen sehr große Tauchgeräte, bestehend aus Paketen von mehreren Druckgasflaschen, mitgeführt werden müssen, um eine ausreichende Atemgasversorgung sicherzustellen.
Weniger Atemgasvorrat muss mitgeführt werden, wenn das Ausatemgas nicht einfach an die Umgebung abgegeben wird, sondern wieder zur Einatmung neu verwendet wird. Zu diesem Zweck wird das ausgeatmete Gas in einen Kreislauf zurückgeatmet, aus dem er nach einigen Veränderungen auch wieder eingeatmet werden kann, denn schließlich enthält das Ausatemgas immer noch einen großen Teil Sauerstoff, einen fast unveränderten Inertgasanteil und einen gewissen Anteil an Kohlendioxid. Solche Tauchgeräte heißen Kreislaufgeräte.
Kreislaufgeräte gibt es für die Atemgase Sauerstoff, NITROX und andere Gasgemische. Bei reinen Sauerstoffkreislaufgeräten ist die maximale Tauchtiefe durch den einhundertprozentigen Sauerstoffanteil bei guten Bedingungen und ohne Arbeit auf 6 m Tiefe begrenzt (Sauerstoffpartialdruck

maximal 1,6 bar). Diese Geräte wurden daher vorwiegend im militärischen Bereich eingesetzt, weil sie sich zusätzlich dadurch auszeichneten, dass keine Blasen durch Ausatmung entstehen und ein Taucher so nicht bemerkt werden kann. Aus der in das Gerät integrierten Sauerstoffflasche muss nur so viel Sauerstoff in das Gerät nachgeführt werden, wie der Taucher durch die Atmung entnimmt. Das sind bei 1 bar Umgebungsdruck nur 4 % des eingeatmeten Gases. Lediglich diese 4 % müssen durch neuen Sauerstoff aufgefüllt werden, die übrigen 96 % des ausgeatmeten Sauerstoffs können wiederverwendet werden. Lediglich das durch die Atmung entstandene Kohlendioxid (ebenfalls 4 % des Ausatemgases) muss vorher entfernt werden, da anderenfalls eine Kohlendioxidvergiftung entsteht. Das Kohlendioxid wird mithilfe einer Atemkalkpatrone entfernt, durch die das ausgeatmete Gas geleitet wird. Das Kohlendioxid wird durch den Atemkalk gebunden, und nur das restliche Gas – bei Sauerstoffkreislaufgeräten also der Sauerstoff – wird wieder der Einatmung zur Verfügung gestellt. Der mitzuführende Sauerstoffvorrat ist also sehr gering. Eine Sauerstoffflasche mit 2 Liter Volumen und 200 bar Fülldruck reicht bei einer Entnahme von z. B. 1 l/min für bis zu 300 Minuten Tauchzeit. Der Sauerstoffverbrauch ist dabei tiefenunabhängig, da nur der vom Körper für die Atmung verbrauchte Sauerstoff zu ersetzen ist. Allerdings besteht bei Sauerstoffkreislaufgeräten auch ein höheres Gefahrenpotenzial als bei normalen Drucklufttauchgeräten, da bei nicht vorschriftsmäßiger Anwendung Schädigungen eintreten können. Wird der Atemkalk nicht kontrolliert und regelmäßig gewechselt, kann es zur Kohlendioxidvergiftung kommen. Wird der Stickstoff nicht richtig aus dem Kreislauf entfernt, kann es zum Sauerstoffmangel kommen. Schließlich kann durch Wasser im Atemkalk eine gefährliche Lauge entstehen, die bei der Einatmung zu Verätzungen der Atemwege führen kann.

Kreislaufgeräte werden heute vorwiegend im Bereich des Technischen Tauchens für die Verwendung mit NITROX oder anderen Mischgasen eingesetzt. Dabei wird die Reduzierung des mitzuführenden Gasvorrates genutzt, um auch in anderen Tiefenbereichen längere Tauchgänge durchführen zu können. Die betauchbare Tiefe hängt hier von dem verwendeten Atemgas ab wie bei offenen Systemen. Dass das Einatemgas immer die gewünschte Zusammensetzung hat, lässt sich am einfachsten durch eine ständige Zufuhr von neuem Atemgas aus der mitgeführten Druckgasflasche erreichen (Konstantdosierung). Da es hierbei immer zu einem leichten Volumenüberschuss im Kreislaufsystem kommt, muss das überschüssige Volumen an die Umgebung abgegeben werden. Es handelt sich bei diesen Kreislaufgeräten also um sogenannte halboffene Systeme.

Damit ein solches Mischgaskreislaufgerät komplett geschlossen betrieben werden kann – also ohne Abgabe von Gas an die Umgebung –, muss durch eine komplexe Steuerung erreicht werden, dass das Atemgas durch Zufuhr von Sauerstoff bzw. Inertgas immer wieder der Tiefe entsprechend gemischt wird. Solche geschlossenen Kreislaufgeräte sind daher sehr aufwendig von der Bauweise und erfordern eine sehr spezielle Ausbildung an dem Gerät. Sie sind daher nicht weit verbreitet und einer geringen Zahl von spezialisierten Tauchern vorbehalten.

Tieftauchen mit Luft

Die Luft ist ein spezielles Atemgas, das rund 21 % Sauerstoff und rund 78 % Stickstoff enthält. Aufgrund des hohen Stickstoffanteils ist es daher im Vergleich zu NITROX in Tiefenbereichen bis 40 m ein eher suboptimales Atemgas, das jedoch in der Sporttaucherei Verwendung findet, weil es nun mal das normale Atemgas unserer Umgebungsluft und daher überall kostengünstig verfügbar ist. Für jeden Tiefenbereich ließe sich ein besseres Atemgas als Luft finden.
Da Luft im Vergleich zu NITROX den geringeren Sauerstoffanteil hat, wird es gerne auch zum Erreichen größerer Tauchtiefen als mit NITROX eingesetzt. Dabei gilt jedoch genau wie bei der Verwendung von NITROX, dass für die Sauerstofftoxizität eine Maximalgrenze von 1,6 bar Sauerstoffpartialdruck bei »normalen« Bedingungen und von 1,4 bar Sauerstoffpartialdruck bei Arbeit oder Kälte gilt. Der Sauerstoffpartialdruck von 1,6 bar wird beim Tauchen mit Luft bei einem Umgebungsdruck von 1,6 bar / 0,21 = 7,6 bar erreicht, also in 66 m Tiefe. Der Stickstoff hingegen wird bei rund 4 bar (oft auch schon bei 3 bar) narkotisch, das entspricht einem Umgebungsdruck von 4 bar / 0,78 = 5,1 bar, also einer Tiefe von 41 m. Aus diesem Grund soll mit Druckluft nicht tiefer als 40 m getaucht werden!
Bei höheren Tiefen potenzieren sich die Problemfelder. Neben der Vergiftung durch die Atemgase erhöht sich auch die Auskühlung durch die Reduzierung der Dicke des Kälteschutzanzugs und oft auch durch die geringere Wassertemperatur in der Tiefe. Durch die höhere Gasdichte nimmt die Gefahr eines Essoufflements (siehe S. 141) deutlich zu. Außerdem ergeben sich schnell derart lange Dekompressionszeiten, dass solche Tauchgänge mit normalen Drucklufttauchgeräten gar nicht durchführbar sind. Das Verhältnis von Tauchzeit zur Dekompressionszeit wird derart uneffektiv, dass solche Tauchgänge ohnehin keinerlei Nutzen bringen. Die Tiefengrenze von 40 m soll daher unbedingt eingehalten werden.

Sättigungstauchen

Am dritten Dezember 1962 erreichten H. Keller und P. Small bei San Diego eine Tiefe von 300 Metern im offenen Meer. Der erste reale Tauchgang mit dieser Tiefe hatte einen hohen Preis: Aufgrund von Gasproblemen bei der Dekompression starb der Journalist Small. Die systematischen Forschungen der kommenden Jahre führten einerseits zu einem verbesserten Wissen über die Dekompression, andererseits zu zahlreichen Erkenntnissen über das Verhalten der unterschiedlichen Gase in größeren Tiefen. Den limitierenden Faktor beim Tieftauchen stellen vorrangig die veränderten Eigenschaften der Gase unter Druck dar.
Stickstoff ruft ab einer Tiefe von 30 Metern die klassischen Erscheinungen eines Tiefenrauschs hervor. Die gute Fettlöslichkeit führt unter anderem zu einer Anreicherung des Inertgases in den fetthaltigen Nervenzellmembranen des Gehirns. In der Folge kommt es zu einer physikalischen Erweiterung der Nervenzellenmembranen, was wiederum zu einem Zusammendrücken der Kanäle, die für die elektrische Impulsübertragung verantwortlich sind, führt. Mit zunehmender Tiefe werden immer mehr Nervenzellen von diesem Effekt betroffen. Die dadurch bedingten Veränderungen des Bewusstseins gleichen den klassischen Verlaufs-

stadien einer Narkose und enden ab einer Tiefe von über 120 Metern in Bewusstlosigkeit. Um diese Narkose zu vermeiden, wird ab einer Tiefe von 70 Metern Stickstoff gegen Helium ausgetauscht. Helium hat zwar bei hohen Drücken keine narkotische Wirkung, führt aber über die Kompression der Nervenzellwände ab einer Tiefe von 200 Metern zum High-Pressure-Nerveous-Syndrom (HPNS). Neben Koordinationsstörungen, Übelkeit, Beeinträchtigung der Aufmerksamkeit und der geistigen Leistungsbereitschaft kann es zu Krampfanfällen kommen. Um dies zu vermeiden, ist ab dieser Tiefe ein erneutes Zumischen von Stickstoff in das Atemgas erforderlich. Neben Tabellen ist hier eine Menge Erfahrung notwendig, um rechtzeitig genug zu erkennen, ob der Gascocktail für den Taucher bekömmlich ist. Neben diesen beiden Komponenten muss der Sauerstoffanteil im Gemisch ebenfalls mit zunehmender Tiefe reduziert werden. Während der Sauerstoffanteil an der Oberfläche im Atemgemisch Luft 20 % beträgt, kann dieser Anteil bei einem Tauchgang in 310 Meter Tiefe rechnerisch auf 0,6 % abgesenkt werden. Aufgrund des hohen Sauerstoffpartialdrucks reicht dieser Wert noch immer zum Leben aus, während dieses Gasgemisch an der Oberfläche tödlich ist.

Neben den Wirkungen der Gase auf das Gehirn macht aber auch die erhöhte Dichte der Gase dem Körper zu schaffen. Die siebenmal größere Dichte von Helium führt zu einem erheblich gesteigerten Atemwiderstand und zu einer verminderten Abatmung von Kohlenmonoxid. Leistungen von 80 Watt auf einem Ergometer führen in 300 Meter Tiefe nach wenigen Minuten zum Abbruch aufgrund von Atemnot. Die körperliche Leistungsfähigkeit der Taucher für Unterwasserarbeiten ist dadurch erheblich eingeschränkt. Diese Zunahme der Atemwegswiderstände stellt daher einen der limitierenden Faktoren beim Tieftauchen dar. Eine deutlich geringere Dichte als Helium weist Wasserstoff auf. Um eine Knallgasexplosion zu vermeiden, muss der Sauerstoffpartialdruck aber entsprechend weit abgesenkt werden. Zur Aufrechterhaltung der Körperfunktionen ist dies erst in größeren Tiefen möglich. Während der Kompressions- und Dekompressionsphase wird bei diesem Verfahren Helium gegen Wasserstoff ausgetauscht. Mit einen Wasserstoff-Helium-Sauerstoff-Gemisch (Hydreliox) wurde 1988 der Tiefenrekord im freien Wasser mit 584 Metern aufgestellt. Im November 1992 gelang es mit einem Hydreliox-Gemisch, in einer Druckkammer eine Tiefe von 701 Metern zu erreichen. Das aufwendige und teure Tauchverfahren wird bis jetzt lediglich experimentell von der COMEX angewendet. Bei Tauchtiefen um 300 Meter kommen bei industriellen Tauchverfahren weiterhin Helium-Sauerstoff-Gemische zum Einsatz.

Neben den unmittelbaren Auswirkungen auf den Körper bringt Helium noch eine Reihe weiterer Nachteile mit sich. Die dreimal höhere Schallleitung führt bereits an der Oberfläche zum »Donald-Duck-Effekt«. Ab einer Tiefe von 100 Metern ist die Verzerrung so ausgeprägt, dass eine normale Verständigung nicht mehr möglich ist. Um die lebenswichtige Kommunikation der Taucher untereinander und des Versorgungsteams an der Oberfläche zu gewährleisten, sind spezielle Sprachentzerrer erforderlich. Ein weiterer entscheidender Nachteil, der bei allen eingesetzten Gasen besteht, ist die erhöhte Dichte in der Kammeratmosphäre, die über die erhöhte Wärmeleitfähigkeit zu einer entsprechend starken Auskühlung führt. Um eine Auskühlung in der Kammer zu verhindern, liegt die Raumtemperatur zwischen 32 °C und 33 °C. Eine minimale Abweichung führt dabei zum Frieren oder Schwitzen der Taucher. Außerhalb der trockenen Kammer entspricht die Wärmeleitfähigkeit in größeren Tiefen nahezu der von Wasser. Ein Trockentauchanzug verliert dadurch seine Wirksamkeit. Bei Arbeiten in kalten Gewässern werden deshalb modifizierte Nasstauchanzüge verwendet, die kontinuierlich mit körperwarmem Wasser durchgespült werden. Die Versorgungsleitung zur Glocke weist deshalb neben Gasversorgung und Kommunikationsleitung auch eine Warmwasserleitung auf. Diese gewährleistet gleichzeitig eine Anwärmung des Atemgases auf Körpertemperatur. Notwendig ist dies, da jedes Gas bei Einatmung bis auf Körpertemperatur angewärmt wird. Der Taucher verliert mit jedem Atemzug erheblich an Wärme. Im Gegensatz zum Wärmeverlust über die Haut verfügt der Organismus nicht über ein Warnsystem für die Auskühlung über die Atemwege. Ohne Anzeichen eines Kältegefühls kommt es über diesen Mechanismus zur lebensbedrohlichen Unterkühlung mit plötzlich einsetzender Teilnahmslosigkeit und Apathie. Auch diese Erkenntnisse bezahlten einige Taucher mit ihrem Leben. Studien und Experimente haben inzwischen eine Reihe von Fragen gelöst und im Zusammenhang mit einer ausgereiften Technik zu einem sicheren Tauchen beigetragen.

Tauchen mit Besonderheiten bei bestimmten Zielgruppen

Kindertauchen

Das Thema Tauchen mit Kindern wird seit den Anfängen des Sporttauchens kontrovers diskutiert. Die Meinungen gehen bei den Zweiflern zur überzeugenden Ablehnung mit den Argumenten »zu gefährlich«, »zu früh«, »zu tief« und »nicht erforderlich«, während die anderen eine überschießend optimistische Beurteilung des Kindertauchens abgeben, die häufig die medizinischen Grenzen und die Grenzen der psychomotorischen Entwicklung des Kindes überschreiten.
In Deutschland gab es seit 1967 den ersten Versuch einer VDST-Kinderordnung. Inzwischen ist das Kindertauchen mit festen Ordnungen versehen: Es gibt Ausbildungsziele, Ausbildungsabläufe, eigene Kindertauchsportabzeichen und Kinderspezialkurse.

Voraussetzungen

Eine ausreichende körperliche Leistungsfähigkeit und genügende geistige Reife sind die wesentlichen Voraussetzungen, dass die zahlreichen Ziele für die Tauchausbildung erreicht werden können. Diese sind die Motivation, sich im Wasser zu bewegen, das Vertrautmachen mit dem Medium Wasser und das Erlernen von wichtigen Handlungs- und Bewegungsabläufen, die dann zum sicheren Sporttauchen führen.

Körperliche Voraussetzungen

Kindern unter fünf Jahren sollte man vom Gerätetauchen abraten. Die französischen Tauchmediziner Ducassé und Izard haben 1987 die altersabhängige Unterentwicklung definiert. Danach ist das Wachstum des Bronchialsystems erst nach acht Jahren beendet, die Lungenfunktion und das Barotraumarisiko verändern sich bis zum 18. Lebensjahr. Ferner besteht bei unter Achtjährigen eine Tendenz zur Hyperventilation und zum Luftanhalten, häufiger *Otitis media* und muskulären Funktionsstörungen der Eustachischen Röhre. Allgemein bekannt ist bei unter Achtjährigen eine beschränkte Fähigkeit, mathematisch-physikalische Zusammenhänge zu verstehen, eine emotionelle Labilität, Spielverhalten und eine beschränkte Fähigkeit, Selbstverantwortung zu zeigen.
Ein Mindestalter lässt sich schwer definieren. Der Verband Deutscher Sporttaucher erlaubt das Deutsche Tauchsportabzeichen* (DTSA*) mit 14 Jahren, bei Jüngeren ist das Gerätetauchen nur im Schwimmbad und bei schwimmbadähnlichen Verhältnissen im Freigewässer erlaubt.
Die körperlichen Voraussetzungen beziehen sich vorwiegend auf:

- Lungenwachstum (der Bronchialbaum ist erst im Alter von Acht Jahren entwickelt)
- Durchgängigkeit der Eustachischen Röhre (häufig muskuläre Verschlussmechanismen)
- Verzögerte Reife und Entwicklung der Nasennebenhöhlen (Barotraumarisiko)
- Muskuläre Ausbildung der Rumpfmuskulatur
- Knochenwachstum, insbesondere die Ausformung der Wirbelsäule (Fehlstellung)

Grundsätzlich sind die gleichen Untersuchungsschritte wie bei Erwachsenen durchzuführen, jedoch sind die Entwicklungsmerkmale der Heranwachsenden zu beachten. Das gilt besonders für den Halte- und Stützapparat.
Bei krankhaften Befunden resultiert möglicherweise eine Einschränkung der Tauchfähigkeit.

Geistig-seelische Voraussetzungen

Das Kind muss selbstständig schwimmen können. Ferner muss eine gute Kommunikationsfähigkeit vorhanden sein und eine ausreichende mentale Reife, die eine Eigenverantwortlichkeit gewährleisten kann. Psychische Einschränkungen sind unerwartete Verhaltensänderungen, übertriebenes Spielverhalten und beschränkte Fähigkeit, Selbstverantwortung zu praktizieren, sowie mangelnde Konzentrationsfähigkeit.
Bei Bewusstseins- und Orientierungsstörungen und bei Leiden, die leicht Panik auslösen, ist das Kind nicht tauchfähig.

Tauchtauglichkeitsuntersuchung

Die tauchsportärztliche Untersuchung ist bei Kindern und Jugendlichen besonders wichtig. Wenn körperliche und seelische Voraussetzungen ohne Einschränkung sind, ist das Tauchen aus medizinischer Sicht für ein gesundes Kind oder Jugend-

lichen nicht gefährlicher als andere Aktivitäten im Schwimmbad.
Die tauchsportärztliche Untersuchung darf nicht eingeschränkt sein. Sind doch Einschränkungen vorhanden, müssen die Einschränkungen schriftlich fixiert werden, die Erziehungsberechtigten und das betroffene Kind aufgeklärt und eine Einschränkung der Tauchtauglichkeit definiert werden.
Die Frequenz der Untersuchung ist bis zum Alter von 14 Jahren einmal jährlich, von 14 bis 40 Jahren alle zwei Jahre und jenseits 40 Jahren wieder einmal jährlich. Die Gesellschaft für Tauch- und Überdruckmedizin (GTÜM e. V.) erlaubt für die 14- bis 40-Jährigen auch ein Intervall von drei Jahren, wenn der untersuchende Arzt das bescheinigt.

Die Ziele

Ausbildungsziel ist es, die Kinder auf eine Form der Sport- und Freizeitbetätigung mit Freude und in spielerischer Form vorzubereiten. Dabei sollen sie lernen:
- bei Schwerelosigkeit das Gleichgewicht zu wahren
- die Beine als einzige Antriebskraft für eine Vorwärtsbewegung zu gebrauchen
- über den Schnorchel oder einen Atemregler zu atmen
- sich in einer dreidimensionalen Umgebung zu bewegen
- die dafür notwendigen Gesetzmäßigkeiten zu verstehen und in der neuen Umgebung spezifische Gefahren zu erkennen
- für andere Verantwortung zu tragen und
- anderen im Notfall zu vertrauen

Zum Ausbildungsablauf wird eine konstante Reihenfolge empfohlen:
- Schnorcheltauchen
- Tauchen im Schwimmbad oder unter schwimmbadähnlichen Bedingungen
- Tauchen im Freigewässer

Taucherische Aktivitäten der Kinder und Jugendlichen müssen unter Anleitung qualifizierter Erwachsener bzw. Tauchausbilder erfolgen. Die Tauchschüler müssen ermutigt werden, sich bei eigenen Zweifeln auch gegen das Tauchen zu entscheiden.
Die Tauchtiefen sind nur moderat zu steigern und dürfen auf keinen Fall zwölf Meter überschreiten. Bei der Gestaltung der Ausbildung muss berücksichtigt werden, dass die Konzentrationsfähigkeit von Kindern sehr schnell nachlassen kann. Anforderungen, die länger als 30 Minuten dauern, stellen in jedem Fall eine Überforderung dar. Das muss bei der Tauchgangsplanung berücksichtigt werden.

Die Ausrüstung

Die Tauchausrüstung muss kindgerecht und möglichst leicht sein. Das Wichtigste: Sie muss passen. Inzwischen werden zahlreiche Produkte von der Industrie angeboten, die durchaus brauchbar sind. Neben einer kindgerechten ABC-Ausrüstung, die schon seit einiger Zeit zu bekommen ist, sind die richtige Flaschengröße, ein geeigneter Atemregler mit einem kleinen Mundstück und ein geeignetes Jacket unerlässlich. Bei Tauchgängen im Freigewässer ist ein geeigneter und vor allem passender Kälteschutz unabdingbare Voraussetzung. Das geeignete Tariergewicht muss unter sicheren Bedingungen erprobt werden. Wichtig ist es, dass schwere Ausrüstungsgegenstände nicht außerhalb des Wassers getragen werden, damit die Belastung für die Wirbelsäule so gering wie

möglich ist. Vielleicht ist auch die Hilfestellung eines Erwachsenen sinnvoll.
Der Gebrauch von Schwimmbrillen kann problematisch sein, wenn ein hoher Unterdruck im Maskenraum unter Wasser zu Schäden in den Bindehäuten und am Augapfel führt.

Besonderheiten beim Tauchen von Frauen

Unabhängig von den bekannten Tauchverfahren wie Gerätetauchen, Schnorcheltauchen, Apnoetauchen und Technisches Tauchen (Mischgastauchen, Tauchen mit Kreislaufgeräten und Tieftauchen mit Druckluft) haben sich in den letzten Jahren »Sondergruppen« etabliert. Hierzu gehören das Kindertauchen, das Seniorentauchen und das Frauentauchen. Nicht nur durch die Monatsblutung gibt es bei Frauen besondere Umstände, die beim Tauchen zu berücksichtigen sind.

Allgemeines

Spätestens seit den 1960er-Jahren haben die Frauen eine Sportart nach der anderen erobert und den Männern auch im Tauchsport ihre Ebenbürtigkeit bewiesen. Im dritten Jahrtausend sollte dieser Kampf weitestgehend beendet sein. Die Konzentration muss heute darauf gerichtet sein, die ausgeübte Sportart unter möglichst sicheren Bedingungen auszuüben. Dazu gehört auch die Rückbesinnung auf die Tatsache, dass sich Männer und Frauen physiologisch und psychologisch in einigen Aspekten voneinander unterscheiden. Diese Tatsache sollte auch bei so mancher Fragestellung zum Frauentauchsport berücksichtigt werden.
Das Geschlechterverhältnis hat sich bei Tauchern in den letzten Jahren zugunsten der Frauen verschoben. In 1993 gab es im Verband Deutscher Sporttaucher 27 % tauchende Frauen, inzwischen sind es 30 %. Bei den Tauchunfällen sind die Frauen deutlich weniger betroffen als tauchende Männer, nur 20 % der Frauen sind an Tauchunfällen beteiligt.
Trotzdem ist es sinnvoll, dass der Tauchausbilder über die folgenden physiologischen und pathologischen (krankhaften) Zustände ausreichend informiert ist:

- Schwangerschaft
- Menstruation (Regelblutung)
- Kontrazeption (Empfängnisverhütung)
- Dysmenorrhoe (schmerzhafte Regelblutung)
- Prämenstruelles Syndrom (Beschwerdekomplex vor der Regelblutung)
- Endometriose (Vorkommen von Gebärmutterschleimhaut außerhalb der Gebärmutter)
- *Uterus myomatosus* (gutartige Muskelgeschwülste)
- Kolpitis (Entzündung)
- Adnexitis/Pelveoperitonitis (Entzündung)
- Mammakarzinom
- Genitalkarzinom

Schwangerschaft und Tauchen

Eine Frau ist während der Schwangerschaft vielen körperlichen Veränderungen unterworfen, die einen Einfluss auf die Tauchfähigkeit haben können.
Beim Herzen kann es zu Hypertrophie, permanenter Frequenzerhöhung und Steigerung des Herzminutenvolumens kommen.
Im Kreislauf kann sich eine vermehrte venöse Kongestion (Blutandrang), eine Venendrucksteigerung an den unteren

Extremitäten und damit eine Neigung zur Entstehung und Verstärkung von Varizen (Krampfadern) einstellen.
Möglicherweise könnte das Risiko eines Dekompressionsunfalls durch Veränderung des Blutflusses (Vena-cava-Syndrom) erhöht sein.
Das zirkulierende Blutvolumen kann auf ca. sieben Liter erhöht sein, andererseits können Anämien (Blutarmut) auftreten.
In der Lunge kann es durch eine Erniedrigung des Kohlendioxidteildrucks zu einer vermehrten Ventilation kommen, Atmungsprobleme können aber auch durch das Höhertreten des Uterus auftreten.
Stoffwechselstörungen sind die Grundumsatzsteigerung und ein Flüssigkeitsverlust (Dehydratation) des Körpers bei schwangerschaftsinduziertem Erbrechen.
Häufig sind auch Änderung der Körperform, der Körperhaltung und des Körperschwerpunktes oder psychische Veränderungen mit Stimmungslabilität.
Ein erhöhtes Barotraumarisiko wird durch hormoninduzierte Mukosaschwellung (Schleimhautschwellung) diskutiert.
Die meisten Befürchtungen und Fragen an den Arzt beziehen sich aber auf mögliche Beeinträchtigungen des Embryos oder des Fetus durch Tauchaktivitäten der werdenden Mutter.

Plazenta und Fetalkreislauf

Der mütterliche plazentare Blutstrom erreicht gegen Ende der Schwangerschaft mit ca. 700 ml/min sein Maximum und entspricht damit in etwa dem Durchblutungsvolumen des menschlichen Gehirns.
Für den Fetus übernimmt die Plazenta die Funktion von Lungen, Darm und Nieren.
Das fetale Blut, das durch eine Membran vom mütterlichen Blut getrennt ist, gibt in der Plazenta u. a. Kohlendioxid ab und nimmt Sauerstoff auf.
Der fetale Kreislauf ist anders aufgebaut als der des Erwachsenen (s. Seite 51, Abb. 43).
Das nährstoff- und sauerstoffreiche Blut wird an der Leber und an den noch nicht entfalteten Lungen vorbeigeführt. Aus der Plazenta fließt das normalerweise nur unvollständig mit Sauerstoff gesättigte fetale Blut zum größten Teil über den *Ductus venosus Arantii* (1. physiologischer Shunt) in die *Vena cava inferior* (untere Hohlvene) und strömt mit einem Sauerstoffgehalt von 60 bis 65 % zum rechten Vorhof und von dort fast vollständig durch das *Foramen ovale* (2. Shunt) in den linken Vorhof. Durch den linken Ventrikel erfolgt der Weitertransport in die Aorta und die Verteilung zunächst an Schädel und obere Extremitäten. Das sauerstoffarme Blut der oberen Hohlvene gelangt vorwiegend über den rechten Vorhof und den rechten Ventrikel in den *Truncus pulmonalis.* Wegen des Strömungswiderstandes in der noch nicht entfalteten Lunge fließt der größte Teil des Blutes durch den *Ductus arteriosus Botalli* (3. Shunt) in die Aorta. Aufgrund der Einmündung des *Ductus arteriosus*, des Abganges der Carotiden (Halsschlagadern) und der Gefäße für die oberen Extremitäten wird gewährleistet, dass besonders der Kopf mit möglichst sauerstoffreichem Blut versorgt wird. Das sauerstoffarme Blut wird in den Körpervenen gesammelt und gelangt über die beiden Nabelarterien zurück zur Plazenta.

Gefahren und Komplikationen

In Bezug auf das Tauchen sind folgende Gefahren und Komplikationen zu berücksichtigen:

Hyperoxie

An der Plazenta findet der Austausch der Blutgase durch freie Diffusion statt, das heißt, dass eine mütterliche Hyperoxämie (vermehrter Sauerstoffgehalt des Blutes) von einer kindlichen Hyperoxämie begleitet wird. Während der Behandlung eines Dekompressionsunfalles mit hyperbarem Sauerstoff in der Überdruckkammer (HBO) und ebenfalls mit zunehmender Tauchtiefe im Wasser steigt der Sauerstoffpartialdruck auch im Kind, dessen Erhöhung folgende Fragen aufwirft:

- *Induktion eines vorzeitigen Verschlusses des Ductus arteriosus Botalli?*
  Der *Ductus arteriosus* ist eine während der Schwangerschaft bis kurz nach der Geburt bestehende Kurzschlussverbindung zwischen Lungenarterie und Aorta zur Umgehung der kindlichen Lunge. Im Normalfall kommt es erst direkt nach der Geburt zu einer erhöhten Sauerstoffkonzentration des den Ductus arteriosus durchströmenden Blutes, das in der nun belüfteten kindlichen Lunge arterialisiert worden ist. Durch den erhöhten Sauerstoffgehalt des Blutes wird eine Verengung und kurze Zeit darauf ein Verschluss des Ductus arteriosus induziert. Ein vorzeitiger Verschluss, hervorgerufen z. B. durch Tauchaktivitäten, hätte unabsehbare Folgen für das heranwachsende Kind.
- *Entstehen einer retrolentalen Fibroplasie?*
  Unter einer retrolentalen Fibroplasie versteht man eine meist doppelseitig ausgebildete Trübung im Glaskörper des Auges, hervorgerufen durch neu gebildete Gefäßsprossen der Netzhaut, die zu Blutungen in den Glaskörper führen. Eine Erblindung der betroffenen Augen ist häufig die Folge. Als Ursache ist eine unphysiologisch hohe Sauerstoffzufuhr anzusehen, wie sie manchmal noch bei der Beatmung von Frühgeborenen vorkommt. Schon eine mehrstündige Hyperoxämie kann den Beginn dieser Krankheit einleiten, eine wirksame Therapie ist nicht bekannt.

Luftembolie

Bei einem Lungenüberdruckbarotrauma können jene Luftblasen, die die Plazenta erreichen, dort Embolien bzw. Infarkte verursachen, deren Ausmaß für die kindliche Integrität entscheidend sind. Eine Passage von Gasblasen von der mütterlichen auf die kindliche Seite der Plazenta ist sicherlich sehr selten.

Dekompressionsunfall

Auch das Körpergewebe des Fetus ist unter Landbedingungen mit einem Stickstoffpartialdruck von 0,78 bar gesättigt und unterliegt den gleichen physikalischen Gesetzen wie das Gewebe seiner Mutter. Da Stickstoffblasen bevorzugt im venösen Gefäßsystem entstehen, wird der Fetus aufgrund seiner Anatomie beim Tauchen besonders gefährdet. Durch das beim Fetus physiologischerweise offene Foramen ovale werden die Stickstoffbläschen nicht in der Lunge ausgeschieden, sondern können den arteriellen Kreislauf erreichen, sogar mit einer anatomisch bedingten Bevorzugung der Hirngefäße (das gleiche Phänomen lässt sich natürlich auch bei Erwachsenen erzielen, deren Foramen ovale nicht oder nur unvollkommen geschlossen ist).

Tauchen in der Schwangerschaft?

Es gibt Tierversuche an unterschiedlichen Tieren, die allerdings bezüglich der Gefahreneinschätzung des Tauchens in der Schwangerschaft keine eindeutigen Trends erkennen lassen. Die wenigen retrospektiven Untersuchungen beim Menschen sind durch sehr kleine Fallzahlen geprägt, sodass sich daraus keine eindeutige Risikoabschätzung formulieren lässt. Demzufolge kann daraus auch kein Nullrisiko abgeleitet werden, sodass vom Tauchen in der Schwangerschaft generell abzuraten ist.

Es gibt auch keine erlaubten Tauchtiefen für schwangere Frauen, da keine Risikoschwellenwerte bekannt sind. Wer trotz dieser Risikoeinschätzung in der Schwangerschaft tauchen will, sollte Dekotauchgänge vermeiden, möglichst geringe Tauchtiefen anstreben und eine verminderte Leistungsfähigkeit während der Schwangerschaft akzeptieren. Allerdings gilt Tauchen nicht als Grund für eine Schwangerschaftsunterbrechung, da in den wenigen vorhandenen Studien die Zahl fehlgebildeter Kinder zwar erhöht zu sein scheint, die absolute Zahl aber relativ gering ist. Vielmehr wird empfohlen, Feten von Taucherinnen intensiver sonografisch zu untersuchen.

Auch das exzessive Apnoetauchen der koreanischen Amas, die oft bis zum Tag der Niederkunft tauchen, hat möglicherweise Einfluss auf Frühgeburtlichkeit und Geburtsgewicht. So kommt es im Vergleich zu einer nicht tauchenden Vergleichsgruppe zu einer dreimal so hohen Frühgeburtsrate (hier definiert über das Geburtsgewicht von unter 2500 g).

Als eine Hauptgefahr des Apnoetauchens ist eine Senkung des mütterlichen Sauerstoffpartialdruckes anzusehen mit einer konsekutiven Absenkung auch des kindlichen Sauerstoffpartialdruckes. Hier spielt sicherlich ein einmaliges Ereignis keine Rolle, da der fetale Organismus kurzzeitige Minderversorgungen gut kompensieren kann.

Menstruation

Die Menstruationsblutung ist das äußere Zeichen eines abgelaufenen Menstruationszyklus. Die Zykluslänge ist individuell sehr unterschiedlich und wird idealerweise mit 28 Tagen angegeben, worin die durchschnittlich vier- bis fünftägige Menstruationsblutung mit eingeschlossen ist. Der durchschnittliche Blutverlust beträgt 30 ml. Von Seiten der Frau ist diese Menge nur schlecht objektivierbar. Sie wird anhand der täglich erforderlichen Tampons/Vorlagen abgeschätzt. Menstrualblut gerinnt nicht. Bei Vorliegen von Blutkoageln muss von einer verstärkten Regelblutung ausgegangen werden. Das Blutungsmaximum liegt normalerweise am zweiten Tag.

Die Ausübung des Tauchsports ist auch während einer normalen Menstruation möglich. Praktischerweise sollte vor dem Tauchgang ein frischer Tampon eingeführt und nach dem Tauchgang erneut gewechselt werden (auf Tauchbooten bitte an die Entsorgung denken, also z. B. eine Plastiktüte mitnehmen und an Land entsorgen). Auf diese Art und Weise dürfte bezüglich der Hygiene, aber auch der möglichen Keimaszension (Infektion) ein sicheres Tauchen gewährleistet sein. Der Gesamtblutverlust einer menstruierenden Frau ist in Bezug auf ihr gesamtes Blutvolumen irrelevant.

Die spezielle Frage, ob eine menstruierende Frau durch Haiattacken stärker gefähr-

det ist als außerhalb der Menstruation, lässt sich folgendermaßen beantworten: Es gibt unseres Erachtens keine ausreichend guten Untersuchungen, um das Risiko wissenschaftlich abzuschätzen. Versucht man mit dem gesundem Menschenverstand und den oben beschriebenen Voraussetzungen an das Problem heranzugehen, kann man zu folgendem Ergebnis kommen:
Ein Tauchgang dauert z. B. eine Stunde. In dieser Stunde treten (theoretische Vorraussetzung: 30 ml Menstrualblut gleichmäßig über vier Tage verteilt) ungefähr 0,3 ml Menstrualblut aus der Gebärmutter aus und werden im Wesentlichen vom Tampon aufgenommen. Üblicherweise ist der Spüleffekt beim Schwimmen nicht sehr ausgeprägt und wird noch deutlich verringert, wenn die Taucherin einen Neoprenanzug trägt.
Aus diesen Überlegungen heraus erscheint die Blutmenge, die tatsächlich in das Wasser austritt, extrem gering und ist vergleichbar mit Bagatellverletzungen, die während eines jeden Tauchganges am Tauchboot, der Tauchausrüstung oder einer Koralle entstehen können.
Inwieweit geringste Blutmengen für das Auslösen einer Haiattacke ausreichend sein können, ist also weniger ein geschlechtsspezifisches Problem, sondern mehr eine generelle Frage an den Meeresbiologen. Ob Menstrualblut einen größeren oder geringeren Reiz auf Haie ausübt als normales Blut, ist nicht bekannt, eine evidenzbasierte Studie dazu wird kaum durchgeführt werden können.
Falls allerdings die oben beschriebenen Vorraussetzungen nicht erfüllt sein sollten, also z. B. eine deutlich stärkere Blutung bestehen sollte, kann die Taucherin auch aus hygienischen Gründen mit ihrem Gynäkologen eine Verschiebung ihres Menstruationstermines diskutieren. Dies funktioniert mit oralen Kontrazeptiva (Pille) hervorragend und wird im Leistungssport vielfach und erfolgreich angewandt. Starke vaginale Blutungen können selbstverständlich auch einen Einfluss auf das gesamte Blutvolumen haben und damit eine relevante Verringerung der Sauerstoffträger (Hämoglobin) verursachen. Hier steht eine gynäkologische Untersuchung im Vordergrund, um die Ursache der Blutung zu klären und gegebenenfalls zu behandeln beziehungsweise den Blutverlust laborchemisch zu objektivieren.

Kontrazeption

Es gibt zahlreiche Methoden, die zur Kontrazeption (Verhütung) geeignet sind. Unter Tauch- bzw. Urlaubsaspekten muss auf die Intrauterinpessare (Spirale) und die oralen Kontrazeptiva (Pille) eingegangen werden.
Intrauterinpessare werden in die Gebärmutter eingesetzt und entfalten dort über einen unterschiedlich langen Zeitraum (meist 3 bis 4 Jahre) ihre Wirkung. Sie können auch im Urlaub oder auch im Zusammenhang mit dem Tauchsport eingesetzt werden.
Orale Kontrazeptiva sind bei tauchenden Frauen in normaler Effektivität einsetzbar. Eine Einschränkung der Zuverlässigkeit ist gegeben, wenn es innerhalb von zwei bis dei Stunden nach der Einnahme zu Erbrechen oder zu starkem Durchfall kommt. Auch bei einer Therapie mit Ampicillin soll eine gewisse Einschränkung der Wirksamkeit eintreten. In solchen Fällen ist in diesem Zyklus kein sicherer Konzeptionsschutz mehr gegeben. Interessant kann aus verschiedenen Aspekten eine Vorverlegung bzw. das Herausschieben der Menstruation sein:

Vorverlegung: bei Kombinationspräparaten (jede Pille enthält die gleiche Wirkstoffkombination) Absetzen der Ovulationshemmer drei Tage vor dem gewünschten Zeitpunkt des Beginns der Menstruationsblutung (nicht mehr als ein Drittel der Tabletten weglassen!). Bei Zweiphasenpräparaten darf die zweite Phase dabei nicht kürzer als fünf Tage werden.
Hinausschieben: Weitere Gabe von wirkstoffhaltigen Tabletten über den 21. Tag hinaus. Bei Zweiphasenpräparaten ist wichtig, dass Tabletten der zweiten Hälfte genommen werden.
Die Kapitel Dysmenorrhoe, prämenstruelles Syndrom (prämenstruell dysphorische Störung), Endometriose, Uterus myomatosus sowie die entzündlichen Erkrankungen wie Kolpitis und Adnexitis haben keinen direkten Bezug zum Tauchsport. Die bösartigen Erkrankungen Mammakarzinom und Genitalkarzinom sind bezüglich des Tauchsports ähnlich zu beurteilen wie andere maligne Erkrankungen. Eine Tauchfähigkeit ist erst wieder nach Beendigung der Krebstherapie, kompletter Wundheilung und nachfolgender ausreichender Rekonvaleszenz gegeben und sollte in Zusammenarbeit mit dem behandelnden Gynäkologen oder Onkologen erstellt werden. Insbesondere müssen die physische und psychische Belastung dieser Patientinnen berücksichtigt werden. Allerdings sollte auch hier beachtet werden, dass gerade der Tauchsport für Frauen mit bösartigen Erkrankungen sehr positive Aspekte bietet.

Tauchen im Alter

Was in Gesundheits- und Sozialpolitik für die Zukunft der Jüngeren diskutiert wird, trifft auf einen erheblichen Anteil der deutschen Bevölkerung bereits zu. Sie zählen als über 65-Jährige zur Gruppe der Rentner und Pensionäre, auch wenn sie sich nicht als solche fühlen.
Prognosen zeigen, dass bereits in den nächsten Jahren der Anteil der Bevölkerung, der 55 Jahre und älter ist, die größte Altersgruppe darstellen wird. Von diesem allgemeinen Trend ist auch der tauchende Teil der Bevölkerung nicht abgekoppelt. Der tauchende Teil der Bevölkerung wird nicht nur immer älter, sondern es entscheiden sich auch immer mehr Ältere dazu, noch im »besten Alter« mit dem Tauchen zu beginnen.
»Mit 66 Jahren ist noch lange nicht Schluss« gilt auch für das Tauchen. Der Anteil der Taucher im höheren Alter wird genauso wie in der Gesamtbevölkerung zunehmen. Dies ist bereits heute spürbar. Insbesondere wird auch der Anteil der Taucher im Alter von 55 Jahren und älter auf fast 50 % ansteigen.
In der Folge wird es einen immer höheren Anteil älterer Taucher in den Vereinen und an den Tauchbasen geben, nämlich einerseits frühere Taucher, die einfach nur älter werden, und andererseits Neueinsteiger im hohen Alter.
Es ändert sich mit zunehmendem Alter einiges, und das betrifft auch das Tauchen. Auch wenn es der eine oder andere nicht wahrhaben möchte, der Körper ist für eine Maximalleistung bis zum 30. Lebensjahr ausgelegt. Körperliche Höchstleistungen sind danach nur noch in wenigen Bereichen möglich. Die kommenden 20 Jahre beginnt bereits der Abbau, er ist zunächst allerdings kaum zu bemerken. Je nach genetischer Veranlagung und körperlichem Training zeigt er sich aber spätestens zwischen dem 50. und 60. Lebensjahr. Neben chronischen Erkrankungen der inneren Organe wie Herz- und Lungener-

krankungen ist auch der Stoffwechsel betroffen. Diabetes und Gicht nahmen in den vergangenen Jahren kontinuierlich zu. Darüber hinaus kommt es zur Demontage des Stütz- und Bewegungsapparates. Osteoporose und Muskelschwund sind die Ursache für Stürze mit Knochenbrüchen bei älteren Menschen. Neben diesen Leistungen sinken aber auch die Reaktionsbereitschaft und die geistige Kapazität im Alter. Einen weiteren Aspekt bilden chronische Erkrankungen, die zumeist einen schleichenden Beginn haben, und ihre Auswirkungen auf den Organismus werden vom Betroffenen erst spät erkannt. Volkskrankheiten wie Bluthochdruck, Diabetes und Gicht führen zu Organveränderungen im gesamten Körper. Der Patient fühlt sich zu Beginn meistens nicht krank, sodass die Erkrankung erst spät registriert und die notwendige Therapie zu Beginn für unnötig gehalten wird. Organveränderungen bei Hochdruck oder Sensibilitätsstörungen bei Diabetes sind aber ein Ausschlusskriterium für eine Tauchtauglichkeit. Und auch Erkrankungen an der Lunge wie eine chronische Bronchitis sprechen gegen eine Tauchtauglichkeit. Die jährliche Untersuchung ab dem 40. Lebensjahr ist zwingend erforderlich, um diese Veränderungen zu erkennen. Mit zunehmendem Alter baut der Körper vermehrt Muskelmasse ab. Ab dem 50. Lebensjahr beträgt der jährliche Verlust ein bis zwei Prozent. Hinzu kommt der Abbau an Knochendichte, der Frauen mehr als Männer betrifft. Folgen sind eine verminderte Lebensqualität, vermehrte Stürze und Knochenbrüche. Im Bereich des Rückens führen die Veränderungen zu einer Zunahme von Rückenschmerzen. Das Gefühl, körperlich weniger leisten zu können, führt zu einer sinkenden Trainingsbereitschaft. Dabei vermindert gerade ein moderates Ausdauertraining den Muskelabbau und stärkt den Knochen. Im Bereich des Tauchens führen die Veränderungen an Knochen, Bändern und Gelenken zu einem veränderten Dekompressionsverhalten. Da diese Gewebe die mittleren und langsamen Kompartimente darstellen, resultiert hieraus eine vermutlich höhere Anfälligkeit gegenüber einer Dekompressionserkrankung. Studiendaten hierzu stehen aber noch aus. Trotz dieser unklaren Datenlage ist Tauchen gerade für den älteren Menschen attraktiv. Die Schwerelosigkeit führt zu einer Entlastung des Muskel- und Skelettsystems. Die Immersion ermöglicht eine optimale Trainingsmöglichkeit für das Herz-Kreislauf-System. Vorraussetzung ist aber eine entsprechende Funktionsfähigkeit vor allem des Herzens.

In der Tauchausbildung werden wir mit einer zunehmenden Zahl älterer Teilnehmer rechnen können. Bereits heute sind die Kurse in der Regel durchmischt mit älteren und jüngeren Teilnehmern.

Dabei stellt sich schnell heraus, dass ältere Teilnehmer

- langsamer lernen,
- eine besondere Betreuung benötigen,
- ein intensiveres Eingehen auf die persönlichen Verhältnisse erfordern.

Insgesamt ist für die Ausbildung von älteren Teilnehmern ein deutlich höherer Zeitbedarf einzuplanen.

Diesem Mehraufwand folgt jedoch nach erfolgreicher Ausbildung ein hoher Lohn: Gerade die älteren Taucher sind eine sehr dankbare Zielgruppe, die auch nach der Ausbildung dem Tauchen treu bleibt!

Welche Schlussfolgerungen ergeben sich nun für die Tauchausbildung älterer Menschen?

Wir sollten versuchen, möglichst homogene Gruppen in der Tauchausbildung zu

bilden, indem wir zum Beispiel einen Tauchkurs nur für Senioren anbieten. Dies lässt sich bei geringen Teilnehmerzahlen allerdings nicht realisieren, sodass dann individuell mehr Zeit für die Senioren aufzuwenden ist.
Es ist einzuplanen, dass die älteren Teilnehmer das Tauchen nur schwieriger und langsamer lernen. Rund 2/3 dieser Zielgruppe schaffen die Übungen nicht auf Anhieb.
Mehr noch als ohnehin bei jeder Anfängerausbildung ist bei älteren Tauchern ein besonderes Augenmerk auf eine sorgfältige methodische Reihe zu legen, um ihnen das Lernen so einfach wie möglich zu machen. Dies hat dann nicht nur ein besseres Erlernen, sondern auch das Vermeiden von Misserfolgen als positiven Nebeneffekt, denn sonst geben sicherlich viele der Teilnehmer unnötig und verfrüht auf. Insbesondere ist bei der Ausbildung älterer Taucher von Beginn an viel Zeit einzukalkulieren.
Wegen der erforderlichen intensiven Betreuung ist anzustreben, dass im Verhältnis ein Ausbilder zu einem Teilnehmer ausgebildet wird. Dies ist bei der Planung durch die Bereitstellung ausreichend vieler Ausbilder und durch eine Begrenzung der Teilnehmerzahl einzukalkulieren. In der Ausbildung selbst müssen dann gegebenenfalls unter erhöhtem Zeitaufwand die Teilnehmer nacheinander im Wasser ausgebildet werden.
Natürlich ist das Tauchen im Alter auch mit höheren Risiken verbunden. Dies resultiert zunächst aus der sinkenden geistigen Aufnahmefähigkeit. Insbesondere das Kurzzeitgedächtnis ist im Alter nicht mehr so leistungsfähig. Daher kann besonders bei älteren Tauchern nicht erwartet werden, dass sie Absprachen behalten, die in der Tauchgangsvorbesprechung getroffen wurden. Vielmehr müssen diese konkreten Hinweise zum Tauchgang beim Tauchgang selbst weitestgehend durch Unterwasserzeichensprache vermittelt werden. Hilfreich ist dann auch eine Unterwasserschreibtafel.
Zusätzlich haben ältere Taucher auch eine geringere Reaktionsgeschwindigkeit. Beim Tauchen hat dies zur Folge, dass in bestimmten Situationen nicht schnell genug die richtigen Maßnahmen, Bewegungen oder Handlungen eingeleitet werden. Bei kritischen Situationen erhöht dies die Risiken. Daher müssen die Begleiter immer einen Schritt vorausdenken, d. h. kritische Situationen schon in ihrer Entstehung erkennen und frühzeitig geeignete Gegenmaßnahmen ergreifen.
Einschränkend kommt gerade in kritischen Situationen hinzu, dass ältere Taucher auch über eine geringere Kondition und meist eine schlechte Technik verfügen. Dies erschwert zusätzlich eine angemessene Reaktion. Ältere Taucher bekommen daher oft auch bei zu starker Strömung Probleme. Leider ist bei dieser Gruppe von Tauchern – obwohl gerade sie es besonders nötig hätten – die Bereitschaft zum regelmäßigen Training sehr gering. Hier ist sicherlich ein Ansatzpunkt in der Ausbildung, denn es gibt genügend Gegenbeispiele, dass man auch im hohen Alter noch über eine gute Fitness verfügen kann.
Einschränkend kommt allerdings bei älteren Tauchern noch der üblicherweise schlechtere allgemeine Gesundheitszustand hinzu. Daher ist gerade bei Zwischenfällen mit älteren Tauchern durchaus in Erwägung zu ziehen, dass nicht ein Tauchunfall, sondern unter Umständen auch eine organische Erkrankung die Ursache darstellt. Besonders wegen des erhöhten Risikos von Herzerkrankungen emp-

fiehlt es sich beim Tauchen mit älteren Tauchern, ein AED-Gerät mitzuführen.
Allerdings birgt das Tauchen für ältere Leute nicht nur höhere Risiken, sondern bringt auch deutlich positive Effekte mit sich.
Durch den Ausgleich der Gewichtskraft unter Wasser nach dem Prinzip des Archimedes wird das Muskel- und Skelettsystem beim Tauchen deutlich entlastet. Gerade diese unbeschwerte Bewegung unter Wasser ist für ältere Taucher besonders angenehm. Förderlich sind auch die Effekte auf das Herz-Kreislauf-System durch die Immersion, also das Eintauchen ins Wasser.
Schließlich ist das Tauchen für ältere Personen eine relativ leichte sportliche Betätigung, die als Sport gute Auswirkungen auf die Erhaltung der Gesundheit hat, jedoch keinen Leistungssport darstellt.
Zusammenfassend lässt sich festhalten, dass vor allem Erkrankungen im Alter durch ihre Organveränderungen zum Verlust der Tauchtauglichkeit führen. Die Entscheidung über eine weiter bestehende Tauchtauglichkeit obliegt dem Taucherarzt, der einmal im Jahr aufgesucht werden muss. Eine Altersbegrenzung für die Welt unter Wasser gibt es nicht.
Es lässt sich feststellen, dass das Tauchen Alterserscheinungen reduzieren kann und so einen positiven Einfluss auf die Alterung nimmt. Der Zukunftsmarkt Senioren wird daher besonders auch die Tauchszene bestimmen.
Der besondere Anreiz liegt schon darin, dass das Tauchen bis ins hohe Alter betrieben werden kann. Es gibt schon Prognosen, dass das Tauchen die Alterssportart schlechthin werde, weil es eben keine Altersgrenze kennt und positive Auswirkungen hat.
Die wichtigste Voraussetzung zum Tauchen im Alter ist jedoch eine besonders gründliche jährliche Tauchsporttauglichkeitsuntersuchung.
Die Tauchausbildung sollte besonders auf Senioren abgestimmt werden, und es sollten die passenden Rahmenbedingungen für die Ausbildung älterer Taucher geschaffen werden.

Behindertentauchen

Eigentlich ist der Begriff des »Behindertensports« nicht ganz korrekt und wurde in den letzten 20 Jahren durch den Begriff »Versehrtensport« ersetzt. Die Idee des Sports für Behinderte ist nicht neu. Bereits zur Jahrhundertwende gab es die ersten Projekte, die sich mit der körperlichen Ertüchtigung von Behinderten beschäftigten. Der Zweite Weltkrieg mit seinen zahllosen zum Teil grausam verstümmelten Opfern eröffnete eine breite Basis für die Rehabilitation der Betroffenen und somit die Chance zum Behindertensport. Aus der 1951 gegründeten »Arbeitsgemeinschaft Deutscher Versehrtensport« gründete sich bereits ein Jahr später der »Deutsche Versehrten Sportverband«. Von den ca. vier Millionen Behinderten, die heute in der Bundesrepublik leben, werden inzwischen nicht nur Sportarten wie Bogenschießen oder Kegeln ausgeübt, sondern auch zunehmend Extremsportarten wie Bergsteigen, Fliegen und natürlich auch Tauchen. Die Fortbewegung im schwerelosen Element ist für viele Betroffene die einzige Möglichkeit, sich frei und ungezwungen zu bewegen.
Die Art der Behinderung und ihre individuelle Ausprägung machen eine Klassifizierung und Pauschalisierung der verschiedenen Formen von Behinderungen schwer. Die Rehabilitationsgesetzgebung nimmt eine Aufteilung in drei Gruppen vor:

erstens die körperlichen Behinderungen, zweitens die geistigen Behinderungen und drittens die seelischen Behinderungen. Aus Sicht der tauchsportärztlichen Untersuchung stellen die Gruppe zwei und drei eine Kontraindikation zum Tauchen dar und sollen hier auch nicht weiter betrachtet werden. Die erste Gruppe wiederum bildet ein breites Feld, welches sich abermals unterteilen lässt. Zum einen finden sich hier Betroffene, die in einem mehr oder minderen Maße durch ihre Behinderung beim Tauchen eingeschränkt sind, wie zum Beispiel Blinde und Sehbehinderte. Auf der anderen Seite können aber zum Beispiel Gehörlose und Hörbehinderte durch ihre Gebärdensprache dem »normalen« Taucher unter Wasser überlegen sein. Für diese Patienten treffen die üblichen Anforderungen des DTSA-Systems zu.

Die körperlichen Behinderungen untergliedern sich zum einen in den Bereich der Schädigung des zentralen und peripheren Nervensystems wie zum Beispiel Poliolähmung, Spastiken und Querschnittslähmung, zum anderen in den Bereich der organbedingten Behinderungen, zum Beispiel Asthma, Zucker- und Herz-Kreislauf-Erkrankungen und drittens Behinderungen bedingt durch Schädigung des Stütz- und Bewegungsapparates wie Arthrosen, Amputationen, Dysmelien und Rheuma. Limitierend hinsichtlich der Tauglichkeit für die organbedingten Behinderungen ist die Selbstgefährdung des Betroffenen beim Tauchen durch die Grunderkrankung. Mit den 1992 von der GTÜM (Gesellschaft für Tauch- und Überdruckmedizin e. V.) herausgegebenen »Richtlinien für die Tauchtauglichkeit von Sporttauchern« wurde eine Möglichkeit zur Attestierung einer Tauchtauglichkeit für Behinderte geschaffen. Dem Arzt obliegt es, eine »eingeschränkte Tauchtauglichkeit« für die Betroffenen auszustellen. Sinnvoll und effektiv kann dies allerdings nur in enger Kooperation zwischen dem Behinderten, dem Taucharzt, dem Facharzt und dem Ausbilder erfolgen. Beachtet werden muss hierbei, gemäß den Grundsätzen einer ärztlich attestierten Tauchtauglichkeit, dass weder durch das Tauchen noch beim Tauchen eine Gefährdung für den behinderten Taucher und seinen Ausbilder/Tauchpartner besteht.

2 Tauchausrüstung

Drucklufttauchgerät

Als Drucklufttauchgerät wird ein komplettes Tauchgerät bezeichnet, das aus Druckluftflasche mit Flaschenventil, atemgesteuerter Dosiereinrichtung (Atemregler), Trage oder Jacket mit Tragevorrichtung und Sicherheitseinrichtung (Reserveschaltung, Finimeter etc.) besteht.

Druckluftflasche

Druckluftflaschen gibt es in Größen von 4 l bis 20 l als Einzelflaschen oder als Doppel- und Mehrfachgeräte.
Bei für Sporttaucher üblichen Druckluftflaschen beträgt der höchstzulässige Fülldruck 200 bar. Es gibt auch Druckluftflaschen mit einem zulässigen Fülldruck von 300 bar.
Drucklufttauchgeräte und damit auch Druckluftflaschen müssen die aktuellen nationalen und europäischen Bestimmungen erfüllen.

Abb. 49: Kennzeichnung der Druckluftflaschen

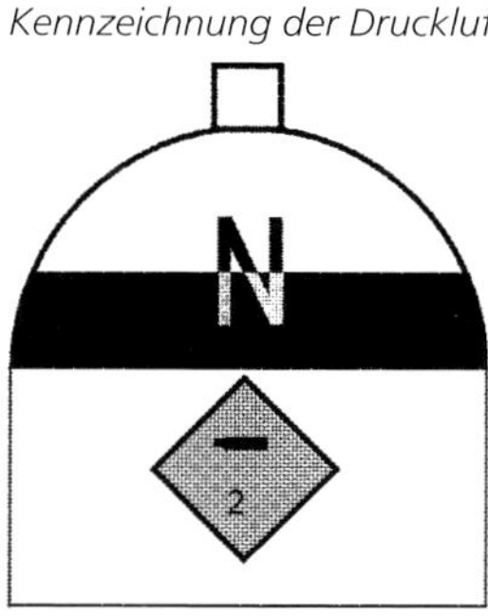

Ab 2003 hergestellte Tauchflaschen müssen nicht mehr zwingend eine vorgeschriebene Einprägung vorweisen, auch der Stempel »TG« ist nicht mehr vorgesehen. Nach der Betriebssicherheitsverordnung unterliegen DTGs einer Festigkeitsprüfung alle fünf Jahre und einer Gewichtsprüfung sowie einer äußeren und inneren Prüfung alle zweieinhalb Jahre. Alle Druckluftflaschen über 0,22 l Inhalt, also auch Westenflaschen, müssen in den vorgeschriebenen Fristen überprüft werden. Die farbliche Kennzeichnung ist für neue Druckluftflaschen weiß mit einem schwarzen Streifen und dem Buchstaben »N« für »neu«.
Auch Händler können zur Verantwortung gezogen werden, wenn sie Geräte verkaufen, die nicht den gültigen gesetzlichen Vorschriften, insbesondere dem Gerätesicherheitsgesetz, entsprechen. Wie kann sich der Käufer eines Tauchgerätes schützen? Es genügt nicht, dass er auf der Flasche den gültigen Prüfstempel ansieht, sondern er sollte auch das Flaschenventil daraufhin prüfen, ob es mit einem zulässigen Innengewinde versehen ist, den gültigen nationalen und europäischen Normen genügt und ob ein Bauartzulassungszeichen eingeschlagen ist. Das Bauartzulassungszeichen ist nicht mit der

Seriennummer zu verwechseln, da es immer den Buchstaben des Herstellungslandes enthält.
Eine Flaschen- und Ventilwartung im Abstand von einem Jahr ist sinnvoll.
Unmittelbar vor oder nach dem Tauchgang sollten Flaschen liegend aufbewahrt werden. Dadurch werden durch umkippende Flaschen verursachte Unfälle und Beschädigungen vermieden. Bei längerer Lagerung sollten Druckluftflaschen stehend aufbewahrt werden, sodass bei Korrosion nur der dickere Boden betroffen wird.
Einzelflaschen können auch zu Flaschenpaketen mit Verbindungselementen verbunden werden, aber nur Einzelflaschen gleichen Typs.

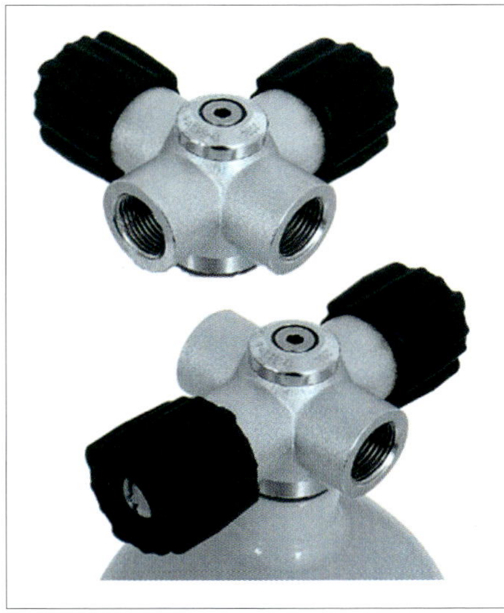

Abb. 50: Ventil

Flaschenventil

Das Flaschenventil ist die Absperrvorrichtung des Drucklufttauchgerätes. Es muss ebenfalls den gültigen nationalen und europäischen Vorschriften entsprechen. Das Bauartzulassungszeichen muss auf dem Flaschenventil sichtbar eingeschlagen sein. Außerdem muss eine Zulassung für den maximal möglichen Fülldruck bestehen.
Das Öffnen der Ventile geschieht durch Linksdrehungen am Handrad. Nach dem vollständigen Öffnen ist das Ventil wieder eine halbe Umdrehung zurückzudrehen, um ein Festsetzen des Ventils in dieser Stellung zu verhindern. Außerdem wird bei versehentlichem Drehen in die Öffnungsrichtung so der Irrtum sofort bemerkt, und ein gewaltsames Drehen in die falsche Richtung unterbleibt. Das Schließen der Ventile geschieht in umgekehrter Richtung und soll ohne Gewalt erfolgen, um Beschädigungen vor allem am Ventilsitz zu vermeiden. Nach dem Schließen des Ventils kann jedoch die Verbindung zum Atemregler erst gelöst werden, wenn sie druckentlastet ist. Dies geschieht über den Atemregler durch Drücken der Luftdusche. Die Drehbewegung wird nicht unmittelbar auf den Ventilsitz übertragen, da hierzu eine Hubbewegung erforderlich ist. Dies bewirkt die Unterspindel, die über ein Gewinde ihren Abstand vom Ventilsitz verändern kann. Über ein Kupplungsstück, das die Hubbewegung auffängt, wird sie von der Oberspindel mitgedreht. Das Wasserschutzrohr verhindert das Eindringen von Wasser und Schmutz aus der Flasche, wenn man mit dem Kopf nach unten taucht. Sinterfilter werden heute kaum noch am Wasserschutzrohr als Schutz vor Schmutzteilchen angebracht, da auch diese sich schnell zusetzen und so den Luftdurchsatz behindern können.

Es gibt auch Ventile, die nicht über eine Drehbewegung (dann mindestens zwei Umdrehungen), sondern über einen Kipphebel betätigt werden.
Am Flaschenventil befindet sich der Anschluss für den Atemregler. In Deutschland ist der DIN-Anschluss vorgeschrieben (am Ventil-Innengewinde 5 5/8″ Gas). Daneben gibt es auch den internationalen Bügelanschluss (INT). Beide Systeme können ohne Werkzeuge, also nur von Hand, hochdruckdicht angeschlossen werden. Im Ausland können wegen verschiedener Anschlusssysteme beim Flaschenfüllen Probleme entstehen.
Beim DIN-Anschluss wird mit einem Handrad der Atemregler in das Gewinde des Flaschenventils handfest durch Rechtsdrehungen hineingeschraubt. Der DIN-Anschluss hat sich auch international immer mehr durchgesetzt, da er weniger anfällig für Beschädigungen durch Stoß ist. Außerdem entstehen bei ihm weniger Probleme mit der Dichtigkeit, da der Dichtring sich nicht offen am Ventil, sondern am Atemregler befindet und dieser in der Regel geschützt verstaut wird.
Der INT-Anschluss ist im Ausland jedoch noch weit verbreitet. Bei ihm wird der Atemregler mit einem Bügel über das Ventil gesetzt, an dem sich der Dichtring befindet, und mit einer Klemmschraube befestigt. Die Dichtungsfläche am Lungenautomaten hat dabei einen Durchmesser von 17,5 mm, bei alten französischen Ausführungen auch 18,5 mm.
Da auch die Druckluftflaschen entsprechend leichte Unterschiede haben können, sollte man sich vor einem Tauchurlaub erkundigen, welches System an der Tauchbasis verwendet wird.
Der eigene Atemregler kann mithilfe eines Adapters weiter verwendet werden, der für beide Systeme erhältlich ist.

Sicherheitseinrichtung

Das Drucklufttauchgerät muss über mindestens eine Sicherheitseinrichtung verfügen. Als solche gelten die heute kaum mehr gebräuchlichen Reserveschaltungen, die in das Ventil eingebaut werden. Standard ist das Finimeter, das auch als eine solche Sicherheitseinrichtung gilt, das aber ein selbstständiges Kontrollieren des Luftvorrates bedingt. Es gibt auch andere aktive Warneinrichtungen, zum Beispiel akustische Reservesignale, die sogar in den Tauchcomputer eingebaut sein können. Bei Tauchgängen, die eine starke körperliche und geistige Beanspruchung des Tauchers erwarten lassen (auch das Tauchen in unseren kalten, unter Umständen trüben oder dunklen Binnenseen), sollten zur Sicherheit immer zwei unterschiedliche Warneinrichtungen mitgeführt werden.
Das Mitführen eines Unterwassermanometers oder Finimeters ist auch für die Überprüfung des Luftvorrates während des Tauchens sowie für die Tauchgangsplanung unabdingbar.
Das Finimeter wird an die erste Stufe des Atemreglers (HP-Anschluss) angeschlossen, da hier der aktuelle Flaschendruck herrscht. Das Finimeter sollte ein übersichtliches Leuchtzifferblatt und eine besondere Markierung für den Reservedruckbereich besitzen. Das Glas muss bruchsicher sein, und an dem Atemregleranschluss des Hochdruckschlauchs sollte sich eine Drosseldüse befinden, die bei einer Beschädigung des Finimeters die entweichende Luftmenge begrenzt. Sinnvoll ist auch eine Schwachstelle an der Finimeterrückseite, damit ein sich bei leichten Undichtigkeiten im Finimetergehäuse aufbauender Druck nicht das Gehäuse zum Platzen bringt, denn dies kann schwere Verletzungen verursachen.

Atemregler

Der Atemregler hat die Aufgabe, den in unserem Tauchgerät vorhandenen Druck so zu reduzieren, dass dem Taucher im Rhythmus der Einatmung ständig Luft unter dem Umgebungsdruck und in der dem Bedarf angemessenen Menge zufließt. Der Atemluftstrom ist also nicht kontinuierlich, sondern stets der Atemfrequenz angepasst. Er setzt ein, sobald bei Beginn der Einatmung am Mundstück ein geringer Sog entsteht, und bricht ab, wenn nach vollendeter Einatmung bzw. bei Anhalten des Atems der Sog aufhört.
Diese Reduzierung auf den Umgebungsdruck kann in einem oder in zwei Schritten (Stufen) erfolgen. Danach werden einstufige und zweistufige Atemregler unterschieden.
Sind die erste und die zweite Stufe voneinander getrennt und mit einem Schlauch verbunden, so ist dies ein Einschlauchatemregler. Dieser Begriff dient zur Unterscheidung von den weniger verbreiteten Zweischlauchatemreglern, bei denen die komplette Druckreduzierung in einem Gehäuse erfolgt, das an dem Ventil der Druckluftflasche montiert wird. Dann muss nämlich die Luft über einen Einatemschlauch zum Mund geführt werden, und die Ausatemluft wird über einen zweiten Schlauch, den Ausatemschlauch, wieder zum Gehäuse zurückgeführt, wo sie in die Umgebung entweicht.

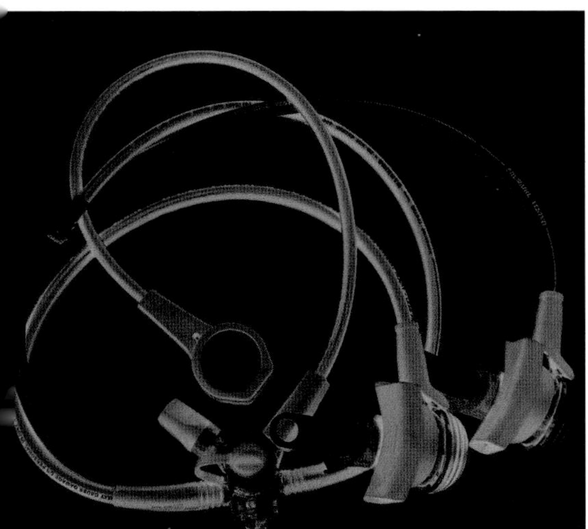

Abb. 51: Oktopus mit Finimeter

Am gebräuchlichsten ist der zweistufige Einschlauchatemregler, bei dem die erste Stufe an der Druckluftflasche montiert ist und dort den Druck auf einen Mitteldruck von 4 bis 15 bar über dem Umgebungsdruck reduziert. Über einen Schlauch wird dieser Mitteldruck, der also mit steigendem Umgebungsdruck auch erhöht wird, zu der zweiten Stufe geleitet, die wir an einem Mundstück im Mund halten und die den Mitteldruck auf den Umgebungsdruck reduziert.
Der zweistufige Einschlauchautomat hat die Vorteile, dass er

- handlicher, z. B. besser für Wechselatmung ist,
- eine größere Luftabgabe erlaubt,
- einen gleichen Ansprechdruck in jeder Lage und je nach Bauart auch bei jedem Fülldruck hat,
- geringere Ausmaße hat.

Ein Nachteil ist die kompliziertere Bauweise, die einen höheren Wartungsaufwand zur Folge hat.

Vereisung

Ein Problem stellt sich beim Tauchen in kalten Gewässern dar: Der Atemregler kann vereisen. Das bedeutet, dass durch die Bildung von Eiskristallen am Ventilsitz der ersten Stufe (inneres Vereisen) oder durch Eisbildung in der Wasserkammer der ersten Stufe (äußeres Vereisen) die erste Stufe nicht mehr schließen kann und unkontrolliert Luft abströmt. Für die Taucher bedeutet das Auftauchen unter Wechselatmung oder mit dem Zweitautomaten des Partners, da ein Weiteratmen nur äußerst schwer möglich ist. Sinnvoll ist daher ein Verwenden von Drucklufttauchgeräten mit zwei getrennt absperrbaren Ventilen, um den abblasenden Atemregler abzusperren und aus dem anderen weiterzuatmen.

Um dem vorzubeugen, sollten bei entsprechenden Wassertemperaturen nur für Kaltwasser taugliche Atemregler benutzt werden. Die Hersteller haben zum Schutz vor Vereisung verschiedene Konstruktionen wie Gefrierschutzkappen, Glycerinfüllung etc. entwickelt. Alle diese Konstruktionen können jedoch keinen absoluten Schutz vor Vereisung bieten, es gibt keine absolut vereisungssicheren Atemregler.

Wartung und Pflege

Nach jedem Salzwassertauchgang sollte der Atemregler wenn möglich gründlich in Süßwasser gespült werden.

Mindestens einmal jährlich sollte der Atemregler zur Revision. Die Wartung darf nur von einem Fachmann und mit entsprechendem Werkzeug ausgeführt werden.

Jacket

Ein Jacket wird nicht nur getragen, um damit das abnehmende Volumen des Tauchanzuges beim Abtauchen auszugleichen. Vielmehr hat ein Jacket wichtige Sicherheitsfunktionen zu erfüllen:

- das schnelle Erreichen der Oberfläche im Notfall,
- das ohnmachtsichere Halten an der Oberfläche, wenn der Taucher sonst absinken würde und dies durch Flossenkraft nicht mehr ausgleichen kann,
- Unterstützung beim Retten anderer Taucher,
- Unterstützung beim Bergen von Gegenständen (z. B. kleiner Anker, verlorener Bleigurt),
- Herstellung eines in jeder Tiefe austarierten Zustands.

Das Jacket dient außerdem als Tragevorrichtung für unser Tauchgerät.

Auch der austarierte Zustand, also das Schweben in jeder beliebigen Wassertiefe, ist ein wichtiger Sicherheitsaspekt. Dieser wird erreicht durch Einlassen oder Ablassen von Luft in das Jacket, wenn die Lungentarierung ausgeschöpft ist. Anderenfalls müsste durch Flossenschlag gegen den Abtrieb gearbeitet werden. Gleichzeitig würde im hauptsächlich eingeatmeten Zustand verharrt, was zu einem Überdruck in der Lunge mit Auswirkungen auf den Blutdruck und das Befinden führt. Beides zusammen jedoch führt schnell zu einem Essoufflement. Natürlich sollte jeder Taucher lernen, sich hauptsächlich mit der Lunge zu tarieren. Sind jedoch die noch ohne Anstrengung möglichen Ausgleichs-

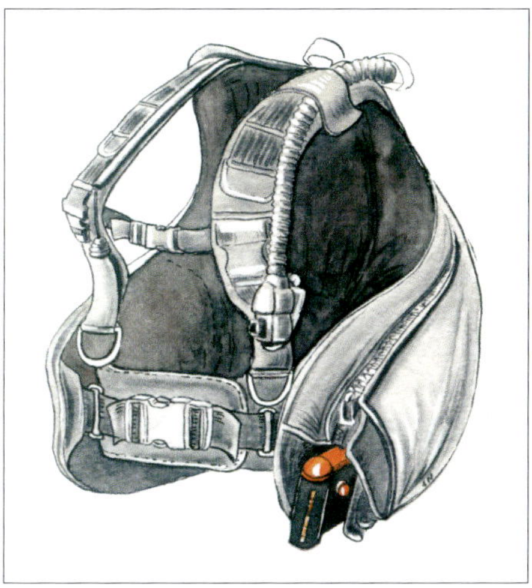

Abb. 52: Jacket mit Bleitaschen vorn

funktionen der Lunge erschöpft, so ist eine Nachtarierung über das Jacket nötig. Diese Reihenfolge – erst Lunge, dann Jacke – gilt sowohl für das Ab- wie für das Auftauchen.
Daher ist auch bei flachen Tauchgängen ein Jacket unbedingt erforderlich. Selbst wenn eine Tarierung im Flachbereich noch ohne Hilfsmittel möglich wäre, so ist das Jacket bei der Rettung anderer Taucher oder auch der eigenen Rettung ein unersätzliches Hilfsmittel.
Folgende Bestandteile sollte ein Jacket besitzen:

- Westenkörper, der robust, farbecht, knickbeständig und reißfest ist. Es gibt ein- oder zweischalige Bauweisen
- mindestens 15 l Volumen
- möglichst Signalfarbe
- eine ohnmachtsichere Lage an der Oberfläche gewährleistende Bauweise
- Schnellablass zum schnellen Entleeren. Dieser kann in den Faltenschlauch der Mundaufblasvorrichtung integriert sein und befindet sich im Schulterbereich, da dieser in der Regel am höchsten liegt. Bei Jackets ist ein zweiter Schnellablass im hinteren Bereich unten sinnvoll, um auch in Kopflage das Jacket entleeren zu können
- Überdruckventil, damit das Jacket (z. B. beim Auftauchen ohne Entleerung) nicht platzen kann. Das Ventil öffnet dann bei einem Überdruck von 100 bis 130 mbar. Das Überdruckventil ist häufig in den Schnellablass integriert
- Mundaufblasvorrichtung zum Befüllen der Weste oder des Jackets auch mit dem Mund. Eine Atemmöglichkeit aus dem Westenkörper heraus darf jedoch nicht gegeben sein. Allerdings gibt es Mundstücke, die gleichzeitig einen Lungenautomaten darstellen. Solche Oktopussysteme erlauben auch das Atmen aus dem Tauchgerät, stellen jedoch wegen ihrer eingeschränkten Einsetzbarkeit keinen vollwertigen Zweitautomaten dar
- Inflator, also eine Verbindung zum Mitteldruckanschluss des Atemreglers zum Befüllen des Jackets durch Druckluft des Tauchgerätes per Knopfdruck
- Signalpfeife
- eine Einrichtung zum automatischen und schnellen Befüllen des Jackets insbesondere im Notfall. Dies geschieht üblicherweise über den Inflator

Westentaschen sind sinnvoll, um beim Tauchen kleinere Ausrüstungsgegenstände wie die Dekompressionstabelle, eine Notsignalboje, eine Unterwasserschreibtafel, einen Notsignalblitz oder eine kleine Ersatzlampe aufzunehmen. Auch sollten verschiedene Befestigungsmöglichkeiten in Form von Haken, Karabinern, Ösen oder Klemmverschlüssen vorgesehen sein, um Schläuche, Kompass, Lampe und andere Ausrüstungsteile gegen Verlust und Umherbaumeln zu sichern.
Beim Anlegen der Ausrüstung ist unbedingt auf die Reihenfolge Anzug – Tauchgerät mit Jacket – Blei zu achten. Anderenfalls ist der Abwurf des Bleis im Notfall behindert. Ein Bleigurt muss also über allen anderen Vergurtungen sitzen. Die meisten Jackets haben heute integrierte Bleitaschen. Hier existieren unterschiedlichste Beladungs- und Schnellabwurftechniken, mit denen man sich vor Gebrauch unbedingt vertraut machen muss. Damit auch beim Anlegen des Tauchgerätes die Wirbelsäule geschont wird, ist es erforderlich, dass die Bleitaschen erst nachträglich, also nach Anlegen des Tauchgerätes, in das Jacket geladen werden können.
Das Jacket besteht aus einer jacketförmigen Blase mit einem Volumen von in der

Regel mindestens 15 Litern, es sind aber viele unterschiedliche Größen erhältlich. Es kann im Notfall über den Inflator schnell befüllt werden.

Um eventuell eingedrungenes Wasser zu entleeren, haben die meisten Typen einen Wasserablass.

Zur Pflege des Jackets muss nach jedem Tauchgang eventuell in den Westenkörper eingedrungenes Wasser entleert werden. Dazu wird das Jacket am besten aufgeblasen und so gehalten, dass das Wasser durch den geöffneten Ablassschlauch oder, wenn vorhanden, den Wasserablass abfließen kann. Nach einem Tauchgang im Salzwasser sollte es mit Süßwasser gespült werden. Zum Trocknen und Lagern wird das Jacket leicht aufgeblasen. Dies erfolgt jedoch nicht in der Sonne, da auch hier die Sonneneinstrahlung schädlich ist.

Von Zeit zu Zeit sollte die Innenblase mit Seifenwasser ausgewaschen werden. Damit Ablassschlauch, Ventile und Inflatorschlauch nicht spröde und brüchig werden, empfiehlt sich eine periodische Behandlung mit Silikonfett.

Die ständige Funktionskontrolle und Wartung dieses lebenswichtigen Ausrüstungsgegenstandes ist für den verantwortungsbewussten Taucher eine Selbstverständlichkeit.

Im Bereich der Tariersysteme haben sich in der letzten Zeit einige Neuerungen durchgesetzt.

Die meisten Jackets verfügen heute über eine Bleiintegration, d. h., das Blei wird nicht separat an einem Gurt getragen, sondern in Bleitaschen innerhalb des Jackets. Allerdings gibt es hier noch erhebliche Unterschiede zwischen den einzelnen Bauformen. Diese Unterschiede bestehen in der Art, wie die Bleitaschen in das Jacket integriert werden, in der Möglichkeit einer Beladung mit den Bleitaschen nach Anlegen des DTG, in der Sicherung der Bleitaschen gegen unbeabsichtigten Verlust sowie in den Möglichkeiten des Abwurfs in einem Notfall.

Falls die Bleitaschen von vorn eingeschoben werden, so liegen sie beim Tauchen senkrecht zum Grund und würden herausfallen, wenn sie nicht durch eine besondere Mechanik gegen das Herausrutschen gesichert wären. Bei dieser Bauform ist besonders darauf zu achten, wie diese Sicherung gegen unbeabsichtigtes Herausfallen umgesetzt wurde. Bei Systemen mit Velcro-Befestigung (»Klett-Verschluss«) wird ein Verlust nur verhindert, wenn beide Seiten sauber aufeinander liegen. Bei anderen Systemen ist darauf zu achten, dass nicht durch eine unbeabsichtigte Bewegung der Abwurf der Bleitaschen ausgelöst wird. Wenn die Bleitaschen bei einer Rettung an der Wasseroberfläche abgeworfen werden sollen, müssen sie bei einem auf dem Rücken liegenden Taucher gegen die Schwerkraft nach oben herausgezogen werden, was für einen Taucher ohne festen Stand mit einer großen Anstrengung verbunden ist.

Falls die Bleitaschen von oben eingeschoben werden, so liegen sie beim Tauchen parallel zum Grund im Jacket, sodass ein unbeabsichtigtes Verlieren kaum möglich ist. Bei einem an der Oberfläche liegenden

Abb. 53: Bleiabwurf an der Wasseroberfläche

Taucher können die Bleitaschen durch seitliches Ziehen ohne großen Kraftaufwand entfernt werden.
Bei allen Bauformen ist darauf zu achten, dass die Beladung des Jackets mit den Bleitaschen nach dem Anlegen des DTG möglich ist, da nur dann die Entlastung der Wirbelsäule beim Anlegen des DTG gewährleistet werden kann.
Beim Tauchen haben alle bleiintegrierten Jackets den Vorteil, dass sich der Abtrieb der Bleitaschen und der Auftrieb des Jackets gegenseitig im Jacket ausgleichen, sodass auf die Wirbelsäule keine unterschiedlichen Kräfte wie bei einem Bleigurt wirken.
Vorteile von bleiintegrierten Jackets:
- Entlastung der Wirbelsäule beim Tauchen, besonders rückenschonend
- Optimale Tauchlage, da Kräfteausgleich im Jacket
- Kein zusätzlicher Bleigurt nötig
- Keine Druckstellen durch einen Bleigurt
- Leichtes Anlegen, wenn das Modell eine nachträgliche Beladung der Bleitaschen ermöglicht

Nachteile von bleiintegrierten Jackets:
- Vorheriges Ablegen des Bleis beim Einstieg ins Boot kaum möglich (je nach Modell)
- Sicherung der Bleitaschen gegen Verlust bei manchen Modellen schlecht gelöst
- Im Notfall Bleiabwurf an der Oberfläche bei manchen Modellen schwierig, insbesondere wenn im Liegen ein Herausziehen nach oben erforderlich ist
- Schwieriges Anlegen, wenn das Modell eine nachträgliche Beladung der Bleitaschen nicht zulässt

Eine Besonderheit bieten auch moderne Jackets, bei denen die Ein- und Auslasssteuerung in einer Einheit untergebracht sind, sodass der sonst übliche Faltenschlauch entfällt. Hier unterscheiden wir mechanische und pneumatische Systeme. Bei pneumatischen Systemen wird durch das Betätigen der Ein- und Auslassknöpfe über Druckluftsteuerungen das Ein- oder Auslassventil vollständig geöffnet, während bei mechanischen Systemen die Öffnung des Auslassventils über einen Drahtseilzug stufenlos möglich ist. Beide Systeme haben den Vorteil, dass beim Tarieren ein Suchen des Faltenschlauchs entfällt und die Steuerungseinheit auch bei schlechter Sicht schnell aufgefunden wird. Dies ist auch bei der Ausbildung von Anfängern vorteilhaft, da diese den Ein- und Auslass problemlos finden und betätigen. Der Ausbilder kann ohne Hochhalten des Faltenschlauchs die Luft ablassen. Alternativ steht der Schnellablass zum Luftablassen zur Verfügung. Zu beachten ist, dass ein Ablassen der Luft bei den pneumatischen Systemen nur möglich ist, wenn das DTG noch gefüllt ist und die Druckluft an der Steuereinheit zur Verfügung steht.
Bei der Rettung eines bewusstlosen Tauchers hat sich gerade bei diesen Jackets die standardisierte seitliche Methode bewährt, wobei das Ablassen der Luft aus dem Jacket des betroffenen Tauchers durch leichtes Ziehen am Schnellablass erfolgen kann. Dies hat neben der guten Erreichbarkeit den Vorteil, dass sofort anhand der austretenden Luftblasen gesehen wird, wie viel Luft abgelassen wurde.
Beim anschließenden Transport des betroffenen Tauchers ist nach dem Öffnen der atmungsbehindernden Brust- und Bauchclips das Jacket aufzublasen und je nach Entfernung zum Ziel das Blei abzuwerfen. Der Transport kann schiebend oder ziehend erfolgen, wobei sich das Schieben bei aufgeblasenem Jacket des betroffe-

nen Tauchers als die wesentlich effektivere Methode erwiesen hat.
Bei Wing-Jackets befindet sich der meist besonders großvolumige Auftriebskörper oftmals in U-Form am Rücken des Tauchers (Wing-Jackets haben in der Regel viele D-Ringe als Befestigungsmöglichkeit für Reel oder Stage-Flasche oder auch Montagemöglichkeiten für Doppelflaschen). Durch den Auftriebskörper am Rücken wird der Taucher in seiner Bewegungsfreiheit nicht eingeschränkt, es befinden sich keine Luftkammern an der Seite oder im vorderen Bereich.
Besonders bei Wing-Jackets ist bei der Rettung von Tauchern ein Transport vorzuziehen, bei dem sich der Retter schiebend auf den Verunfallten legt, dessen Jacket wie eine Plattform voll aufgeblasen ist, da nur so ein Drehen des Verunfallten in die Bauchlage verhindert wird.

Abb. 54: Rettung eines Tauchers mit kontrollierter Luftabgabe über den Schnellablass

Tauchcomputer

Aufbau und Funktion
Hardware

Die sogenannte Hardware des Computers – also jene Teile, die man anfassen kann – besteht aus mehreren Komponenten. Die Energieversorgung der Computer wird heutzutage in der Regel durch Batterien gewährleistet. Bei den Tauchcomputern der ersten Generation handelte es sich meist um wiederaufladbare Akkumulatoren. Trotz der teilweise komplizierten Berechnungen sind nicht nur die Batterien immer kleiner geworden, ihre Stromausbeute ist auch gestiegen. Einige Tauchcomputer besitzen Batterien mit einer Lebensdauer von zwölf Jahren. Beim Einschalten des Computers, welches durch Wasserkontakt oder manuell erfolgen kann, misst der Computer zuerst den Umgebungsdruck. Der Druck wird mit einem piezoresistiven Absolutdrucksensor gemessen. Er besteht aus einer winzigen Box mit einem Vakuum. Der Deckel der Box besteht aus einem Siliziumplättchen mit eingeätzten Widerständen. Schon auf Meereshöhe biegt sich das Siliziumplättchen durch, da im Inneren ein Vakuum herrscht. Somit kann der Absolutdruck (Luft plus Wasserdruck) gemessen werden, wodurch auch eine Höhenlagebestimmung für Bergseetauchgänge möglich ist. Kommt es zu einer Änderung des Drucks, biegt sich das Siliziumplättchen weiter durch. Damit ändern sich die Widerstände auf dem Plättchen, wobei die Widerstandsänderung proportional zur Druckänderung ist. Da der Sensor temperaturabhängig ist, muss er temperaturkompensiert werden. Weiterhin ist zu beachten, dass nach einiger Zeit ein Driften des Sensors auftreten kann, was zu einer leichten Messungenauigkeit führen kann. Diese Abweichungen werden für die Berechnung der Dekompression berücksichtigt. Das vom Drucksensor ausgehende analoge Signal wird nun von einer Signalaufbereitung (Analog/Digital-Konverter) in eine digitale Information umgesetzt. Von dort aus werden alle Informationen in die zentrale Einheit eines Tauchcomputers, als Rechner oder auch als Prozessor bezeichnet, weitergeleitet. Er erhält seine Informationen entweder direkt, wie z. B die Zeit, oder indirekt über eine Signalaufbereitung. Der Prozessor arbeitet mit zwei Speichern, dem RAM (Random Access Memory) und dem ROM (Read Only Memory). Das ROM ist der ständige Speicher des Prozessors und enthält alle Programmschritte sowie die Halbwertszeiten zum Berechnen der Dekompressionsdaten. Das ROM »erklärt« dem Prozessor sozusagen, was zu tun ist. Im RAM werden Berechnungen ausgeführt sowie alle Tauchdaten und die Ergebnisse der Berechnungen gespeichert. Die Informationen über Tiefe, Tauchzeit, Dekostufen, Dekozeiten und vieles mehr leitet der Prozessor an das Display weiter. Die Displays arbeiten entweder mit aktiven Anzeigen (LED) oder passiven Anzeigen (LCD). Da die aktiven Displays für ihr Licht relativ viel Strom benötigen, besitzen fast alle Tauchcomputer LCD-Anzeigen.

Software

Die Software des Computers ist das Programm, welches dem Prozessor die Befehle gibt. Die Befehle führen dazu, dass der Rechner den Druck misst, Tauchdaten abspeichert oder auf dem Display anzeigt. Diese Befehle werden auf einem sehr einfachen Niveau ausgeführt, und einzelne Programmschritte können nur mit einem erheblichen Programmieraufwand verwirklicht werden. Bei der Entwicklung eines Programms wird zuerst mithilfe eines Flussdiagramms die Struktur festgelegt. Im Anschluss daran werden die Programmteile in einer Programmiersprache eingegeben, die dann vom Prozessor gelesen werden kann. Die Festlegungen, wie viele Kompartimente mit welchen Halbwertszeiten und welche Informationen wie dem Anwender präsentiert werden, sind kennzeichnend für das jeweilige Dekompressionsmodell. Die Modelle müssen sowohl qualitativ als auch quantitativ durch Labor- und Praxistests abgesichert sein. Da die Mikroprozessoren der Tauchcomputer keine komplizierten Rechenoperationen ausführen können, müssen die Modelle relativ einfach zu rechnen sein. Gewebespektren mit 16 und mehr Geweben decken sicherlich nahezu alle Tauchprofile inklusive der Sättigungstauchgänge ab. Für die Sporttaucherei hat sich jedoch herausgestellt, dass Halbwertszeiten von mehr als 350 Minuten auch bei Wiederholungstauchgängen keinen Einfluss mehr haben. Gewebe mit Halbwertszeiten unter vier bis sechs Minuten müssen ebenfalls nicht berücksichtigt werden, da sich diese schon beim Aufstieg genügend entsättigen.

Computerentwicklung

Die ersten Berichte über elektronische Tauchcomputer erschienen 1979. Der Dacor-Dive-Computer setzte sich jedoch nicht durch. Erst 1983 war dann das Geburtsjahr der ersten Generation von Tauchcomputern. Der Deco Brain I der Schweizer Firma Divetronic arbeitete mit gespeicherten Tabellen, der Edge von Orca mit einem Haldane-Modell. Im Jahre 1985 folgte dann der Deco Brain II. Er verwendete ein Rechenmodell von 16 Stickstoff-Halbwertszeiten, welche ein Spektrum von 4 bis 635 Minuten abdeckten. Auch war er der erste Tauchcomputer, der bis zu einer Höhe von 4500 m. ü.N.N. bergseetauglich war.

Mit diesen Tauchcomputern wurden erheblich mehr Tauchgänge mit kurzem Oberflächenintervall durchgeführt als mit den herkömmlichen Tabellen. Bei Experimenten zwischen 1983 und 1986 zeigte sich eine Häufung der Symptome an Haut und Muskulatur. Nach dem Auftreten dieser Dekompressionsunfälle vom Typ I wurden die Toleranzgrenzen der langsamen Halbwertszeiten gesenkt. Mit der schrittweisen Senkung der Toleranzgrenzen für langsame Halbwertszeiten verlängerten sich jedoch gleichzeitig die Dekompressionszeiten, wenn langsamere Gewebe maßgebend für die Dekompression waren. Dies traf nicht nur für Wiederholungstauchgänge, sondern auch für Ersttauchgänge zu.

Trotz der relativ gut entwickelten P2-3-Version, von der nur wenige auf den Markt gelangten, wurde 1987 die Produktion des Deco Brain II aufgrund der Dichtungsschwierigkeiten, großer Abmessungen und eines hohen Energieverbrauchs, gepaart mit einem relativ hohen Preis, eingestellt.

Als 1987 der Aladin von Uwatec auf dem Markt erschien, war dies der Durchbruch für die Tauchcomputer. Klein und angeboten zu einem akzeptablen Preis, fand er rasche Verbreitung. Wie auch dem 1988 erscheinenden Micro Brain von Dacor, der eine Modifizierung des P3 von Bühlmann und Hahn war, fehlten beiden Computern jedoch noch einige wesentliche Merkmale der zweiten Generation von Computern. Die sogenannten Nullzeitcomputer zeigten weder die Aufstiegszeit noch die Zeit auf den Dekostufen an. Ebenfalls fehlte ihnen noch eine Anzeige der rollierenden Nullzeiten zwischen den Tauchgängen.

Im Jahre 1993 war dann der Zeitpunkt für eine weitere Generation gekommen. Viele Computer verfügten über eine integrierte Luftverbrauchsrechnung. Möglich ist die Übertragung der Luftverbrauchsdaten sowohl über einen herkömmlichen Hochdruckschlauch als auch drahtlos über einen Sender. Wenn wir bei der Hardware bleiben, so besitzen fast alle Computer die Anschlussmöglichkeit für ein Interface zur Auswertung der Tauchgangsdaten am PC. Gemeinsam ist allen Computern auch die Möglichkeit einer Tauchgangsplanung. Bei den Dekompressionsmodellen war es mit den Gemeinsamkeiten zu Ende, sodass gleiche Tauchgänge unterschiedlich bewertet wurden.

Mit der Jahrtausendwende zeichnete sich die schon lange entwickelte vierte Generation von Tauchcomputern ab. Mit dem Nexus von Buddy erscheint 2001 ein Computer, der für ein geschlossenes Kreislaufgerät wie das Buddy Inspiration mit unterschiedlichen Sauerstoffpartialdrücken während des Tauchganges rechnen kann. Cressi entwickelt mit dem Archimede zwar kein neues Rechenmodell, stellt aber mit seinem UFD den ersten Computer vor, der auch ohne lange Bedienungsanleitung auskommt. Immer mehr Modelle arbeiten mit einem zusätzlichen Sicherheitsstopp wie der Cobra von Suunto. Einen Meilenstein in der Weiterentwicklung stellte der 2002 erschienene Smart Pro von UWATEC

vor dem Tauchgang –, so hat er unter Wasser zunächst kein hydrostatisches Gleichgewicht, sondern einen leichten Abtrieb, der mit zunehmender Tiefe größer wird. Diesen Abtrieb versucht der Taucher zunächst durch nach oben gerichteten Flossenschlag und verstärkt einatemorientierte Atmung zu kompensieren. Er nimmt dabei eine Schräglage ein, die den Wasserwiderstand für die horizontale Vorwärtsbewegung verstärkt. Auch wenn der Taucher zum Ausgleich das Jacket mit Luft befüllt, nimmt er eine solche Schräglage ein, die eine erhöhte Anstrengung zur Folge hat. Zusammen mit der erhöhten Atemarbeit und mit dem mangelhaften Abatmen von Kohlendioxid aufgrund der einatemorientierten Ventilation führt diese erhöhte Anstrengung gerade bei untrainierten Tauchern schnell zu einem Essoufflement. Schon ein Kilogramm zu viel Blei führt zu einer unbemerkten einatemorientierten Atmung. Daher ist der Bleicheck so wichtig, bei dem der Taucher an der Wasseroberfläche im eingeatmeten Zustand und mit leerem Jacket noch bis zum Mund aus dem Wasser kommen sollte und bei vollständiger Ausatmung gerade eben unter die Wasseroberfläche absinken sollte.

Zu viel Blei sollte dann nicht erst beim nächsten Tauchgang, sondern sofort abgelegt werden, auch wenn dies manchmal mit Mühe verbunden ist. Auch in der Bleiabwurfmöglichkeit an der Wasseroberfläche weisen die Bleisysteme – ob Bleigurt oder in das Jacket integriertes Blei – unterschiedlichste Systeme auf, mit deren Handling der Taucher sich vor dem Tauchen unbedingt vertraut machen muss.

3 Tauchzwischenfälle

Unfälle an der Wasseroberfläche

Beim Tauchen stellt nicht nur der Aufenthalt unter Wasser, sondern wie auch beim Schwimmen schon allein der Aufenthalt im Wasser eine nicht zu unterschätzende Veränderung der normalen Rahmenbedingungen dar, da wir als Landlebewesen keinen festen Grund mehr unter den Füßen haben.

Schon ein Unwohlsein an der Wasseroberfläche kann schwerwiegende Folgen haben. Ursache für ein Unwohlsein an der Wasseroberfläche kann schon allein die ungewohnte Umgebung im Wasser sein. Häufig setzt ein Unwohlsein verbunden mit einem Brechreiz ein, wenn der Taucher empfindlich für die Seekrankheit ist oder gar schon an Bord des Tauchschiffes Symptome der Seekrankheit gehabt hat. Zwar hört in den meisten Fällen das Gefühl der Übelkeit auf, sobald ein Taucher abgetaucht ist. Falls sich jedoch ein Taucher bereits an Bord des Tauchschiffes übergeben musste und sich auch danach noch in einem Zustand schwerer Angeschlagenheit befindet, so ist dies eine gravierende Krankheit, die ein anschließendes Tauchen ausschließt, da sonst andere Tauchzwischenfälle unter Wasser wesentlich wahrscheinlicher eintreten (z. B. Tiefenrausch, Essoufflement), die unter Wasser noch schlimmere Folgen haben. Auch wenn es für den Betroffenen eine Qual ist, kann ein Taucher dann nicht ins Wasser und muss an Bord bleiben. An der Wasseroberfläche selbst kann die Seekrankheit auftreten oder sich verstärken, da der Taucher mit dem Wellengang bewegt wird und hierdurch der Gleichgewichtssinn weiter gestört wird. Dies kann bis zur absoluten Hilflosigkeit an der Wasseroberfläche führen.

In einem solchen Fall muss der Tauchpartner sofort eingreifen und als Erstes verhindern, dass der Betroffene absinken kann. Dies geschieht durch ein sofortiges Befüllen des Jackets des Betroffenen über den Inflator. Ist dies nicht möglich, so ist das Blei des Betroffenen an der Wasseroberfläche abzuwerfen. Im zweiten Schritt ist der Betroffene zurück zum Schiff oder ans Ufer zu transportieren und wieder an Bord oder an Land zu bringen.

Im Extremfall kann sich an der Wasseroberfläche eine Paniksituation einstellen, in welcher der Betroffene nicht mehr in der Lage ist, sich selbst zu retten. In solchen Situationen sind Taucher an der Wasseroberfläche ertrunken (siehe Seite 112 Ertrinken), obwohl ein Befüllen des Jackets oder ein Bleiabwurf eine einfache Rettungsmaßnahme gewesen wäre. Hierzu waren die Betroffenen nicht mehr in der

Lage, da in einem Panikzustand einfachste Handlungsabläufe nicht mehr rational abgerufen werden können. Nur der Tauchpartner kann hier durch einfache Handgriffe sofortige Hilfe leisten. Daher sind die Unfälle durch Ertrinken an der Wasseroberfläche auch in erster Linie verbunden mit einem Verstoß gegen das Verbot des Einzeltauchens. An diesen Fällen zeigt sich schon die Wichtigkeit der Regel »Tauche nie allein«.

Unfälle durch Panik an der Wasseroberfläche mit anschließendem Ertrinken können auch die Folge eines anderen Zwischenfalls sein, der vorher unter Wasser eingetreten ist. So hat es beispielsweise Notaufstiege von Tauchern gegeben, die unter Wasser in Luftnot oder in ein Essoufflement geraten sind oder einen Stimmritzenkrampf erlitten haben, mit ihrer letzten Kraft an die Wasseroberfläche gelangt sind, dort um Hilfe gerufen haben und dann wieder abgesackt und ertrunken sind, weil sie nicht mehr dazu in der Lage waren, ihr Jacket aufzublasen oder das Blei abzuwerfen.

Eine andere Ursache für Unfälle an der Wasseroberfläche ist das Essoufflement, welches bereits an der Wasseroberfläche auftreten kann. Ein Essoufflement kann immer dann entstehen, wenn ein großer Atemwiderstand mit einer hohen Anstrengung zusammenkommt. Dies ist beim Schnorcheln an der Wasseroberfläche mit Drucklufttauchgerät insbesondere bei ungeübten Tauchern aufgetreten. Beim Schnorcheln an der Wasseroberfläche atmet der Taucher gegen einen erhöhten Druck an, denn seine Lunge befindet sich etwa 20 cm unter der Wasseroberfläche. Der Umgebungsdruck beträgt dann 1,02 bar, während die Einatemluft mit einem Oberflächendruck von 1,0 bar geatmet wird. Daher muss ständig mit erhöhter Atemarbeit gegen einen Druckunterschied von 0,02 bar angeatmet werden. Wenn nun noch eine längere Schnorchelstrecke bei uneffektivem Flossenschlag oder das Anschwimmen gegen eine Strömung als Anstrengung hinzukommt, kann leicht ein Essoufflement eintreten. Besonders negativ wirkt sich ein erhöhter Wasserwiderstand beim Schnorcheln aus, der durch zu viel Blei ausgelöst wird. Eine zu hohe Bleimenge wird in der Regel durch ein vermehrtes Befüllen des Jackets ausgeglichen, sodass sich durch das gefüllte Jacket und durch die Schräglage im Wasser ein erhöhter Wasserwiderstand bei der Vorwärtsbewegung ergibt, welcher die Anstrengung noch verstärkt. Wird das Jacket nicht zum Ausgleich befüllt, muss der Taucher beim Schnorcheln ständig mit seinem Flossenschlag gegen den Abtrieb arbeiten, sodass kaum eine Bewegung in die Vorwärtsrichtung stattfinden kann. Der Erschöpfungszustand tritt dann noch schneller ein. Daher ist ein korrekter Bleicheck vor dem Tauchgang zur Unfallvermeidung unerlässlich. Durch den Bleicheck – verbunden mit entsprechender Korrektur der Bleimenge – wird erreicht, dass nur so viel Blei mitgeführt wird, dass der Taucher mit leerem Jacket im eingeatmeten Zustand an der Wasseroberfläche so weit aus dem Wasser kommt, dass er ohne Hilfsmittel atmen kann und dass er im ausgeatmeten Zustand gerade absinkt.

Zur Vermeidung eines solchen Essoufflements sollten nicht nur Anstrengung und Atemwiderstand vermieden werden. Eine gute Kondition und Flossentechnik durch regelmäßiges Training sind auch hier die beste Vorbeugung.

Falls ein Taucher von einem Essoufflement an der Wasseroberfläche betroffen ist und sich dies durch erschwertes Atmen bemerkbar macht, sollte sofort das Schwimmen eingestellt werden und das Jacket befüllt werden oder sonst das Blei abgeworfen werden. Hier ist auch die Partnerhilfe erforderlich, da der Betroffene oft selbst nicht mehr dazu in der Lage ist. Der Partner sollte dann den mit aufgeblasenem Jacket auf den Rücken gedrehten Taucher zurück zum Boot oder an Land transportieren und keinen Tauchgang durchführen.

Kritisch ist auch der Wellengang an der Wasseroberfläche beim Ein- und Ausstieg ins bzw. aus dem Wasser. Während der Einstieg ins Wasser auch bei Seegang durch einen Sprung oftmals noch einfach möglich ist, kann ein Ausstieg oft schon unmöglich sein. Daher muss bereits vor dem Einstieg überlegt werden, ob und wie man nach dem Tauchgang gefahrlos das Wasser wieder verlassen kann. Am Boot ist hier zu prüfen, ob die Bootsleiter noch vom Wasser her bestiegen werden kann. Beim Tauchen von Land ist die Brandung oft eine so große Gefahrenquelle, dass es Taucher schon nicht mehr geschafft haben, wieder an Land zu kommen, oder gerade eben noch mit erheblichen Verletzungen. Ist ein Taucher nicht dazu in der Lage, die Brandung oder den Seegang richtig einzuschätzen, und sind auch keine anderen erfahrenen Taucher oder Tauchausbilder dabei, so muss ein solcher Tauchgang unterlassen werden.

Wasser-Nase-Reflex

Im normalen irdischen Leben funktioniert die Nase wie ein Einatmungs- und Ausatmungsventil, vor allem bei der gewohnheitsmäßigen Ruheatmung. Im Wasser muss die Funktion des Einatmungsventils förmlich unterdrückt werden, denn die Einwirkung des Wassers auf die höher gelegenen Nasenschleimhäute löst reflektorisch eine Art Verteidigungsreaktion aus, wenn geatmet wird. Hierdurch können heftige Störungen bis hin zum Stimmritzenkrampf auftreten. Andererseits kann man den Kontakt des Wassers mit dem unteren Teil der Nasenschleimhaut mit Training durchaus erträglich machen. Hierzu ist es notwendig, die normalen Atemreflexe zu modifizieren, d. h., die beiden Atemphasen Einatmung/Ausatmung müssen entsprechend den Anforderungen beim Tauchen getrennt werden. Atmung ausschließlich durch den Mund! Kleine Ausatmungsstöße durch die Nase werden allerdings nötig, um den Umgebungsdruck in der Maske auszugleichen und die höher liegenden Nasenschleimhäute vor Wasserkontakt zu schützen. Durch Übung kann erreicht werden, die Nasenhöhlen durch Muskelblockade der Nasenscheidewand im mittleren Teil der Nase zu isolieren.

Hilfreich sind Trainingsübungen zum Wasser-Nase-Reflex:

- nach vorheriger Einatmung Eintauchen des Kopfes mit offenen Augen in ein mit Wasser gefülltes Waschbecken
- hierbei Versuch der leichten Einatmung durch die Nase
- Einatmung über den Schnorchel mit dem Mund, wobei das Gesicht ins Wasser getaucht ist und die Augen geöffnet sind
- im Schwimmbad schnorcheln mit hochgeschobener Maske und geöffneten Augen

Der Wasser-Nase-Reflex kann unter Wasser zur Blockade der Atmung führen, da bei Kontakt der Rezeptoren mit Wasser die Atemregulation die Atmung vollständig stoppt. Dies hat – falls der Wasser-Nase-Reflex dann nicht überwunden wird – zur Folge, dass der betroffene Taucher ange-

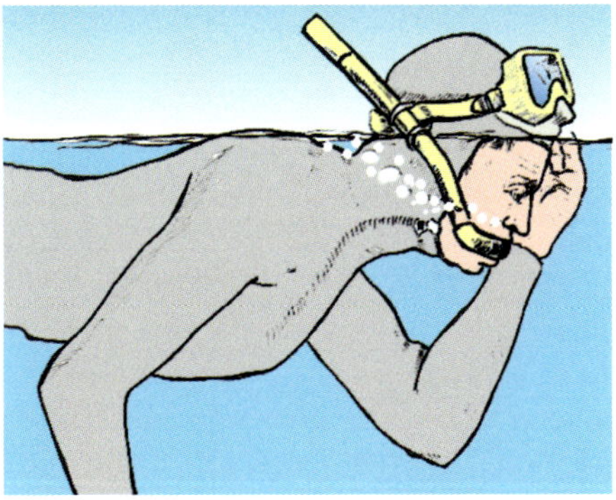

Abb. 56: Übung zum Wasser-Nase-Reflex

sichts akuter Atemnot einen Notaufstieg durchführt, der dann bis zum Lungenüberdruckunfall führen kann. Aus diesem Grund muss der Wasser-Nase-Reflex vor dem Tauchen mit unbekannten Partnern zwingend gecheckt werden. Falls ein Taucher nicht in der Lage ist, bei Kontakt des Gesichtes mit Wasser eine nicht nur stoßweise, sondern zügige Ausatmung durch die Nase vorzunehmen, stellt ein anschließender Tauchgang ein zu hohes Risiko dar und darf nicht durchgeführt werden. Ein positiver Wasser-Nase-Reflex ist also ein Ausschlusstatbestand!
Vielmehr ist durch Anleitung mit dem betroffenen Taucher zu üben, wie er auch bei Wasserkontakt im Gesicht die Ausatmung durch die Nase vornehmen kann und so die Gefahr eines positiven Wasser-Nase-Reflexes beherrschen kann.

Zur Einübung kann die Atmung auch in drei Phasen zerlegt werden:

1. Nase und Augen sind über der Wasserlinie, Einatmung durch den Atemregler, Ausatmung durch die Nase.
2. Augen sind über der Wasserlinie, Nase ist unter der Wasserlinie, Einatmung durch den Atemregler, Ausatmung durch die Nase.
3. Augen und Nase sind unter der Wasserlinie, Augen sind geöffnet, Einatmung durch den Atemregler, Ausatmung durch die Nase.

Sollten beim Üben auch dann noch Schwierigkeiten auftreten, kann in einem Zwischenschritt durch das Zuhalten der Nase mit den Fingern in der Phase der Einatmung erreicht werden, dass so eine Atmung ohne Wasser-Nase-Reflex ermöglicht wird. Dann kann später versucht werden, dies auch ohne das Zuhalten der Nase fortzusetzen.

Barotraumen

Die Barotraumen gehören zu den häufigsten Taucherkrankheiten. Nach der Unfallstatistik des Verbandes Deutscher Sporttaucher über die Jahre von 1974 bis 2004 waren die Barotraumen mit 25 % bei den Unfallzahlen vertreten. Hierbei waren die Fälle mit Lungenüberdruckunfall zwar häufig tödlich, aber nur sehr gering vertreten. Bei den Anfängern war das Maskenbarotrauma mit Abstand die häufigste Komplikation unter Wasser.

Definition

Barotraumen sind organ- und gewebetypische Schädigungen von luftgefüllten Hohlräumen des Körpers, die durch plötzliche Luftdruckschwankungen bedingt sind. Die Änderung des Umgebungsdrucks geschieht nicht nur beim Tauchen, sondern auch beim Fliegen und beim Bergsteigen.
In den starren Hohlräumen (z. B. Nasennebenhöhlen) reicht eine Druckdifferenz von 0,07 bar und mehr, um eine Verletzung der Schleimhäute mit Wassereinlagerung,

Geweberissen und Schmerzen entstehen zu lassen. Die Ursache ist eine Abnahme oder Steigerung des Luftdrucks durch Verminderung oder fehlende Belüftung, aber auch durch eine gesteigerte Belüftung, wie man es bei dem sogenannten forcierten Druckausgleich nach Valsalva sieht. Entsprechend dem gestörten Druckausgleich entstehen typische Unterdruck- und Überdruckbarotraumen:

Unterdruck
- Maskenbarotrauma
- Gehörgangbarotrauma

Unter- und Überdruck
- Mittelohrbarotrauma
- Lungenbarotrauma

Überdruck
- Zahnbarotrauma
- Darmbarotrauma

Das Innenohrbarotrauma ist kein eigentliches Barotrauma, da kein luftgefüllter Hohlraum betroffen ist.

Im Einzelnen sind folgende Barotraumen zu nennen:

Maskenbarotrauma

Das Maskenbarotrauma wird nicht durch einen Unterdruck in den luftgefüllten Hohlräumen innerhalb des Körpers verursacht, sondern durch einen Unterdruck außerhalb des Körpers. Ähnliche Wirkungen verursacht auch eine Faltenwirkung beim Trockentauchanzug, wenn kein Druckausgleich im Anzug erfolgt ist. In beiden Fällen wird der Unterdruck eine Sogwirkung auf das Gewebe erzeugen. Besonders bei der empfindlichen Gesichtshaut entstehen Haut- und Schleimhautschwellungen, Blutungen der Bindehäute der Augen und Schmerzen. Im Extremfall wurde bei einem Anfänger mit Heuschnupfen beobachtet, dass die entzündete Bindehaut so stark verletzt war, dass der Unterdruck in der Maske den ganzen Augapfel herausgezogen hat.
Die Lösung des Problems bzw. die Therapie ist der schnelle Druckausgleich in den Maskenraum. Das funktioniert so, indem man etwas Luft durch die Nase in den Maskenraum bläst. Das darf natürlich nicht vergessen werden.

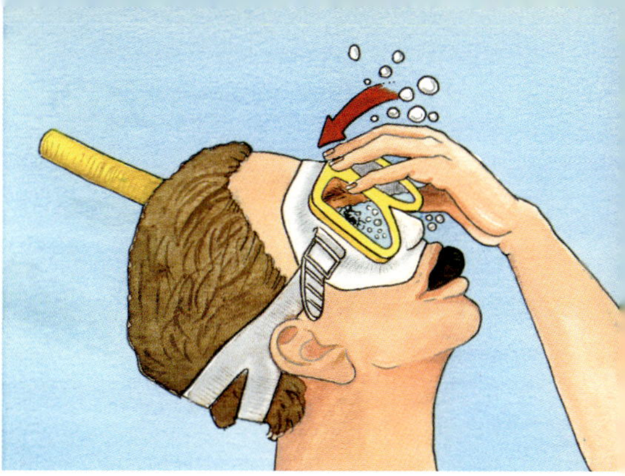

Abb. 57: Maske ausblasen

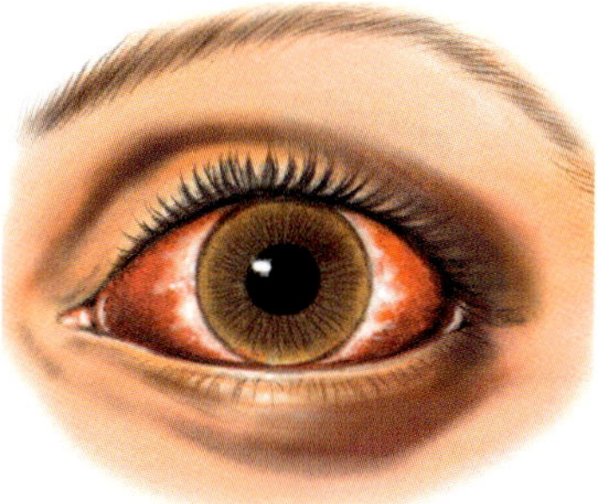

Abb. 58: Barotrauma des Auges

Barotrauma des Ohres

Die Druckdifferenz zwischen den luftgefüllten Körperhöhlen und der Umgebung zeigt sich ganz besonders beim Ohr. Die Ursache für einen gestörten Druckausgleich ist häufig die vergessene oder unzureichende Durchführung eines Druck-

ausgleichs. Das gilt besonders bei den Barotraumen der Maske und des Mittelohrs. Eine weitere Ursache sind Erkältungskrankheiten mit Schleimhautschwellungen, wonach der Druckausgleich nicht möglich ist.
Das Ohrbarotrauma imponiert in der Abstiegsphase als Unterdruckbarotrauma und in der Aufstiegsphase als Überdruckbarotrauma. Nicht der Druck an sich ist für die Entstehung maßgebend, sondern die Änderung des Umgebungsdruckes. Nach dem Boyle-Mariotte'schen Gesetz wissen wir, dass die Druckänderung in geringen Tiefen am größten ist. Deshalb ist die Gefahr eines Barotraumas im Flachbereich größer als in der Tiefe. Die größte Druckdifferenz liegt zwischen der Wasseroberfläche und einer Wassertiefe von 10 m, deshalb sollte man in geringeren Tiefen besonders häufig und sorgfältig den Druckausgleich machen.
Nach unserer Erfahrung hat sich gezeigt, dass die Anfänger weniger Probleme mit dem Druckausgleich haben, wenn sie schon an der Wasseroberfläche und vor dem Abstieg einen Pressversuch unternehmen.

Barotrauma des äußeren Ohres

Ein Barotrauma des Außenohres ist selten. Es entsteht ausnahmslos, wenn der äußere Gehörgang verlegt ist. Das geschieht durch eine enge und wasserundurchlässige Kopfhaube, einen harten Ohrenschmalzpfropf, eine verengende starke Entzündung des Gehörgangs und natürlich durch Ohrenstöpsel. In jedem Fall ist es ein Unterdruckbarotrauma.
Die Symptome sind Verletzungen des Gehörgangs, Blutaustritte und Schmerzen. Therapeutisch muss ein Trommelfellriss ausgeschlossen werden. Empfehlenswert sind sterile Watte, Antibiotika als Tropfen und evtl. in Kombination mit einem Pilzmittel (Antimykotikum). Es gilt ein Tauchverbot, denn mitunter sind starke Schmerzen vorhanden.

Gehörgangsentzündung

Nicht zu verwechseln mit dem Barotrauma des Außenohres ist eine häufige Erkrankung, die beim Tauchen in heimischen Gewässern nicht so häufig ist wie in tropischen Gewässern: die akute Gehörgangsentzündung.
Häufig ist die Ursache eine bakterielle Entzündung, mitunter auch nur eine »Erkältung« im Zuge einer allgemeinen Unterkühlung. Manchmal sind es auch Manipulationen mit einem Wattestab in der Absicht, das schützende und notwendige Ohrenschmalz zu entfernen. Durch diese Manipulation kann es zu Mikroverletzungen des äußeren Gehörgangs kommen, wodurch die Mikroorganismen (Krankheitserreger) Eintrittspforten finden und heftige Entzündungsreaktionen verursachen können. Andererseits kann sich aus der normalen Bakterienbesiedlung des äußeren Gehörgangs in tropischen Gewässern durch einen veränderten Nährboden (warmes, planktonhaltiges Salzwasser) ein explosives Wachstum mit ebenfalls heftigen Entzündungszeichen entwickeln.
Die Symptome sind Juckreiz, zum Teil heftige Schmerzen mit schmerzhafter Einschränkung der Kau- und Hörfähigkeit, oft auch schmerzhafte Einschränkung des Druckausgleichs.
Therapeutisch Anwendung von Ohrentropfen, die eine Kombination aus antibakteriellen, antimykotischen und entzün-

dungshemmenden Substanzen sowie Epithelschutzstoffe enthalten. Handelspräparate sind z. B. Otobacid Tr., Panotile Tr. oder Salvizole Tr. (alle rezeptpflichtig). Zusätzlich können mittels einer Einmalspritze ohne Kanüle vorsichtige Spülungen mit warmem Süßwasser durchgeführt werden. Das hat gute schmerzlindernde Wirkung. Es besteht Tauchverbot.

Prophylaktisch bitte keine Manipulationen mit Wattestäbchen! Zu empfehlen ist eine normale »Ohrhygiene« in Form von Süßwasserspülungen nach dem Tauchgang. Bei Aufenthalt in den Tropen haben sich Ohrentropfen nach folgendem Rezept, prophylaktisch nach jedem Tauchgang zu nehmen, bestens bewährt:

- Eisessig 2.5
- Aqua dest. 5.0
- Isopropylalc. ad 50.0
- Ohrentropfen äußerlich, 3 bis 5 Tropfen nach jedem Tauchgang in den Gehörgang einträufeln

Diese Tropfen enthalten weder Antibiotika noch Corticoide. Sie wirken rein prophylaktisch (antiseptisch) und sollen Gehörgangsentzündungen vermeiden.

Barotrauma des Mittelohres

Die innere Struktur des Mittelohres zeigt ein zartes Gerüst von Gehörknöchelchen, das vom Trommelfell bis zum ovalen Fenster reicht. Die Schallleitung reicht vom Trommelfell zum Hammer über den Amboss zum Steigbügel, der mit der Membra-

Abb. 59 und 60: Barotrauma des Mittelohrs ohne und mit Trommelfellriss

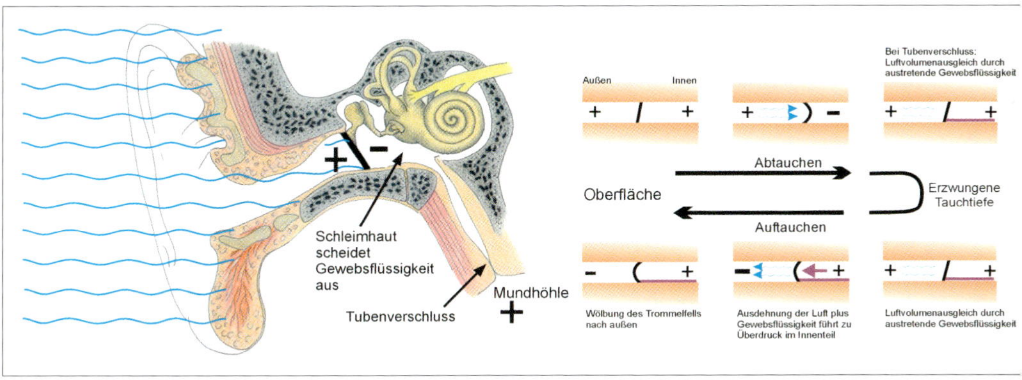

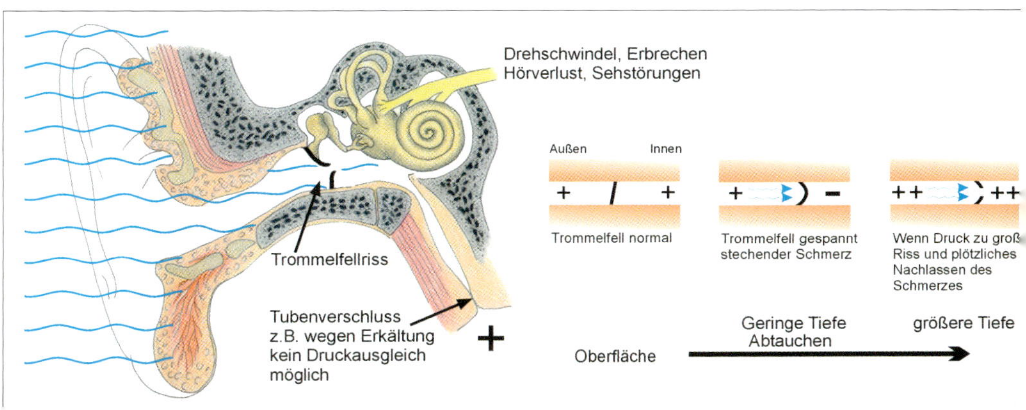

ne des ovalen Fensters fest verbunden ist. Das Mittelohr steht über die Eustachische Röhre mit dem Rachenraum in Verbindung. Beim Schlucken oder beim Gähnen öffnet sie sich automatisch, um den Druckausgleich zwischen der Paukenhöhle und der Außenluft zu bewirken.
Neben dem automatischen Druckausgleich gibt es einen willkürlichen Druckausgleich, indem der Taucher durch seine aktive Mitarbeit den Druckausgleich im Mittelohr erzielt. Die Methoden zum Druckausgleich sind unterschiedlich. Die einen schaffen ihn durch einfaches Schlucken, wodurch die Tuben geöffnet werden, die anderen müssen unter Zuhalten der Nase heftig Luft durch die Tuben ins Mittelohr pressen (Valsalva-Versuch). Die Luft des Nasen-Rachen-Raumes, welche wie die Luft in den Lungen beim Tauchen unter höherem Druck steht, gelangt so in die Paukenhöhle. Im Idealfall sind der Außendruck des Wassers und der Druck in der Paukenhöhle gleich.
Mit zunehmender Tiefe wird der Unterdruck im Mittelohr größer bzw. der Überdruck im Rachenraum, wenn es nicht bald zum Druckausgleich kommt. Übersteigt diese Druckdifferenz ein bestimmtes Maß, so werden die Tubenlippen durch den Überdruck des Rachenraumes zusammengepresst. Nur durch starkes Luftpressen ist jetzt noch ein Druckausgleich möglich. Steigt der Überdruck von außen jedoch weiter an, ohne dass der Druckausgleich gelingt, kann es in der Paukenhöhle durch den relativen Unterdruck zu einer Gewebeschädigung mit Schleimhautschwellung und in schweren Fällen zum Austritt von Gewebeflüssigkeit und Blut kommen. Jetzt ist der Zeitpunkt erreicht, dass sich die Tube nicht mehr aufsprengen lässt.
Das fehlende Luftvolumen in der Paukenhöhle wird durch die austretende Gewebeflüssigkeit ausgeglichen. Beim Auftauchen dehnt sich die Luft in der Paukenhöhle aus. Da aber durch die Flüssigkeitsansammlung kein ausreichender Platz vorhanden ist, wölbt sich das Trommelfell nach außen.
Der Druckausgleich gelingt ebenso wenig, wenn die Eustachische Röhre durch Schleimhautschwellung verschlossen ist. Das kann bei Erkältungskrankheiten und Entzündungen der oberen Luftwege geschehen. Dann kann es zu einem relativen Unterdruck in der Paukenhöhle kommen, was sich auf das Trommelfell und auf die Schleimhaut negativ auswirkt. Durch die Sogwirkung wird das Trommelfell nach innen gewölbt, die Folge kann eine Herabsetzung des Hörvermögens sein. Der Taucher empfindet dabei einen stechenden Schmerz. Steigt die Überbelastung des Trommelfells über ein bestimmtes Maß an (0,4 – 0,7 bar), kann es zum Trommelfellriss kommen. Die Schmerzen im Ohr lassen dann plötzlich nach. Das mehr oder minder stark gerötete Trommelfell weist – meistens im unteren hinteren Quadranten – eine oft nur schwer sichtbare, stecknadelkopfgroße Durchlöcherung (Perforation) auf. Größere Einrisse sind selten, weil im Augenblick der beginnenden Perforation bereits eine Druckangleichung stattfindet und die schädigende Druckdifferenz schlagartig wegfällt.
Die Symptome sind sehr vielfältig. Sie variieren von einem dumpfen Druck auf dem entsprechenden Ohr bis zu einem stechenden Schmerz. Bei Trommelfellperforation oder -riss kann der Schmerz plötzlich nachlassen. Das bedeutet natürlich nicht, dass das Problem nun erledigt ist. Minderung der Hörfähigkeit, Blutung aus dem Gehörgang und spätere Infektion (Mittelohrentzündung) können als Komplikation auftreten. Drehschwindel, Übelkeit, Erbre-

chen und Orientierungsverlust sprechen für eine zusätzliche Schädigung des Innenohrs.
Die harmloseste Schädigung ist die Überdehnung des Trommelfells. Therapeutisch ist hierbei außer einem Tauchverbot keine eigentliche Therapie erforderlich.
Die Perforation erfordert HNO-ärztliche Maßnahmen, obgleich eine große spontane Heilungstendenz vorhanden ist. Schmerzlindernde Medikamente können verabreicht werden.
Die wichtigste Vorsichtsmaßnahme, einen Trommelfellriss zu vermeiden, ist der Abbruch des Tauchganges bei Nichtgelingen des Druckausgleichs. Rechtzeitiger Beginn des Druckausgleichs, am besten schon an der Wasseroberfläche, verhindert häufig den Beginn der Beschwerden.

Barotrauma des Innenohres

Das Innenohrbarotrauma muss von dem Dekompressionsunfall II des Innenohrs differenziert werden. Die DCS II ist in den letzten Jahren häufig beschrieben worden. Die Tabelle Nr. 6 zeigt beide Unfallereignisse und ihre Differenzialdiagnose.
Das Innenohr ist kein luftgefüllter Hohlraum, sodass die Definition eines typischen Barotraumas nicht vorliegt. Eine druckbedingte Schädigung ist jedoch trotzdem möglich, wenn beim erzwungenen Druckausgleich die entstehende Druckwelle über den Steigbügel (Gehörknöchelchen) auf das ovale Fenster des Innenohrs trifft und dieses mechanisch irritiert. Die Druckwelle setzt sich weiter im Kanalsystem des Innenohrs fort und trifft schließlich auf das runde Fenster, das zum Mittelohr hin vorgewölbt wird. Durch diese Druckwelle können die feinen Strukturen des Hör- und Gleichgewichtsorgans geschädigt werden.
Eine weitere Druckschädigung des Innenohrs kommt dadurch zustande, dass beim erzwungenen Druckausgleich eine Drucksteigerung im venösen Blutsystem und damit auch im Liquorsystem (Hirnwasser, in das die Strukturen des ZNS eingebettet

	Barotrauma Innenohr	DCS II des Innenohrs
Ursachen	Erzwungener Druckausgleich mit mechanischer Schädigung des Mittel- und Innenohrs	Stickstoff-Embolie
Pathogenese	Mechanische Schädigung	Arterielle Embolien in der arteriellen Blutversorgung des Innenohrs
Symptome	Schmerzen, Schwindel, Orientierungsverlust akuter Beginn	Schmerzen, Schwindel Orientierungsverlust Oft verzögerter Beginn
Therapie	Abbruch des Tauchgangs Schmerzmittel Durchblutungsförderung evtl. Bettruhe HBO hilft nicht!	Hyperbare Sauerstoffbehandlung (HBO) ist Mittel der Wahl!

Tab. 6: Barotraumen des Innenohres

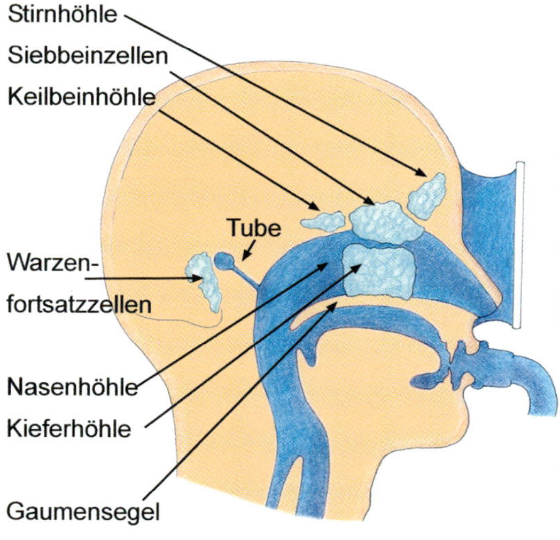

Abb. 61: Lage der Nasennebenhöhlen

sind) hervorgerufen wird, die sich auf die Peri- und Endolymphe des Innenohrs überträgt.

Die Druckschädigung im Innenohr kann so stark sein, dass es zu einem Riss des runden Fensters mit hartnäckiger Fistelbildung kommen kann.

Die Symptome sind Schwindel, Übelkeit, Brechreiz und Erbrechen. Abnorme Ohrgeräusche (Tinnitus) können als Dauerschaden bleiben. Minderung der Hörfähigkeit und Orientierungsverlust als Zeichen einer Schädigung des achten Hirnnervs.

Bei jeder Art von Schwindel muss der Tauchgang sofort abgebrochen werden. In der akuten Phase ist Bettruhe sinnvoll, medikamentös verabreichte durchblutungsfördernde Medikamente sind in der Wirkung nicht überzeugend. Ein HNO-Arzt sollte befragt werden.

Prophylaxe: Den Druckausgleich darf man nicht erzwingen, Funktionsstörungen der Eustachischen Röhre und des Innenohrs können die Folge sein.

Abb. 62: Barotrauma der Nasennebenhöhlen

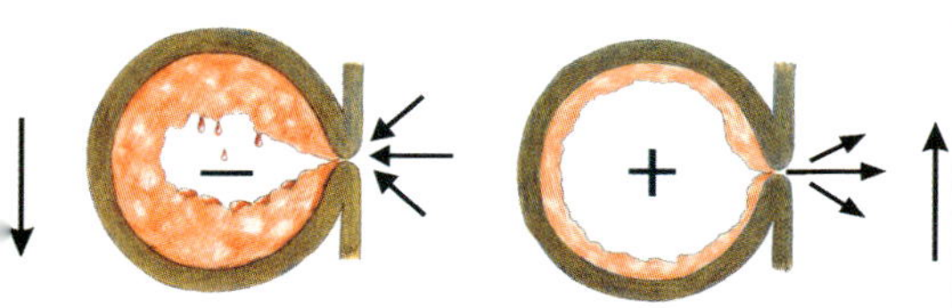

Barotrauma der Nasennebenhöhlen beim Abstieg

Nasennebenhöhlen beim Aufstieg mit Flüssigkeitsaustritt.

Barotrauma der Nasennebenhöhlen

Die Barotraumen der Nasennebenhöhlen gehören zu den häufigsten Tauchunfällen bzw. Taucherkrankheiten. Entsprechend den anatomischen Gegebenheiten (s. a. S. 38) sind es starre Hohlräume, die mit Luft gefüllt sind und über kleine Kanälchen mit der Nasenhöhle in Verbindung stehen. Im Einzelnen sind es die Stirnhöhle (*Sinus frontalis*), die Oberkieferhöhlen (*Sinus maxillaris*), die Siebbeinzellen (*Cellulae ethmoidales*) und die Keilbeinhöhlen (*Sinus sphenoidalis*).

Die Nasennebenhöhlen sind allseits von einer gut durchbluteten Schleimhaut ausgekleidet (Flimmerepithel). Ursachen für einen gestörten Druckausgleich sind entzündliche Prozesse und Erkältungskrankheiten. Hierdurch schwillt die Schleimhaut an, und es kommt zu einer Verlegung der Eingänge zu den Nebenhöhlen. Eine ausreichende Belüftung ist unter diesen Umständen nicht mehr möglich. Beim Ab- und Auftauchen kommt es zu erheblichen Druckdifferenzen zwischen Nasen-Rachen-Raum und den Nebenhöhlen. So entsteht beim Abtauchen durch vollständige oder teilweise Verschlüsse der Nebenhöhlenausgänge ein relativer Unterdruck in der betreffenden Nebenhöhle. Der Taucher fühlt einen stechenden Schmerz. Die Schleimhaut der Nebenhöhlen schwillt schon bei Tauchtiefen ab 3,5 bis 5 m an, dann tritt Blutflüssigkeit aus den Gefäßen aus. Umgekehrt kann sich bei Verlegung der Ausführungsgänge beim Aufstieg innerhalb dieser Höhlen sofort ein Überdruck entwickeln, der zu heftigen und anhaltenden Oberkiefer- und Zahnschmerzen führen kann. Man spricht auch von einem retrograden Druckausgleich (Überdruckbarotrauma).

Im Vordergrund der Symptome steht der Schmerz, dessen Lokalisation sich nach der jeweils betroffenen Nebenhöhle richtet: bei Befall der Kieferhöhle meist einseitiger Schmerz im Oberkieferbereich und unter den Augen, der auch als Zahnschmerz auftreten kann. Bei Befall der Stirnhöhle sind Schmerz in der Stirn und bei Befall der Siebbeinzellen Schmerzen in der Nasenwurzel im Vordergrund. Nach Verlassen der Tauchtiefe lässt der Schmerz in der Regel rasch nach.

Tritt der Kopfschmerz erst nach dem Tauchgang auf, so ist dieses meist die Folge eines Überdruckbarotraumas in den Nasennebenhöhlen.

Therapeutisch gilt es, die Ursachen, d. h. die krankmachende Drucksteigerung zu beseitigen.

Wenn HNO-ärztlicherseits die Ursache für die Beschwerden festgestellt ist, gilt grundsätzlich Tauchverbot bis zur Ausheilung. Die Therapie kann medikamentös mit Antibiotika und schleimhautabschwellenden Maßnahmen erfolgen, bei schweren chronisch entzündlichen Prozessen, Polypenbildung und Verlegung der Nasenscheidewand kommt auch chirurgisches Eingreifen infrage.

Als kurzfristige Therapie bei leichteren Infekten im Nasenbereich hat sich eine Nasensalbe nach folgender Zusammensetzung bewährt (enthält kein Ephedrin!):

- Sol. hydrocort. 0,25 % 5.0
- Paraff. liqu.
- Eucerin. liqu. anhydr. aa ad 30.0
- Ol. citrici gtt. 3

Prophylaktisch soll das Gerätetauchen bei Erkältungskrankheiten unterbleiben. Sind grippale Infekte als Ursache des Barotraumas ausgeschlossen, so muss der HNO-Arzt andere organische Ursachen wie Polypen, Verbiegung der Nasenscheidewand, chronische Sinusitis (Nebenhöhlenentzündungen) oder auch Tumore durch entsprechende Untersuchungen ausschließen.

Abschwellende Nasentropfen (Ephedrin!) sollen prophylaktisch nicht verwendet werden, da die Dauer ihrer Wirkung individuell sehr unterschiedlich ist. Unter Wirkung der Tropfen ist die Phase des Abstiegs ohne Probleme; bei nachlassender Wirkung tritt jedoch die Schleimhautschwellung wieder auf, und die Kanäle verschließen sich. Durch die sich beim Aufstieg ausdehnende Luft kommt es dann zu einem sehr schmerzhaften und oft über Stunden anhaltenden Überdruckbarotrauma der Nasennebenhöhlen. Dieses Phänomen kann ebenso im Mittelohr auftreten, wenn sich die Eustachische Röhre während des Tauchgangs verschließt.

Barotrauma der Lungen

Die Lunge hat begrenzte Kompensationsmöglichkeiten gegenüber dem veränderten Umgebungsdruck: Durch die Beweglichkeit der Rippengelenke, den Bau des knöchernen Brustkorbs, die Elastizität des Zwerchfells und des Lungengewebes selbst, ferner durch das Aufnahmevermögen der Lungenblutgefäße und die Dehnungsfähigkeit des rechten Herzens kann der veränderte Umgebungsdruck während der Ab- und Aufstiegsphase beim Tauchen individuell in gewissen Grenzen kompensiert werden. Trotzdem kommt es häufig zu ernsthaften Zwischenfällen. Aus den Tauchunfallstatistiken großer Tauchsportverbände und Versicherungsgesellschaften wissen wir, dass die entzündlichen Lungen- und Bronchialerkrankungen – ob akut oder chronisch – oft durch Sekretstau oder verminderte Druckbelastbarkeit der kleinen Lungenbläschen zu dem gefürchteten Lungenüberdruckunfall führen können, der sehr häufig durch eine arterielle Gasembolie im Zentralnervensystem tödlich verläuft. Ca. 25 % aller tödlichen Tauchunfälle sind auf einen zentralen Lungenriss zurück zu führen.

Überdruckbarotrauma der Lungen

Der Lungenüberdruckunfall ist immer die Folge einer Verletzung oder Überdehnung der Lungenbläschen bzw. des Lungenfells (*Pleura visceralis*). Je nach Verletzungsort kann es zu drei verschiedenen Krankheitsbildern kommen (Abb. 67):

- zentraler Lungenriss mit der Gefahr einer arteriellen Gasembolie (AGE)
- randständiger Lungenriss mit Anschluss zum Pleuraspalt. Der dort vorhandene Unterdruck gleicht sich aus, und die Lunge kollabiert infolge ihrer elastischen Fasern (Lungenkollaps, Pneumothorax)
- randständiger Lungenriss mit Anschluss an den Mittelfellraum (Mediastinum)

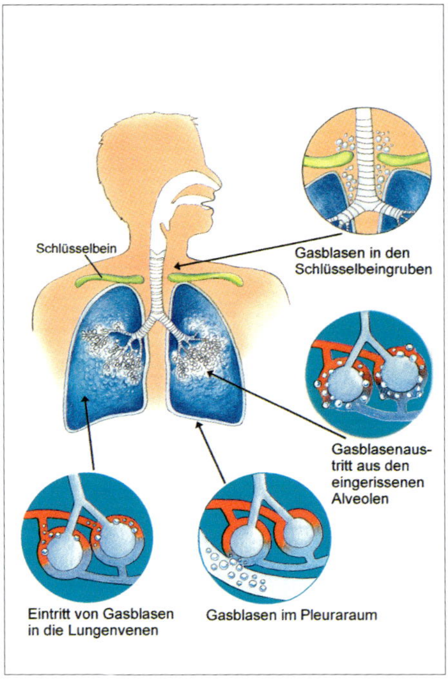

Abb. 63: Lungenbarotrauma

Abb. 64: Systematik des Lungenüberdruckunfalls

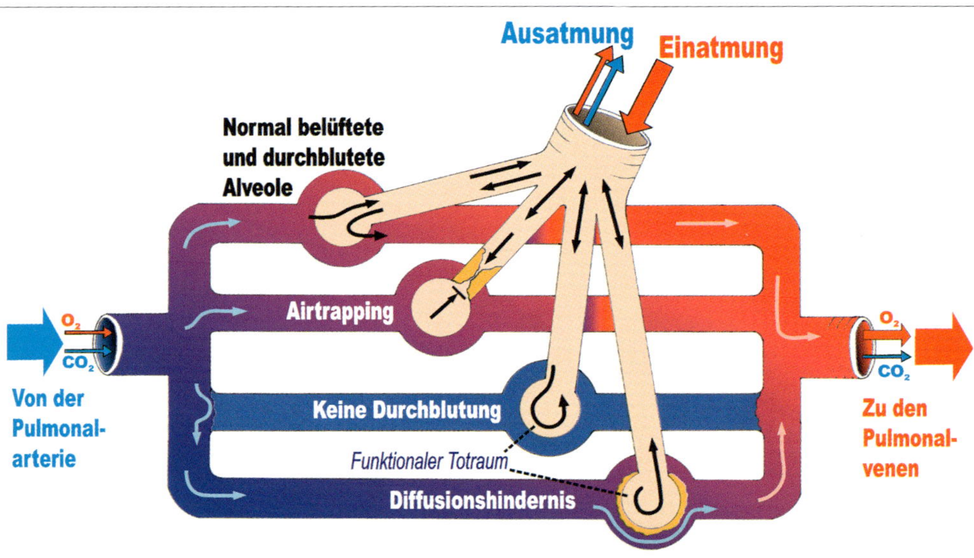

Der zentrale Lungenriss ist meistens ein dramatisches Ereignis mit Todesfolge, weil es zu einem massiven Eindringen der Atmungsluft in den arteriellen Blutkreislauf kommt. Hierdurch sind die Hirnembolie und Embolien in andere lebenswichtige Organe programmiert.

Ursächlich sind Faktoren der Tauchpraxis wie Nichtbeherrschen des Wasser-Nase-Reflexes, Stimmritzenkrampf, Notaufstieg, Überschreitung der Aufstiegsgeschwindigkeit, Nichteinhalten der Dekompressionsvorschriften und organische Faktoren sowie Erkältungskrankheiten mit viel Schleimproduktion, chronische Bronchitis, Asthma, nicht entzündliche Veränderungen des Lungengewebes, narbige Veränderungen und Emphysemblasen.

Es kommt bei einem Lungenriss weniger auf die Verletzung des Lungengewebes an als vielmehr auf die gefährlichen Folgen einer Luftembolie im Zentralnervensystem (arterielle Gasembolie, AGE), Pneumothorax und Mediastinalemphysem. Eine besondere Form der Lungengewebsschädigung ist das Air trapping (»Luftfalle«), bei der beim Aufstieg die ausbreitende Luft nicht abströmen kann.

Es ist der Zustand einer regionalen Lungenüberblähung. In einem kleinen Lungenbezirk wird die Atmungsluft »eingefangen«. Das Phänomen ist durch eine während der Isopressionsphase des Tauchgangs entstandene Bronchusverengung durch Verklebung bei übermäßiger Schleimproduktion bedingt. In der Auftauchphase kommt es dann zu einer Überblähung dieses Bezirks mit Lungenriss (Abb. 65). Offenbar kann die ganze Lunge bei intaktem Brustkorbskelett und intaktem Zwerchfell nicht überdehnt werden, sondern es handelt sich um Bezirke unterschiedlicher Strömungswiderstände und unterschiedlich geblähter Regionen, die die anderen Lungenbezirke komprimieren und deren Zugang verlegen.

Abb. 65: Lungenriss durch Air trapping

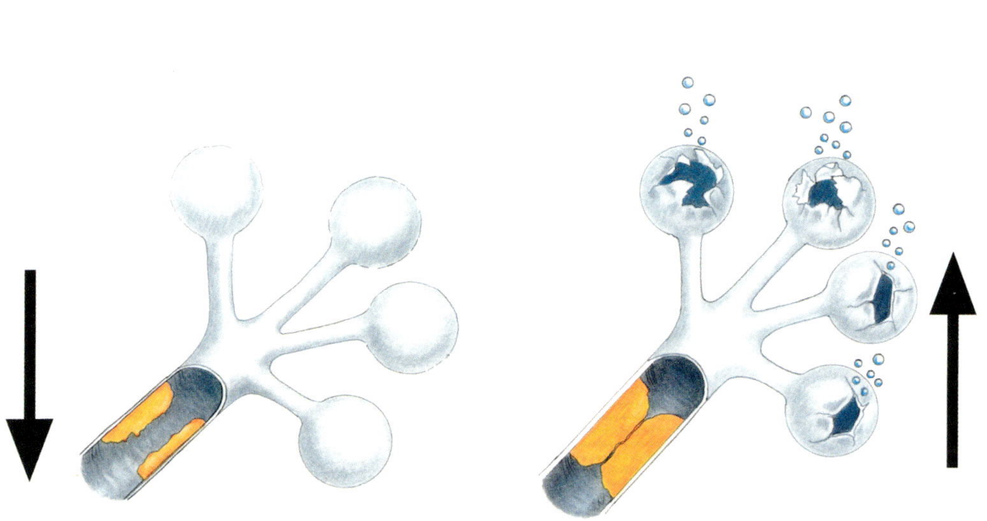

A: Lungenläppchen mit Schleim in den Atemwegen beim Abstieg und während der Isopression.

B: Verschließender Schleimpfropf mit platzenden Alveolen beim Aufstieg und Übertritt von Atemluftblasen in das Gefäßsystem.

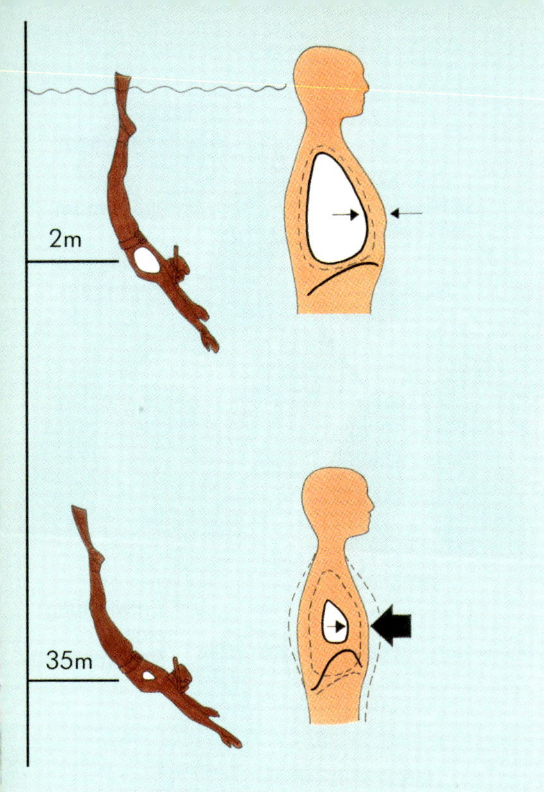

Abb. 69: Barotrauma der Lunge beim Tieftauchen in Apnoe

Als ersthelferische Maßnahme ist die Schocklagerung und, wenn möglich, Beatmung mit reinem Sauerstoff empfohlen. Der Sauerstoff kann über eine einfache Atemmaske der Atmungsluft beigemischt werden. Sind Herztätigkeit und Spontanatmung nicht festzustellen, muss man nach den Regeln der Herz-Lungen-Wiederbelebung verfahren. Alsdann sollte ein schnellstmöglicher Transport zur nächsten Druckkammer erfolgen, wo die hyperbare Sauerstofftherapie eingeleitet wird.

Prophylaktisch sollte grundsätzlich nicht getaucht werden, wenn ein Schwellungszustand der Bronchialschleimhaut vorhanden ist; denn unter diesen Umständen ist die Gefahr des Airtrapping besonders groß. Diese Gefahr besteht bei jeder akuten Erkältung mit Husten, aber auch bei der chronischen Bronchitis mit Asthmacharakter. Starke Raucher sind ebenfalls gefährdet, da bei ihnen oft ein chronischer Raucherkatarrh mit häufigem Husten vorliegt. Im praktischen Tauchbetrieb muss beachtet werden, dass die Gefahr eines Lungenrisses beim Aufstieg kurz unter der Oberfläche am größten ist. Aus dieser Überlegung wird schon seit vielen Jahren bei jedem Tauchgang ein Sicherheitsstopp in 3 bis 5 m Tiefe für eine Minute durchgeführt, auch wenn es kein Dekompressionstauchgang war!

Unterdruckbarotrauma der Lungen

Die Tauchtiefe in Apnoe ist nicht unbegrenzt. Die individuelle Grenze der Anpassungsfähigkeit ist dann erreicht, wenn die Lungen durch den wachsenden Umgebungsdruck auf das Residualvolumen (Restvolumen) von 1,5 l komprimiert sind. Der Umgebungsdruck beträgt dann 4 bar, entsprechend einer Wassertiefe von 30 m. Steigt der Umgebungsdruck weiter an, so entwickelt sich ein Lungenunterdruckbarotrauma mit folgenden Erscheinungen:

- Lungenödem (Austritt von Flüssigkeit aus dem Lungengefäßsystem in die Alveolen mit erheblicher Einschränkung des Gasaustausches)
- maximale Füllung des Lungenkreislaufes (pulmonale Hypertonie) mit Rückstau zum rechten Herzen
- Minderdurchblutung im großen Kreislaufs

Durch Tieftauchversuche in Apnoe ist es erwiesen, dass die Kompensationsfähigkeit der Lunge trainierbar ist. Inzwischen sind Tauchtiefen von weit über 100 m bekannt geworden. Es ist jedoch erwiesen, dass diese Versuche nur mit erheblichem Risiko durchgeführt wurden; es sind Todesfälle durch Lungenödem vorgekom-

men. In der Praxis des Apnoetauchens kommt es selten zum Barotrauma der Lungen, da Luftnot und Beklemmung den Taucher schon vor Erreichen der Gefahrenzone zum Aufstieg zwingen.
Ähnliche Zusammenhänge liegen beim Tauchen mit Drucklufttauchgerät vor, wenn der Einatemwiderstand des Lungenautomaten durch einen Defekt zu hoch ist. Dann entsteht mit zunehmender Tauchtiefe ebenfalls ein relativer Unterdruck in den Lungen mit der Möglichkeit einer Gewebeschädigung.
Auch durch den Gebrauch von überlangen Schnorcheln kann in den Lungen ein relativer Unterdruck entstehen. In 3 m Wassertiefe lastet ein Druck von 1,3 bar auf dem knöchernen Brustkorb entgegen dem atmosphärischen Druck von 1 bar, der über den Schnorchel auf den Lungen lastet. Es entsteht also ein relativer Unterdruck von 0,3 bar in den Lungen, der schädigende Folgen hat. Unabhängig davon kommt es durch den überlangen Schnorchel zu einer Totraumvergrößerung mit Ermüdung der Atemmuskulatur.
Aus der Helmtaucherei der Berufstaucher sind folgende Begriffe bekannt: Der Tauchersturz ist ein rasches Absinken des Helmtauchers, bei dem das erforderliche Luftvolumen nicht schnell genug nachgeliefert werden kann. Es kommt dann zum äußeren und inneren »Blaukommen«. Beim äußeren Blaukommen entstehen Blutaustritte im Kopf-, Hals- und Schulterbereich, jedoch nur innerhalb des starren Helmes. Das äußere Blaukommen lässt sich am besten mit einer Schröpfkopfwirkung vergleichen, es ist kein Barotrauma der Lunge. Beim inneren Blaukommen wirkt sich der relative Unterdruck in der Lunge wie ein Sog aus, der das Blut aus den großen Venen des Brustkorbs im Lungenkreislauf und im rechten Herzen ansaugt. Dadurch steht dem linken Herzen weniger Blut zur Verfügung, und es kommt zu einer Minderdurchblutung des Gehirns mit Kollaps und Bewusstlosigkeit. Wegen des zunehmenden Wasserdrucks können auch Frakturen der Rippen und Schlüsselbeine auftreten. Diese Verletzungen sind meist tödlich.

Barotrauma der Verdauungsorgane

Magen und Darm sind zwar keine starren Hohlräume, dennoch können durch sich ausdehnende Gase hartnäckige Beschwerden entstehen. Sowohl im Magen wie auch in den verschiedenen Darmabschnitten ist ständig eine gewisse Luftmenge vorhanden. Während die Magenblase aus verschluckter Luft besteht, sind die Luftansammlungen im Dünn- und Dickdarm Folge von Verdauungsprozessen mit Produktion von Schwefelwasserstoff (H_2S). Nach dem Genuss von stark blähenden Speisen wie Hülsenfrüchten und Kohlsorten entstehen diese Blähungen vermehrt. Die während des Tauchgangs entstandene Luft unterliegt natürlich auch dem Boyle-Mariotte'schen Gesetz, das heißt, die Luft dehnt sich beim Aufstieg aus.
Während des Aufstiegs treten stechende oder kolikartige Schmerzen im Bauch auf. Wenn die Magenblase beim Aufstieg nicht in die unteren Darmabschnitte oder auf natürlichem Wege nach oben entweichen kann, liegt der Schmerz im Oberbauch unter dem Brustbein.
Therapeutisch kann man bei Beschwerden versuchen, tiefer zu tauchen und dann betont langsam wieder aufzutauchen. Medikamente können bekanntlich unter Wasser schlecht eingenommen werden.
Wichtiger als Medikamente ist die Prophylaxe. Wegen der Entstehung von Blähun-

gen sollten blähende Speisen vor dem Tauchgang vermieden werden. Dieser Ratschlag dient nicht nur zur Verhinderung eines Barotraumas. Es ist bekannt, dass opulente Mahlzeiten beim Schwimm- und Tauchsport zu einer starken Behinderung der Zwerchfelltätigkeit mit Unwohlsein führen.

Barotrauma des Zahns

Ein gesunder Zahn hat keine luftgefüllten Hohlräume, sodass kein Barotrauma entstehen kann. Bei kranken oder schlecht behandelten Zähnen kann ein Unter- oder Überdruckbarotrauma entstehen. Wenn nach einer nicht korrekten Zahnbehandlung ein Hohlraum unter der Füllung belassen wurde, kann es während des Abstiegs zu einer Implosion des Zahnes kommen (Unterdruckbarotrauma). Andererseits kann bei defekten Zähnen durch Haarrisse oder Verbindungskanälchen die Luft in schwer belüftbare kleine Hohlräume eindringen. Wenn die Luft während des Aufstiegs hier nicht wieder entweichen kann, sind Zahnsprengungen möglich (Überdruckbarotrauma).
Beide Formen des Barotraumas verursachen heftigste Zahnschmerzen.
Während sich das Unterdruckbarotrauma nach Verlassen der Tiefe schnell bessert, kann die Beeinflussung des Überdruckbarotraumas viel hartnäckiger sein. Man kann erneut tiefer tauchen und versuchen, dann extrem langsam aufzutauchen. Nach dem Tauchgang kann man schmerzlindernde Medikamente einnehmen. Dringend ist zahnärztliche Behandlung angeraten.

Barotrauma der Haut

Das Barotrauma der Haut entsteht durch schlecht sitzende, zu weite Tauchanzüge. Durch Falten entstehen luftgefüllte Hohlräume, die beim Abstieg ein Unterdruckbarotrauma der Haut hervorrufen können. Der Sog, der auf die Haut wirkt, verursacht gelegentlich kneifende Schmerzen und Blutaustritte in das Unterhautzellgewebe mit blauroten, streifenförmigen Verfärbungen. Die Hämatome lassen sich durch Heparinsalben günstig beeinflussen. Besser ist es, prophylaktisch bei Nasstauchanzügen auf gute Passform zu achten. Bei Trockentauchanzügen soll ein weicher Unterziehanzug getragen werden, ferner kann der relative Unterdruck durch Druckausgleich in den Anzug ausgeglichen werden.

Dekompressionskrankheit

Vom Ende des Tauchganges bis zum Beginn der ersten Symptome der Dekompressionskrankheit vergeht in der Regel eine gewisse Zeit. Im Vergleich von verschiedenen Statistiken kommt es in über 60 % der Fälle innerhalb einer halben Stunde zum Auftreten der ersten Symptome. Nur noch 10 % der Symptome treten zwischen einer halben und einer Stunde nach dem Tauchgang auf, lediglich 5 % zwischen 12 und 24 Stunden danach.
Eine gewisse Müdigkeit nach dem Tauchgang ist normal und kennzeichnet das Ende einer Stressphase, nämlich den Aufenthalt unter erhöhtem Druck. Sollte diese Müdigkeit sehr stark ausgeprägt sein oder sich verstärken, kann dies jedoch auch auf eine beginnende Dekompressionserkrankung hinweisen. Die weiteren Symptome der Dekompressionserkrankung können in den unterschiedlichsten Formen und Tabellen beschrieben werden. Wir haben uns hier an die alte Aufteilung in Typ I und II gehalten, da sie nach unse-

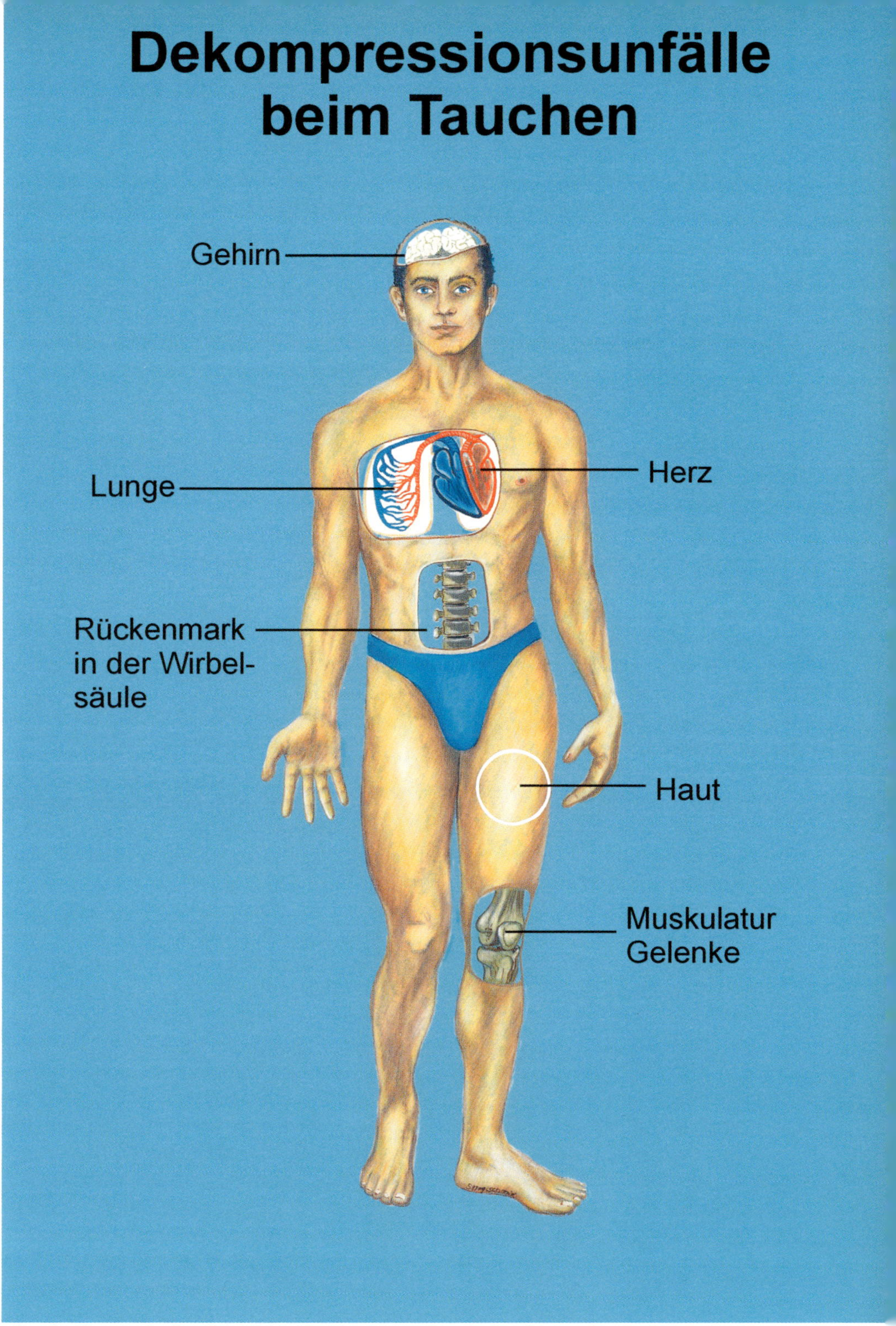

Abb. 70: Am häufigsten von Dekompressionsunfällen betroffene Organe.

rer Auffassung für die Praxis und den Ersthelfer am einfachsten nachzuvollziehen ist.

Typ I

Der Typ I der Dekompressionskrankheit weist als Symptom nur Schmerzen auf. Sie können sich zwar innerhalb einiger Tage ohne Druckkammerbehandlung vollständig zurückbilden, sind jedoch häufig mit dem Typ II verbunden. So können »harmlosen Taucherflöhen« innerhalb weniger Minuten bis Stunden schwere Symptome des Typs II folgen. Entstehen Symptome des Typs I schon während des Tauchgangs, so werden sie zu den Typ-II-Symptomen gerechnet, da davon ausgegangen werden muss, dass sich ein schwerer Dekounfall anbahnt. Die Symptome des Typs I sind Schmerzen in Gelenken (Bends) sowie Armen und Beinen, Hautrötungen und Juckreiz (Taucherflöhe) sowie umschriebene Schwellungen, hervorgerufen durch Gasblasen in den Lymphbahnen. Bends beginnen häufig mit einem tauben Gefühl in den betroffenen Gelenken und Muskeln. Innerhalb einer Stunde kommt es dann zu dumpfen, pochenden Schmerzen, welche in benachbarte Gebiete ausstrahlen können. Die Taucherflöhe gehören zu den bekanntesten Hauterscheinungen. Die häufig mit Rötung einhergehenden Hauterscheinungen machen sich an Ohren und Nase sowie an Handgelenken und Unterarmen bemerkbar. Taucherflöhe, die bei einem Druckkammertauchgang entstehen, sind meist keine eigentlichen Taucherflöhe, sondern Luft, die in Hautporen gelangt ist, sich dort nach dem Gesetz von Boyle und Mariotte ausdehnt und dann zu Hauterscheinungen führt. Wie aus den vorangegangenen Kapiteln hervorging, gehören Haut und Muskulatur zu den langsameren Geweben des Körpers, die zwei Drittel des Gesamtgewichts ausmachen. Daher verwundert es nicht, dass der Typ I gehäuft nach längeren Tauchgängen im flacheren Tiefenbereich auftritt.
Charakteristisch für eine Dekompressionskrankheit vom Typ I ist, dass die Stickstoffblasen in der Regel im Gewebe selbst entstehen und dort die Symptome verursachen.

Typ II

Typ II der Dekompressionskrankheit zeichnet sich durch Symptome aus, die bei der Beteiligung von Gehirn, Rückenmark, Herz und Lunge entstehen. Seine Symptome können zu schwersten gesundheitlichen Störungen führen und lebensbedrohlich werden und sind deshalb schon bei den kleinsten Anzeichen behandlungsbedürftig. Die Symptome können an den einzelnen Organen isoliert auftreten, in der Regel handelt es sich jedoch beim Typ II um eine Mischform. Sie entstehen sowohl durch Gefäßverschlüsse infolge von Gasblasen, als auch durch direkte Blasenbildung in den Geweben. Die schwerwiegendsten Komplikationen im Hinblick auf eine dauerhafte Genesung entstehen in Gehirn und Rückenmark. Beide Gewebe sind sehr empfindlich gegenüber Sauerstoffmangel, und die ab Seite 128 beschriebenen Vorgänge betreffen sie besonders. Die Symptome beim Befall des Gehirns reichen von extremer Müdigkeit über migräneähnliche Kopfschmerzen, Seh- und Sprachstörungen, Gangunsicherheiten und Koordinationsstörungen bis hin zu Bewusstseinsstörungen. Ist lediglich das Innenohr betroffen, so kommt es zu Ohrgeräuschen, Hörverlust, Schwindel und starkem Erbrechen. Der relativ häufige Befund des Rückenmarks

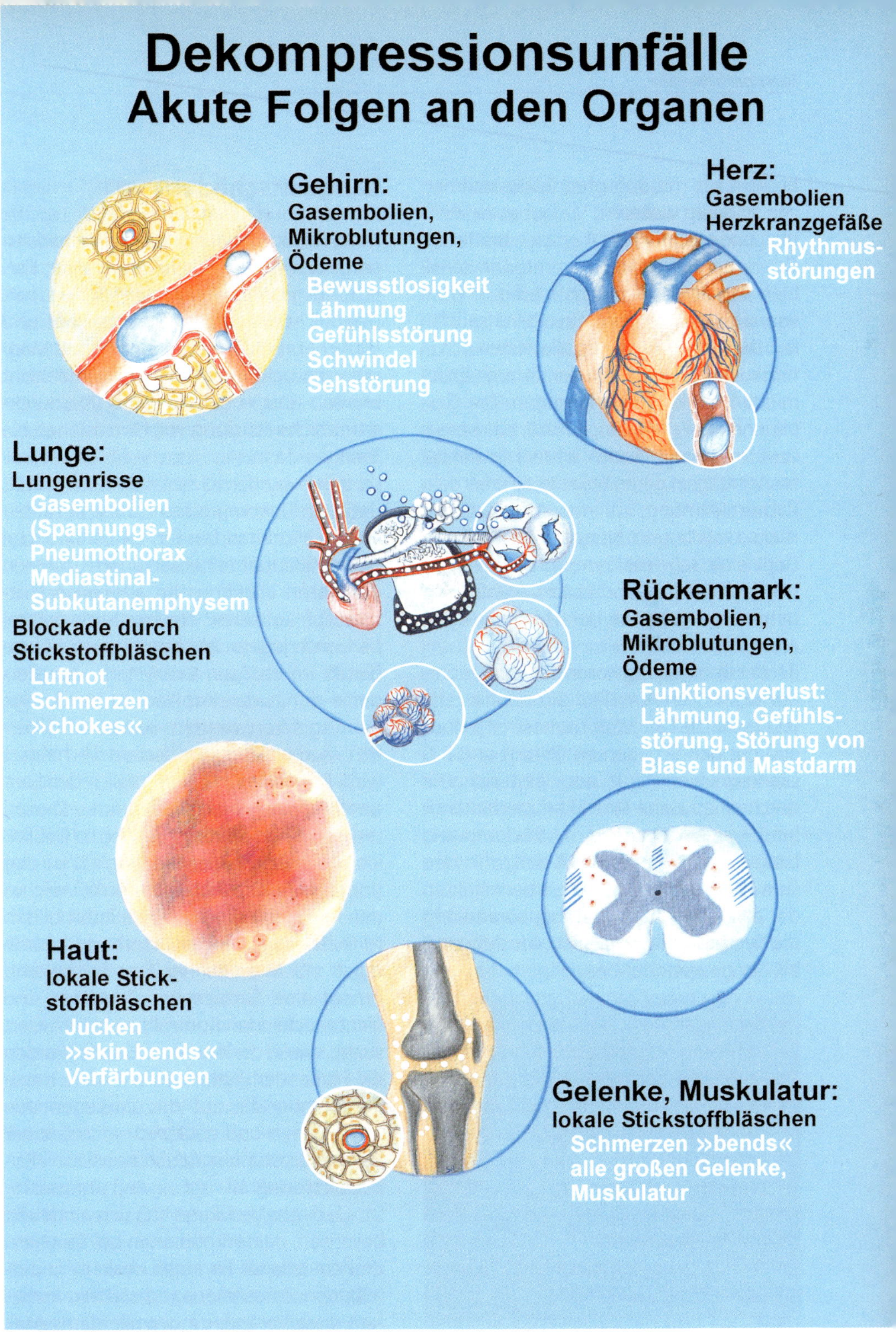

Abb. 71: Übersicht über die akuten Folgen von Dekompressionsunfällen

Metern einige Tage, für Tiefen um 600 Meter bereits eine Woche. Zur Erklärung dieses Phänomenes wird die oben beschriebene Theorie herangezogen, bei der eine mechanische Kompression der Nervenmembranen vermutet wird. Ein Zumischen von Stickstoff führt, wie beschrieben, zu einem Aufquellen der Membranen und ermöglicht über den gegenläufigen Effekt inzwischen Tauchtiefen um 680 Meter.

Sauerstoff

Der sonst nützliche Sauerstoff kann giftige Wirkung auf den menschlichen Organismus haben. Die toxische Wirkung hängt von dem Sauerstoffpartialdruck (pO_2) und seiner Einwirkdauer ab. Während der pO_2 unter atmosphärischen Bedingungen 0,2 = 1 bar beträgt, erreicht er in einer Tauchtiefe von 71 m den Wert von 8,1 x 0,21 bar = 1,7 bar. Gerade diese Konzentration ist schädlich für den Organismus, wenn sie eine Stunde und länger einwirkt. Das Atmen von reinem (100 %) Sauerstoff wird unter atmosphärischen Bedingungen über mehrere Stunden symptomlos vertragen. Mit Drucklufttauchgeräten sind derartige Tauchgänge allerdings illusorisch; denn sowohl die Tiefe als auch die folgenden Dekompressionszeiten sind limitierende Faktoren.
Beim Tauchen mit Sauerstoffkreislaufgeräten, wie sie in der Marine verwendet werden, weil sie geräuschlos sind und keine Blasen produzieren, wird der giftige Grenzwert von pO_2 1,7 bar schon in einer Tiefe von 7 m erreicht, da bei dieser Methode reiner Sauerstoff geatmet wird.
Die schädigende Wirkung des Sauerstoffs zeigt sich im Entstehen von Krampfanfällen und in einer toxischen Wirkung auf das Epithel der Alveolen. Das Alveolarepithel schwillt an und füllt sich mit Flüssigkeit (Ödem), weil die schützende Lipoidschicht zerstört ist. Durch den Zusammenfall der Alveolen entstehen dann nicht belüftete Bezirke, Atelektasen. Die objektiven Krankheitszeichen sind unstillbarer Hustenreiz, Schmerzen hinter dem Brustbein und paradoxerweise extreme Luftnot mit Tod durch Sauerstoffmangel.
Die Krampfanfälle sind Ausdruck einer giftigen Wirkung auf das Nervengewebe des Gehirns. Unter Wasser führen solche Anfälle natürlich zum Tod durch Ertrinken, wenn nicht schnellstens Hilfe angeboten wird.
Wegen der beschriebenen Gefahren bedarf das Tauchen mit Sauerstoff-Kreislaufgeräten einer besonderen Ausbildung. Auch sollten vor dem Gebrauch solcher Geräte die versicherungsrechtlichen Fragen geklärt werden, da bei vielen Versicherern und Verbänden beim Tauchen mit Sauerstoff-Kreislaufgeräten der Versicherungsschutz erlischt. Einige Anbieter machen den Erwerb dieser Gräte von produktbezogenen Schulungen abhängig.
Die Benutzung anderer Gasgemische als das der Luft bedarf erweiterter theoretischer Kenntnisse und praktischer Erfahrung, die in den speziellen Kursen zum Tauchen mit NITROX, Trimix und mit Rebreathern erworben werden kann.
Beim Tauchen mit diesen Gasgemischen gilt als absoluter Grenzwert für die Sauerstoffvergiftung ein Sauerstoffpartialdruck von pO_2 = 1,6 bar und bei Anstrengung oder besonderen Bedingungen sogar pO_2 = 1,4 bar. Für die Tauchgangsplanung sind diese Werte maßgebend, auch beim Tauchen mit Druckluft. In der Literatur findet man häufig die Aussage, dass der Sauerstoff »in Abhängigkeit von der Höhe des Partialdrucks und der Einwirkdauer giftig

werden« kann. Als Grenzwert wird ein Sauerstoffpartialdruck von 1,7 bar bei einer Einwirkdauer von einer Stunde angegeben.
Beim Tauchen mit Druckluft wird dieser Partialdruck in einer Tiefe von 71 m erreicht. Allerdings ist hier eine Einwirkdauer von einer Stunde nur von theoretischer Bedeutung. Hat die Sauerstoffvergiftung daher für das Tauchen mit Druckluft keine Relevanz? Welche Bedeutung erlangt der Sauerstoff beim Tauchen mit anderen sauerstoffhaltigen Gemischen, z. B. mit NITROX? An welchen Symptomen kann eine Sauerstoffvergiftung erkannt werden? Gilt die Tiefenbegrenzung auf 30 bis 40 m nur wegen der Gefahr der Stickstoffnarkose?
Diese Fragen sollen im Folgenden beantwortet werden, wobei bewusst nicht speziell auf das Tauchen mit NITROX, sondern allgemein auf das Tauchen mit sauerstoffhaltigen Gasgemischen (also auch auf das Tauchen mit Druckluft) eingegangen wird.

Einteilung der Effekte

Bei den Vergiftungserscheinungen durch Sauerstoff werden zwei Effekte unterschieden, die von der Entstehung her völlig verschieden sind.
Bei der Einwirkung eines hohen Sauerstoffpartialdrucks über eine kurze Einwirkzeit können Vergiftungen des zentralen Nervensystems auftreten, der sogenannte Paul-Bert-Effekt.
Aber auch ein niedrigerer Sauerstoffpartialdruck kann zu Schädigungen führen, wenn er für eine längere Zeit einwirkt. Wir sprechen dann von einer Pulmonaren oder Ganzkörper-Vergiftung, die auch unter dem Begriff Lorraine-Smith-Effekt beschrieben wird.

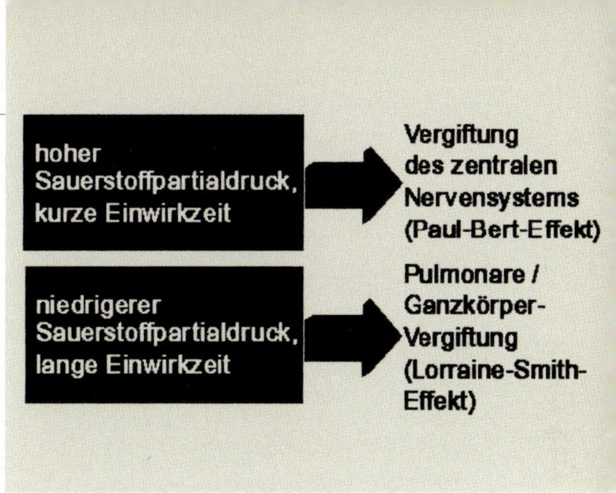

Abb. 72: Einteilung der Effekte

Vergiftung des zentralen Nervensystems

Sauerstoff wird giftig in Abhängigkeit von seinem Partialdruck und seiner Einwirkdauer. Je nach Tauchtiefe und damit Sauerstoffpartialdruck ergeben sich folgende Begrenzungen für das Tauchen:

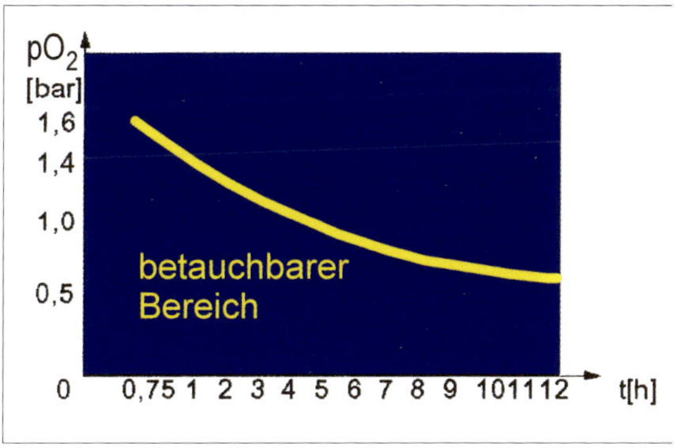

Abb. 73: Betauchbarer Bereich

Der maximale Sauerstoffpartialdruck für normale Tauchgänge beträgt 1,6 bar. Bei höheren Sauerstoffpartialdrücken ist mit großer Wahrscheinlichkeit von einer ZNS-Vergiftung auszugehen. Zur Erhaltung der Lebensfunktionen ist mindestens ein Sauerstoffpartialdruck von 0,16 bar erforderlich. Die Einteilung der Gefahrenpotenziale in Abhängigkeit von dem Sauerstoffpartialdruck wird in folgender Tabelle aufgezeigt:

- 0,16 bar Minimum zur Lebensfunktion
- 0,21 bar Normoxie
- 0,30 bar – 0,50 bar Langzeittauchen
- 0,50 bar Grenzwert für Sättigungstauchen, erste Langzeitsymptome
- 1,40 bar maximale Dosis bei Arbeit, Beginn ZNS-Symptome
- 1,45 bar Beginn der »Vorsichtszone«

Tabelle 8: Sauerstoffpartialdrücke und ihre Auswirkungen

Sauerstoffvergiftungserscheinungen sind bei den meisten Arbeitstauchern bereits ab ca. 67 Meter Tiefe aufgetreten. Frühere Behauptungen, man könne mit Luft auf 91 Meter Tiefe oder mit reinem Sauerstoff auf 10 m Tiefe tauchen, sind daher häufig widerlegt.
Die folgenden aufgelisteten Symptome der Sauerstoffvergiftung betreffen die Erscheinungsformen einer ZNS-Vergiftung und ähneln sehr denen einer Stickstoffnarkose. Diese Überschneidungen sind gegeben und führten dazu, dass Sauerstoffvergiftungssymptome oft nicht genau diagnostiziert wurden. Ob ein euphorisches »Hoch« auf einer Stickstoffnarkose (Tiefenrausch) beruhte oder aufgrund einer toxischen Schädigung des zentralen Nervensystems durch Sauerstoff verursacht wurde, kann im Einzelfall nicht unbedingt unterschieden werden.
Die Symptome des Zentralen Nervensystems (Paul-Bert-Effekt) sind:

- Krampfanfall und Bewusstseinsverlust
- Euphorie
- Übelkeit
- Zuckungen und Muskelkrämpfe
- Gesteigerte Angstgefühle
- Benommenheit und Schwindel
- Irrationales und unvernünftiges Verhalten
- Visuelle Störungen, Tunnelblick
- Ohrensausen

Tabelle 9: Symptome des Zentralen Nervensystems (Paul-Bert-Effekt)

Die Symptome können in beliebiger Reihenfolge und nur in bestimmten Ausprägungen auftreten.
Die große Gefahr liegt darin, dass man Krampfanfälle unter Wasser nicht in den Griff bekommen kann. Die Folge kann der Tod sein!
Wenn ein hoher Stickstoffpartialdruck durch die Verwendung von NITROX reduziert und daher der Sauerstoffpartialdruck erhöht wird, müssen also Tiefenrauschsymptome nicht unbedingt verschwinden. Tiefenrauschsymptome werden durch hohen Stickstoffpartialdruck verursacht, werden aber durch höheren Sauerstoffpartialdruck nicht geringer.
Sauerstoff ist die Ursache vieler Symptome, die dem Stickstoff zugeschrieben werden. Oftmals liegt eine Sauerstoffvergiftung vor, wenn ein Tiefenrausch vermutet wird. Bei hohem pO_2 ist davon auszugehen. Stickstoff wirkt narkotisch und ist ZNS-hemmend. Sauerstoff könnte narkotisch wirken und ist ZNS-stimulierend.
Einflussfaktoren für die Sauerstoffvergiftung sind:
- Temperatur (Kälte, Wärme)
- Verstärkung durch Kohlenstoffdioxid (bei Arbeit):
- durch die Erweiterung der Blutgefäße im Gehirn wird die Sauerstoffzufuhr zum Gehirn gesteigert
- durch den erhöhten Kohlensäuregehalt

erfolgt eine schnellere Sauerstoffabgabe vom Hämoglobin an das Gehirn
- Wiederholungstauchgänge
- individuelle Faktoren

Nach der NOAA (National Oceanographic and Atmospheric Administration) gelten folgende Sauerstoff-Belastungsgrenzen:

pO_2 [bar]	Maximale Dauer einer Einzeleinwirkung	Maximale totale Einwirkung pro Tag
1,60	45 min	2,5 h
1,50	2 h	3 h
1,40	2,5 h	3 h
1,30	3 h	3,5 h
1,20	3,5 h	4 h
1,10	4 h	4,5 h
1,00	5 h	5 h
0,90	6 h	6 h
0,80	7,5 h	7,5 h
0,70	9,5 h	9,5 h

Tabelle 10: Sauerstoff-Belastungsgrenzen nach NOAA

Sauerstoffuhr

Bekannt ist uns beim Tauchen die Stickstoffuhr. Sie dient der Überwachung der tN_2 (Nullzeit) und läuft von dieser bis auf null. Danach ist die Einhaltung von Dekompressionsstopps erforderlich.
Analog dazu gibt es eine »Sauerstoffuhr«, welche die Sauerstoffzeit tO_2 überwacht bei Sauerstoffpartialdrücken oberhalb von 0,5 bar.

Es gilt also:
- Die erlaubte Grundzeit sinkt mit steigendem Stickstoffpartialdruck und mit steigendem Sauerstoffpartialdruck!
- Die Angabe der Toxizität des Sauerstoffs erfolgt in CNS O_2%. Dies ist die relative Toxizität des Sauerstoffs für das zentrale Nervensystem.
- Bei gegebenem pO_2 gibt der Wert CNS O_2% an, um wieviel % pro Minute Tauchzeit die ZNS-Toxizität zunimmt. Nach der Maximalzeit ergibt sich daher ein Wert von 100 %.
- Der CNS O_2%-Wert wird ermittelt, indem man 100 % durch die maximale Tauchzeit dividiert.

Beispiel:
Bei einem pO_2 von 1,6 bar beträgt die maximale Tauchzeit 45 Minuten. Der CNS O_2 %-Wert beträgt somit 100 / 45 = 2,22 bei diesem Teildruck.
So kann für jede Tauchstufe und Tauchzeit der gestiegene CNS O_2-%-Wert (ähnlich der Stickstoffsättigung) berechnet werden. Alle diese Werte eines Tauchgangs werden anschließend addiert. Moderne NITROX-Tauchcomputer nehmen diese Arbeit dem Benutzer ab. Dort läuft die Anzeige von 100 % auf 0 % herunter, sodass jeder Anwender erkennt, wann er rechtzeitig den Tauchgang beenden muss. Auch für Wiederholungstauchgänge ist der CNS O_2%-Wert von Bedeutung. Der Endwert eines vorangegangenen Tauchgangs reduziert sich in Abhängigkeit von der Oberflächenpause nach einer vorgegebenen Tabelle. Mit dieser »Vorsättigung« ist der Wiederholungstauchgang dann zu rechnen.

Pulmonare/Ganzkörper-Sauerstoffvergiftung

Diese auch Lorraine-Smith-Effekt genannten Erscheinungsformen treten bei einem etwas erhöhten pO_2 dann auf, wenn die Einwirkdauer von längerer Zeit war.

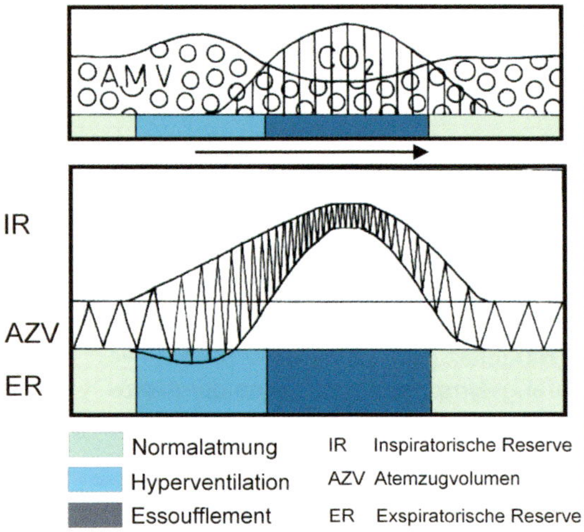

Abb. 74: Entwicklung einer CO_2-Intoxikation (Essoufflement)

wird bei solchen Unfällen das Ertrinken diagnostiziert.

Mit Essoufflement (außer Atem geraten) bezeichnen die Franzosen eine besondere Art der Ventilationsstörung mit CO_2-Vergiftung, die häufig Ursache für Bewusstlosigkeit unter Wasser und damit auch für tödliche Tauchunfälle ist. Ihr liegt möglicherweise eine Ermüdung der Atemmuskulatur zugrunde.

Mit zunehmendem Umgebungsdruck steigt während des Abstiegs die Dichte der Atemluft. Es wiegt z. B. 1 l Luft an der Wasseroberfläche bei 37 °C 1,133 g, in einer Wassertiefe von 60 m aber fast 8 g! Es entstehen Turbulenzen in den Atemwegen, die den Atemwiderstand erhöhen. Dadurch wird die Atemmuskulatur stärker belastet, als es an der Wasseroberfläche der Fall ist.

Wie aus der Abbildung hervorgeht, folgt als erste Reaktion eine kurze Phase der Hyperventilation, danach werden die Atemzüge frequenter und flacher (Hypoventilation). Die Atmung bewegt sich vorwiegend im Bereich der inspiratorischen Reserve. Mit dieser flachen Atmung kann das Lungenvolumen nicht ausreichend bewegt werden, sodass es zu einer Vergrößerung des Residualvolumens kommt, wodurch das CO_2 nicht mehr ausreichend abgeatmet werden kann. Das AMV ist vermindert, der pCO_2 steigt an. Durch die Hechelatmung ist außerdem noch die Sauerstoffaufnahme reduziert.

Das Essoufflement entsteht in der Regel durch das Zusammentreffen von hohem Atemwiderstand und hoher Anstrengung. Dies führt zu einer Atemnot, die eine immer schnellere und flachere Atmung zur Folge hat. Daher kann das Kohlendioxid nicht mehr ausreichend abgeatmet werden, der Kohlendioxidanteil im Blut steigt also an. Da das Kohlendioxid jedoch

Abb. 75: Teufelskreis Essouflement

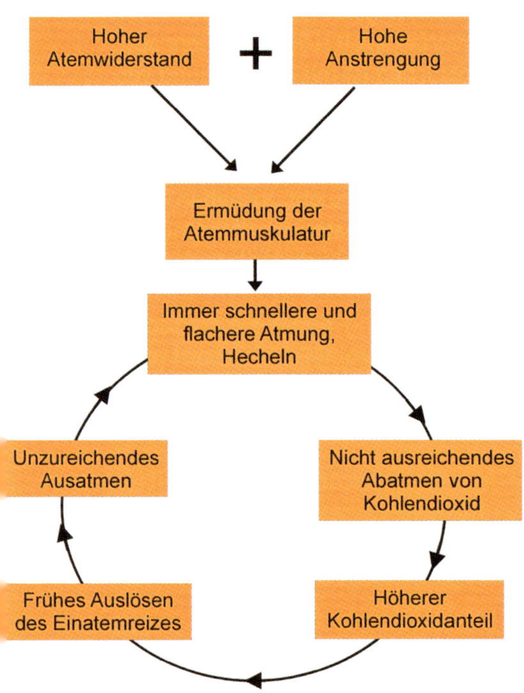

Atemminutenvol
ses erforderliche
3/4 des Atemgre
not ein.
Wichtig ist diese
dung und Beha
ments nur eine B
hilft, nicht jedo
Symptome. Es
Taucher nicht h
Atemnot Luft au
Mittauchers erh
Nur durch eine V
zum Beispiel
Schwimmgesch
chen von Ström
dung mit der V
derstandes zum
chen kann errei
cher nicht in
Selbstverständli
konsequentes A
begleitet werde
Die beste Proph
nis der Sympto
und des Unterv
zeitig helfend ei
besser ist ein gu
zustand, wobei
entsprechende
mit erhöhtem
zukommen. Da
lenbadtraining
hierfür gut geei

Kohlenstof

Wie das CO_2, sc
monoxid (CO)
geschmacklose
scheinungen ar
vorruft, sodass
Atemluft mit CC
wird. Das CO

Abb. 76: Die Toxizität des CO_2 in Abhängigkeit von seinem Partialdruck (nach Fructus und Sciarli)

pCO_2		Symptome
bar	mbar	
0,01	10	Keine
0,02	20	leichte Hyperventilation
0,03	30	
0,04	40	Essoufflement mit klarem Bewusstsein
0,05	50	
0,06	60	Essoufflement mit Bewusstseinsstörung
0,07	70	Essoufflement mit Schwindel, Übelkeit und Erbrechen
0,08	80	Schwindel, Benommenheit, Verlust des Bewusstseins

Hauptauslöser für den Atemreiz ist, kommt sehr schnell wieder der Befehl zum Einatmen. Der Taucher hat jedoch zu diesem Zeitpunkt noch nicht ausreichend ausgeatmet, die Atmung verschiebt sich in den Bereich der inspiratorischen Reserve. Dieser Teufelskreis wird durch die nachfolgende Abbildung beschrieben.

Der weitere Anstieg des pCO_2 verursacht Vergiftungserscheinungen. Die Giftigkeit des CO_2 in Abhängigkeit von seinem Partialdruck geht aus der abgebildeten Tabelle hervor.

Dem betroffenen Taucher wird diese Störung oft nicht rechtzeitig bewusst. Unter den Zeichen großer Luftnot entwickeln sich Hektik, Nervosität sowie flache und schnelle Hechelatmung. Selbstverständlich führt auch die angebotene Wechselatmung nicht zur Besserung; der Verunfallte ist unbedingt auf seinen Tauchbegleiter angewiesen, der ihn sofort in flachere Tauchtiefen zu bringen hat. In der Notsituation kann sowohl von dem Betroffenen als auch von dem Tauchbegleiter ein Unterwasserzeichen gegeben werden (s. Abb. 77). Im ersten Fall teilt der Betroffene durch gegenläufiges Wedeln der rechtwinklig abgewinkelten Unterarme in Höhe der Rippenbögen dem Begleiter mit: Ich habe keine Luft mehr! Im zweiten Fall fordert der Begleiter den Betroffenen mit dem Unterwasserzeichen »Ausatmen!« auf: Atme kräftig aus und ein! (Wobei es insbesondere auf die Ausatmung ankommt; denn es muss mehr CO_2 abgeatmet werden.)

Abb. 77: Unterwasserzeichen »Essoufflement«

Definition

Ertrinken ist der Tod durch Sauerstoffmangel (Ersticken) durch Einströmen von Wasser in die Lunge bzw. Untertauchen (Immersion).

Hierbei spricht man von dem primären Ertrinken und unterscheidet davon das sekundäre Ertrinken. Das sekundäre Ertrinken ist nicht etwa der Ertrinkungstod nach einem Herzinfarkt oder Schlaganfall, sondern es ist ein eigenständiges Krankheitsbild, nämlich der Tod nach einem Beinaheertrinken. Hierbei wird der Verletzte zunächst gerettet, wird aber nach einigen Tagen seinen schweren Organschädigungen, insbesondere den Lungenschäden, erliegen.

Beim Beinaheertrinken wird der Verletzte lebend geborgen, die Reanimationsmaßnahmen haben Erfolg und er wird wenigstens 24 Stunden nach dem Unfall überleben.

Entsprechend der unterschiedlichen Gegebenheiten gibt es folgende Konstellationen:

- Ertrinken mit Aspiration, die häufigsten Fälle, sog. nasses Ertrinken, bei ca. 85 % der Fälle
- Ertrinken ohne Aspiration, sog. trockenes Ertrinken, bei 15 % der Fälle
- Beinaheertrinken mit Aspiration

Zeitlicher Ablauf des Ertrinkens

Das erste Eintauchen in das Wasser geschieht meist unbewusst. Der Nichtschwimmer wird bemüht sein, die Luft anzuhalten. Nach dem Untertauchen sind panische Angstzustände mit wirrem Umherschlagen und reflektorischen Einatmungsbemühungen typisch. Der Sauerstoffmangel wird größer, das Kohlendioxid steigt an (Hyperkapnie). Der Atemreiz wird extrem, und es kommt zur Aspiration und zum reflektorischen Verschlucken von Wasser, obgleich bei 15 % der Ertrunkenen bei der Sektion kein Wasser in der Lunge gefunden wird. Dieses ist wahrscheinlich auf einen reflektorischen Stimmritzenkrampf (Laryngospasmus) zurückzuführen. Trockenes Ertrinken gibt es auch, wenn sich der Laryngospasmus nach Verlust des Bewusstseins nicht löst.

Der entstehende Sauerstoffmangel (Hypoxie) führt zur Bewusstlosigkeit und zu einer weiteren Aspiration von Wasser. Die tatsächlich aufgenommene Flüssigkeitsmenge ist jedoch nicht so groß, wie man es früher angenommen hat.

Wenn keine Hilfe eintritt, wird die schwere Hypoxämie zu einer irreversiblen Stoffwechselentgleisung mit Herz-Kreislauf-Stillstand und Tod führen.

Pathophysiologie des Ertrinkens

Der klassische Unterschied zwischen dem Ertrinken in Süß- und Salzwasser lässt sich heute nicht aufrechterhalten. Die Unterschiede liegen nur im klinischen Bereich. Intensivmedizinisch und ersthelferisch sind die therapeutischen Maßnahmen gleich.

Ertrinken im Süßwasser

Die pathophysiologischen Vorgänge sind beim Ertrinken in Süßwasser komplizierter als beim Salzwasserertrinken.

Durch die Aspiration von Süßwasser wird eine oberflächenaktive Substanz, das alveoläre Surfactant (surface active agent = oberflächenaktive Substanz, die unter anderem das Zusammenfallen der Alveolen verhindert), direkt geschädigt und inaktiviert. Hierdurch treten ein Lungenödem und Atelektasen (nicht belüftete Bezirke) des Lungengewebes auf. Komplizierend kommt noch hinzu, dass bei der Wasseraspiration Schlamm, Algen und Bakterien in die Lunge geraten, die wiederum schwere, auch tödlich verlaufende Infektionen auslösen können.

Wie aus den Abbildungen hervorgeht, strömt beim Ertrinken in Süßwasser die aspirierte Flüssigkeit entsprechend dem osmotischen Druckgefälle in die Lungenkapillaren ein. Dadurch kommt es zu einer Vergrößerung des Blutvolumens (Hypervolämie), zu einer Verdünnung des Blutes und zum Zerfall der roten Blutzellen (Hämolyse) mit Hyperkaliämie (Vermehrung der Kaliumkonzentration) und anderen Störungen des Elektrolythaushaltes. Infolge der akuten respiratorischen Insuffizienz sinkt das pO_2, und das pCO_2 steigt an (Hyperkapnie). Es muss aber darauf hingewiesen werden, dass diese pathophysiologischen Vorgänge keine praktische Relevanz aufweisen. Entscheidend sind die Verminderung der zur Verfügung stehenden Gasaustauschfläche und die folgende Hypoxie. Eine wesentliche Rolle spielt der Rechts-links-Shunt in der Lunge, durch den das venöse Blut in den arteriellen Kreislauf übergeht. Der Ablauf stellt sich wie folgt dar:

- Süßwasseraspiration
- Hypotonie des Alveolarinhalts
- Übertritt von Süßwasser in die Kapillaren
- Schädigung und Auswaschung des Surfactants

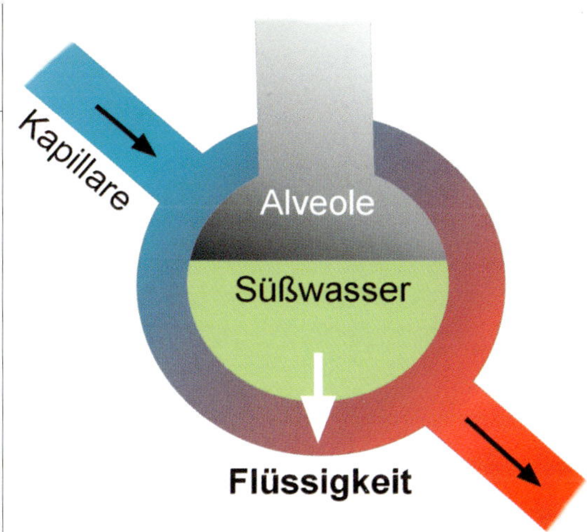

Abb. 84: Ertrinken in Süßwasser

- Erhebliche Hypoxie durch Verminderung des Gasaustauschs

Ertrinken im Salzwasser

Beim Ertrinken in Salzwasser spielt sich in den Alveolen der umgekehrte Vorgang ab: Salzwasser hat bekanntlich einen hohen osmotischen Druck, sodass es nach Salzwasseraspiration zu einem Einstrom von Blutplasma aus den Lungenkapillaren und von Flüssigkeit aus dem Lungengewebe in die Alveolen kommt (alveoläres Lungenödem). Das Surfactant wird sekundär geschädigt, die Alveolen kollabieren und eine schwere Einschränkung der Lungenfunktion ist die Folge.

Unabhängig davon kommt es zu schweren Veränderungen im Gefäßsystem mit Hypovolämie, Azidose, Elektrolytstörung, Verminderung des pO_2 und Erhöhung des pCO_2. Ein Gasaustausch in der Lunge ist nicht mehr möglich, sodass eine akute respiratorische Insuffizienz vorliegt. Der Ablauf stellt sich wie folgt dar:

- Salzwasseraspiration
- Hypertonie des Alveolarinhalts
- Übertritt von Blutplasma in die Alveolen

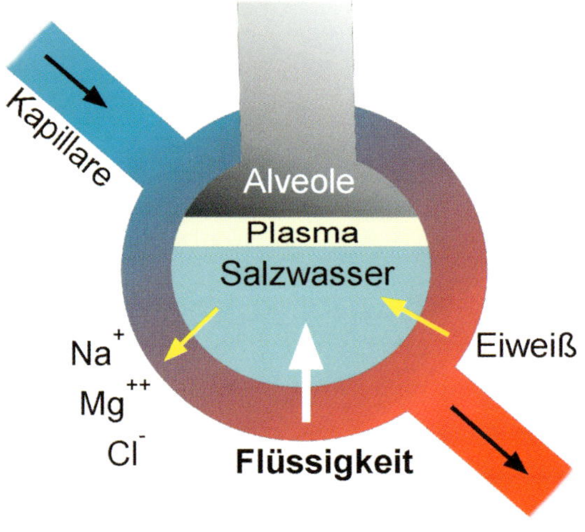

Abb. 85: Ertrinken in Salzwasser

- Lungenödem
- Erhebliche Hypoxie durch Verminderung des Gasaustauschs

Auch beim Salzwasserertrinken erwarten wir einen Rechts-links-Shunt in der Lunge, weil das venöse Blut in den arteriellen Kreislauf übergeht.

Therapie

Entscheidend ist die schnelle Rettung an einen Ort, wo eine rasche und sichere Erste Hilfe einschließlich der wichtigsten diagnostischen Maßnahmen möglich ist.
Da der Sauerstoffmangel bei den Beinaheertrunkenen die hauptsächliche Ursache für neurologische Schäden und letztlich für den Tod ist, stehen die Wiederherstellung einer effektiven Ventilation und die Zufuhr von reinem Sauerstoff an erster Stelle aller Notfallmaßnahmen.
Die Beurteilung der Kreislaufsituation kann bei Beinaheertrunkenen oft schwierig sein, da die extreme Kreislaufzentralisation (Schock!) einen Kreislaufstillstand vortäuschen kann. Die oft gleichzeitig vorliegende Hypothermie und eine möglicherweise durch den Tauchreflex bedingte Bradykardie können ähnliche Symptome zeigen. Ein Kreislaufstillstand sollte daher nur durch ausreichend langes Tasten des Carotispulses diagnostiziert werden. Ist das Ertasten des Carotispulses mit Schwierigkeiten verbunden, muss auf indirekte Lebenszeichen geachtet werden. Falls keine Lebenszeichen vorhanden sind, sollen die Reanimationsmaßnahmen eingeleitet und ausreichend lange durchgeführt werden. Wenn die Möglichkeit der automatischen externen Defibrillation vorhanden ist, soll ein AED-Gerät angelegt werden, falls keine normale Atmung festgestellt wird.

Vergiftungen und Verletzungen durch Meerestiere

Bei den Vergiftungen und Verletzungen durch Meerestiere ist oft eine spezifische Erste-Hilfe-Maßnahme erforderlich. Auch wenn uns bei diesem Thema die große Haiattacke vorschwebt, ist es sehr selten, dass im Wasser lebende Tiere einen Taucher angreifen. Es sind die natürlichen Verteidigungsmittel, durch die ein Mensch verletzt werden kann, wenn er das Tier berührt, versehentlich anfasst, darauf tritt oder es aufschreckt. Häufig kommt es zu Unfällen, wenn Taucher das giftige oder vermeintlich gefährliche Tier provozieren. Ein Beispiel ist der Muränenbiss, der reflektorisch und im Sinne einer Verteidigung geschieht.

Allgemeines

Es gibt im Wesentlichen drei Formen von Verletzungen:

- Verletzungen durch nesselnde Tiere
- Verletzungen durch Bisse und Schnitte

– Verletzungen durch giftige Stiche.

Um über die ersthelferischen Maßnahmen zu diskutieren, muss ein solides Wissen vorhanden sein, um welche Lebewesen es sich handelt und welche Giftwirkung infrage kommt. Wenn diese Fragen beantwortet sind, erfolgen die Vorschläge der Ersten Hilfe. Grundsätzlich gelten für alle Verletzungen die folgenden ersthelferischen Maßnahmen:

- die lokale Verletzung muss versorgt werden, so wie wir das bei der allgemeinen Ersten Hilfe gelernt haben,
- das in das Gewebe eingetretene Gift muss entfernt, die Ausbreitung des Giftes muss nach Möglichkeit verhindert werden,
- die Giftwirkung auf den Organismus muss reduziert werden (Schmerzbekämpfung, Unterstützung der Atmung, Überwachung der Herz-Kreislauf- und der Nierenfunktion sowie Schutz vor einer Sekundärinfektion).

Im Speziellen handelt sich um folgende Vergiftungen und Verletzungen mit Meerestieren:

Nesselverletzungen

Sie entstehen durch Kontakt mit Feuerschwämmen, Federpolypen (Seemoos), Schirmquallen, Seeanemonen, Staatsquallen und Feuerkorallen. Die in tropischen Gewässern um Australien vorkommenden Seewespen oder Würfelquallen und die im Atlantik heimische Portugiesische Galeere sind besonders gefährlich. Gegen das Gift der Seewespe gibt es inzwischen ein Antiserum.

Der Schmerz kann vom leichten Prickeln bis zum Vernichtungsschmerz mit Bewusstlosigkeit reichen. Die Symptome sind lokal oft nur Rötung und Schwellung, allgemein aber oft sehr vielseitig und gefährlich: Schwindel, Erbrechen, diffuse Blasenbildung, Krämpfe, Taubheit, Verlust der Sprache, Schaum vor dem Mund, Schwellung der Luftröhrenschleimhaut, Atemnot, Delir, Schock und Lähmungen. Bei den Giften handelt es sich um neurotoxische Proteine, die Zellmembranen auflösen (z. B. die der roten Blutkörperchen = Hämolyse) und die Nervenleitungen blockieren können.

Die Schwere der Erkrankung hängt davon ab, wie stark die Giftwirkung bei dem Betroffenen ist. Bei den Feuerquallen kommt es oft zusätzlich zu mechanischen Verletzungen durch das messerscharfe Kalksklett.

Für die Erste Hilfe gilt es, den Verletzten schnell aus dem Wasser zu retten und ihn in eine flache Lage zu bringen (Gefahr einer Ohnmacht). Lokal vorsichtige Entfernung der Tentakelstücke mit einer Pin-

Abb. 86: Ruhende Nesselkapseln einer Anemone

Abb. 87: Wehrhafte Seeanemonenkolonie

Abb. 88: Clownfisch in seiner Anemone

Abb. 89: Feuerkoralle

Abb. 90: Feuerkoralle mit Stolonen

Abb. 91: Auch die Federn der Federpolypen sind mit Nesselkapseln besetzt

Abb. 92: Mit mehr als 50 bar drücken sich die Nessel- fäden in die durch die Stilette geschlagene Hautöffn

Abb. 93: *Die Seewespen des Indopazifiks sind besonders gefährlich*

Abb. 94: *Feuerqualle mit ihren langen Nesselfäden*

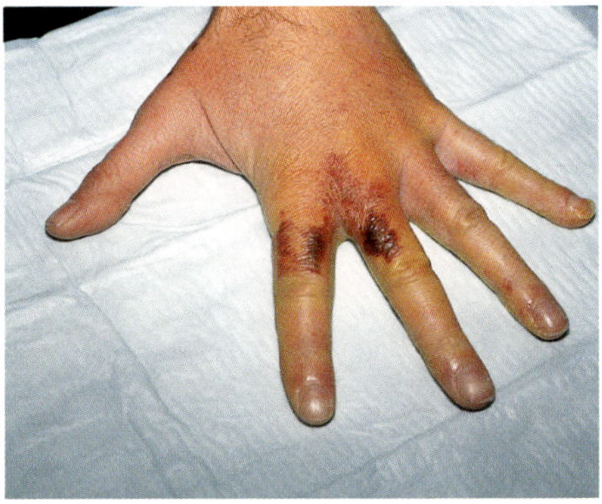

Abb. 95: *Vernesselung mit Nekrosenbildung*

zette. Abspülen mit Meerwasser. Versuche unter dem Mikroskop haben gezeigt, dass Süßwasser, Essig und Sand die Nesselkapseln aktivieren. Kein Handtuch, keinen Sand, kein Süßwasser verwenden. Kortisonsalben blockieren den allergischen Vorgang, Eis hilft gegen die Schmerzen.
Auch der Saft der Papayafrucht kann helfen, das darin enthaltene Enzym Papain kann das Protein des Giftes zerstören.

Verletzungen durch Bisse und Schnitte

Bei Bissverletzungen durch Haie, Barrakudas und Muränen steht die mechanische Verletzung im Sinne einer Rissverletzung im Vordergrund. Diese Verletzungen dürfen nicht durch eine chirurgische Naht versorgt werden, man lässt sie sekundär heilen. Wegen des hohen Gehaltes an Krankheitserregern in den Nahrungsresten des Raubfischgebisses sollte die Therapie daher nur aus sterilen Verbänden, Blutstillung und möglichst schneller ärztlicher Versorgung bestehen.

Bei Bissverletzungen durch Seeschlangen zeigen sich lokal zwei 1,5 cm auseinanderliegende Bissstellen, in die das gefährliche Gift »injiziert« wurde. Krankheitssymptome treten erst nach Stunden auf: Krankheitsgefühl, Angst, aber auch Euphorie, Gefühl der dicken Zunge, Muskelsteife mit

Abb. 96: Barrakuda

Abb. 97: Bei Haifütterungen kann es immer wieder zu stressbedingten Bissen kommen

Abb. 98: Rochen sollten mit dem nötigen Respekt betrachtet werden

Abb. 99: *Rochenstachel oben mit Widerhaken*

Abb. 100: *Harmloser als ihr Ruf: die Tigermuräne*

Bewegungsschmerz, Körperschwäche bis zur Bewegungsunfähigkeit, zufallende Augenlider, Kieferkrampf, Durst, quälende Mundtrockenheit, evtl. Schock und Tod.

Diese Wunden lässt man bluten, evtl. zusätzlich durch einen Kreuzschnitt, damit das Gift abfließen kann. Danach werden sie ausgewaschen. Bei Bissen an den Extremitäten kann man durch eine venöse Stauung (aber nicht die Arterie abbinden!) verhindern, dass das Gift in den Kreislauf gelangt. Der Verletzte muss in ein Krankenhaus, wo er ein Antiserum erhalten kann.

Der Biss des Blauring-Oktopus kann tödlich enden, denn in seinem Speichelsekret ist ein gefährliches Gift enthalten. Erste Hilfe: die Wunde ausbluten lassen, vielleicht heiße Waschungen oder Bäder (50 °C), um das Protein des Giftes zu zerstören.

Verletzungen durch giftige Stiche

Diese Verletzungen werden verursacht durch Drachenköpfe (Synonym: Skorpionfisch), Rotfeuerfische und Steinfische. Kontakt mit Kegelschnecken und Petermännchen rufen Verletzungen hervor, die durch ihre Giftwirkung sogar tödlich sein können. Manchmal befinden sich noch Stachelreste in der Wunde. Örtlich sieht man eine Einstichstelle, die nach einigen Minuten Schmerzen erzeugt mit einer Steigerung in den nächsten 1 bis 2 Stunden. Erste Hilfe: die Giftmenge reduzieren durch Kreuzschnitt (ausbluten) und Absaugen mit dem Schnorchel, Waschungen mit klarem, heißem Wasser (50 °C) oder mit Seife. Die brennende Zigarette hat nur dann Sinn, wenn man die Glut in die Nähe der Einstichstelle hält, soweit es erträglich ist, keinesfalls darf man sie in der Wunde ausdrücken. In schweren Fällen muss Kortison eingesetzt werden, auch Schockbehandlung und HLW können erforderlich sein.

Der Stachelrochen verursacht mit seinem bis zu 10 cm langen und mit Widerhaken versehenen Stachel tiefe Wunden, außerdem wird ein alkalisches Gift übertragen, das bei der Erstversorgung mit Essig, Zitronensaft oder verdünnter Salzsäure (Vorsicht!) neutralisiert werden kann. Weitere Maßnahmen s. oben.

Abb. 101: Drachenkopf mit Giftstacheln

Abb. 102: Doktorfisch mit Seitenskalpellen

Abb. 103: Gut getarnt lauert der Steinfisch auf Beute und wird so leicht übersehen

Abb. 104: Schön – aber giftig – der Rotfeuerfisch

Abb. 105: Petermännchen mit Rückenstacheln

Abb. 107: Giftiger Seeigel

Abb. 106: Kegelschnecken haben einen giftigen Radubazahn

Abb. 108: Der Kontakt mit der Dornenkrone kann empfindliche Verletzungen hervorrufen

Verletzungen mit Giftseeigeln und Seesternen (Dornenkrone)

Bei Verletzungen mit Giftseeigeln und Seesternen (Dornenkrone) kommt es darauf an, die Wunden zu desinfizieren, sie manuell auszudrücken und Stachelreste zu entfernen. Der Gemeine Seeigel zeigt bei Verletzungen keine Giftwirkung. Die Stachelreste müssen mit einer Pinzette entfernt werden. Gelingt das nicht vollständig, kann man versuchen, sie mit Essig oder heißem Zitronensaft zu lösen.

Besser als jede Therapie ist die Prophylaxe, d. h., Verletzungen mit Meerestieren müssen vermieden werden:
- achte auf eine korrekte Tarierung

Abb. 109: Seeschlange

- halte einen ausreichenden Abstand zum Riff
- fasse nichts an, und greife nicht in dunkle Spalten und Löcher
- füttere keine Tiere

Abb. 110: Elektrorochen können Schläge von mehreren Hundert Volt austeilen

4 Differenzialdiagnose

Es soll nun unterschieden werden, welche Symptome auf welche Ursachen zurückzuführen sind.

Unterscheidung Dekompressionskrankheit und Lungenüberdruckbarotrauma

Das wichtigste Thema ist hierbei die Unterscheidung der Dekompressionskrankheit und des Lungenüberdruckbarotraumas. In beiden Fällen kann es zu Schädigungen des zentralen Nervensystems, also des Gehirns, des Innenohres und des Rückenmarks, kommen.

Die Differenzierung zwischen Lungenüberdruckbarotrauma und Dekompressionskrankheit am Ort des Geschehens ist nicht leicht, sie ist für den Ersthelfer aber auch ohne Konsequenzen. Wichtig sind die Angaben zum Unfallgeschehen. Grundsätzlich treten die Folgen des Lungenrisses früher auf. Beim Notaufstieg entwickelt sich nach einer Statistik von Prof. Bühlmann mit größerer Wahrscheinlichkeit eine Dekompressionskrankheit. Beim Auftreten von Lungensymptomen wie Thoraxschmerz, Husten und blutigem Auswurf ist eher ein Lungenriss anzunehmen. Unabhängig von der Ursache sind Symptome mit neurologischen Störungen, Ausfall von Sinnesorganen oder Lähmungserscheinungen in der Druckkammer mit hyperbarem Sauerstoff zu behandeln.

	DCS I	DCS II	AGE
Ursachen	Inertgasübersättigung, Ausperlen von N_2-Blasen in den Geweben (Haut, Gelenke)	Inertgasübersättigung, Ausperlen von N_2-Blasen im Blut, Shunt, autochthone Blasenbildung	Lungenüberdehnung und -riss durch Überschreiten der physiologischen Elastizitätsgrenzen (Notaufstieg, »Air trapping«)
Physikalische Gesetze	Dalton und Henry	Dalton und Henry	Boyle-Mariotte
Symptome (Zeitpunkt des Auftretens)	Minuten bis Stunden nach TG, in den meisten Fällen innerhalb von 3 Stunden nach TG	Minuten bis Stunden nach TG, in den meisten Fällen innerhalb von 3 Stunden nach TG	Sofort beim Erreichen der Wasseroberfläche oder kurz danach
Neurologische Ausfälle	Hautsymptome, Missempfindungen, Gelenkschmerzen	Missempfindungen, Lähmungen, starke Müdigkeit und Körperschwäche	Sensibilitätsstörungen, Lähmungen, Bewusstlosigkeit, Tod
Art der Schädigung	Lokale Gewebsschädigung durch ausperlende N_2-Blasen	Embolien durch N_2-Blasen im ZNS und anderen lebenswichtigen Organen	Embolien durch Atemluftblasen im ZNS und anderen lebenswichtigen Organen
Therapie	normobarer O_2, später HBO, Achten auf neue Symptome	Notfallmaßnahmen, normobarer O_2, später HBO, evtl. HLW	Notfallmaßnahmen, normobarer O_2, später HBO, evtl. HLW
Prophylaxe	Diszipliniertes Tauchen unter Einhaltung der Sicherheitsregeln, evtl. Ausschluss PFO	Diszipliniertes Tauchen unter Einhaltung der Sicherheitsregeln, evtl. Ausschluss PFO	Sorgfältige ärztliche Untersuchung zum Ausschluss von Lungen-/Bronchialerkrankungen, Sicherheitsstopp, evtl. Ausschluss PFO

Tabelle 13: Gegenüberstellung von DCS I, DCS II und AGE

Fallbeispiele

Es sollen nun Fallbeispiele beschrieben werden, bei denen bestimmte Symptome vorliegen und Diagnose und Therapie zuzuordnen sind.

Fall 1: Der Tauchpartner hat nach einem Tauchgang Schmerzen in der Brustgegend, kann aber keine weiteren Informationen geben.	**Diagnose:** Lungenüberdruckunfall oder Dekompressionskrankheit (nicht eindeutig zu diagnostizieren)	**Therapie:** Vom Schlimmsten ausgehen, Atmung von normobarem Sauerstoff, unverzügliche Organisation eines Transports in die nächste Druckkammer.
Fall 2: Der Tauchpartner klagt nach einem Tauchgang über Taubheitsgefühle im Bein.	**Diagnose:** Dekompressionskrankheit vom Typ II	**Therapie:** – Kontrolle der Ansprechbarkeit und der Lebensfunktionen, ggf. Herz-Lungen-Wiederbelebung – Sauerstoffatmung – Schockbehandlung, Schutz vor Temperaturverlust – Auslösen der Rettungskette – Organisation des Transports in die nächste Druckkammer (erschütterungsfrei, Flug in maximal 400 m Höhe)
Fall 3: Der Tauchpartner kommt nach einem Notaufstieg bewusstlos an der Wasseroberfläche an. Er wird an Bord des Bootes gerettet und zeigt auf einer Körperhälfte keinerlei neurologische Reaktionen. Er hustet und hat blutigen Auswurf.	**Diagnose:** Lungenüberdruckunfall, da die Symptome unmittelbar nach dem Tauchgang auftreten	**Therapie:** – Schocklagerung – Beatmung mit reinem Sauerstoff – Kontrolle der Lebensfunktionen (Atmung, Kreislauf), ggf. Herz-Lungen-Wiederbelebung – Organisation des Transports in die nächste Druckkammer mit hyperbarer Sauerstofftherapie

Fall 4:	**Diagnose:**	**Therapie:**
Der Tauchpartner kommt nach einem Notaufstieg an die Wasseroberfläche, ist bei Bewusstsein, gibt Notzeichen und wird an Bord des Bootes gerettet. Dort treten nach einer halben Stunde Lähmungserscheinungen beider Beine auf.	Dekompressionskrankheit vom Typ II, da die Symptome erst eine halbe Stunde nach dem Tauchgang auftreten	– Atmung von reinem Sauerstoff – Stabile Seitenlage, falls Bewusstlosigkeit vorliegt, und ständige Kontrolle von Atmung, Blutdruck und Puls – Bei Atemstillstand und/oder Pulslosigkeit: Herz-Lungen-Wiederbelebung – Kälteschutzmaßnahmen – Schocklagerung (Kopf tief, Beine hoch) bei Schocksymptomatik – Bei Bewusstsein Flüssigkeitsgabe, ca. 2 l Wasser in 2 Stunden – Aktivierung der Rettungskette – Organisation des Transports in die nächste Druckkammer (erschütterungsfrei, Flug in maximal 400 m Höhe) mit hyperbarer Sauerstofftherapie

Fall 5:	**Diagnose:**	**Therapie:**
Der recht unerfahrene Taucher kommt nach dem Tauchgang auf 10 m Tiefe mit blutunterlaufenen Augen aus dem Wasser.	Barotrauma der Maske bzw. der Augen	Keine spezifische Behandlung, da die Blutung schnell resorbiert wird.

Fall 6:	**Diagnose:**	**Therapie:**
Der Tauchpartner zeigt nach dem Tauchen eine extreme Müdigkeit und die Haut juckt. Etwa 30 Minuten nach Einleitung der spezifischen Erste-Hilfe-Maßnahmen sind die Symptome komplett verschwunden.	Dekompressionskrankheit vom Typ I	In der Regel verschwinden die Symptome schnell auch ohne Druckkammerbehandlung. Möglichst normobare Sauerstoffatmung. Zur Prophylaxe sollte wegen einer möglichen Dekompressionskrankheit vom Typ II eine Druckkammerbehandlung mit hyperbarem Sauerstoff durchgeführt werden.

Fall 7:	**Diagnose:**	**Therapie:**
Der Tauchpartner hat nach einem Tauchgang ein Kribbeln in den Händen und Füßen.	Es sind verschiedene Ursachen möglich: – Unterkühlungserscheinungen – Dekompressionskrankheit (Hautsymptome, Juckreiz bzw. Taucherflöhe) – Durchblutungsstörungen durch zu eng sitzende Handschuhe oder Füßlinge – Stichverletzungen durch Meerestiere – Kontakt mit nesselnden Tieren Eine Diagnose kann nur durch Hinzuziehung der Begleitumstände gestellt werden.	Abgestimmt auf die jeweilige Diagnose.

Fall 8:	**Diagnose:**	**Therapie:**
Der Tauchpartner kann nach dem Tauchgang nicht mehr richtig laufen.	Es sind verschiedene Ursachen möglich: – Unterkühlung – Abschnürung – Dekompressionskrankheit – Lungenüberdruckunfall	Abgestimmt auf die jeweilige Diagnose.

Fall 9:	**Diagnose:**	**Therapie:**
Der Tauchpartner klagt über Gleichgewichtsstörungen nach dem Tauchgang.	Es sind verschiedene Ursachen möglich: – Barotrauma des Innenohres – Lungenüberdruckunfall – Dekompressionskrankheit – Gasvergiftung durch Kohlenmonoxid oder Kohlendioxid	Abgestimmt auf die jeweilige Diagnose.

Fall 10:	**Diagnose:**	**Therapie:**
Der Tauchpartner klagt nach einem Tauchgang bei hohen Außentemperaturen über Kopfschmerzen, Ohrensausen, Schwindel, Sehstörungen, Übelkeit und Brechreiz. Der Blutdruck ist abgefallen, der Puls angestiegen. Die Haut ist gerötet und warm.	Hitzeerschöpfung bzw. Hitzekollaps	Im Schatten oder kühlen Raum lagern, Kopf tief. Ersatz von Flüssigkeit mit Elektrolyt, die durch übermäßige Schweißproduktion verloren wurde. Kreislaufüberwachung durch Kontrolle von Blutdruck und Puls.

Fall 11: Der Tauchpartner hat vor dem Tauchgang bei hohen Außentemperaturen einen längeren Fußweg mit kompletter Tauchausrüstung und im geschlossenen Tauchanzug auf sich genommen und klagt über Kopfschmerzen, Schwindel, Übelkeit, Körperschwäche und Bewusstseinsstörung, er hat eine gerötete, heiße, trockene Haut bei völligem Stillstand der Schweißsekretion, die Körpertemperatur ist auf über 40 °C angestiegen, das Herzminutenvolumen, der Blutdruck, die Herzfrequenz und das Atemminutenvolumen sind erhöht.	**Diagnose:** Hitzschlag	**Therapie:** Lagerung in kühler Umgebung, Abkühlung durch kalte, feuchte Tücher, Sauerstoffbeatmung, Schocklagerung, ggf. Reanimationsmaßnahmen. Unbedingt ärztliche Behandlung, da die Erhöhung der Körpertemperatur zum Schock mit tödlichem Herz-Kreislauf-Versagen führt.
Fall 12: Der Tauchpartner klagt bei hohen Außentemperaturen über Übelkeit, Brechreiz und Schwindel, er hat einen hochroten und heißen Kopf.	**Diagnose:** Sonnenstich	**Therapie:** Lagerung an einem kühlen Ort, Kopf leicht erhöht. Kühlung des Kopfes mit kalten, feuchten Tüchern. Rascher Transport ins Krankenhaus, da ein Hirnödem auftreten kann.
Fall 13: Der Taucher zeigt unter Wasser in 40 m Tiefe eine fehlerhafte Einschätzung der Lage, Verlust von Selbstkritik sowie Sinnestäuschungen und Röhrensehen.	**Diagnose:** Tiefenrausch	**Therapie:** Sofortiger Aufstieg in geringere Wassertiefen; in der Regel verschwinden die Symptome dann.
Fall 14: Der Tauchpartner zieht beim Tauchen gegen die Strömung einen kontinuierlichen starken Blasenschwall hinter sich her und zeigt schließlich das Zeichen für Luftnot.	**Diagnose:** Essoufflement	**Therapie:** Zeichen für Ausatmung geben, Ausschalten der Anstrengungsursache, Verbringen in flachere Tauchtiefen, Pause zum Ausatmen, Ausschalten des hohen Atemwiderstandes.

Typische medizinische Zwischenfälle bei Tauchgängen mit Anfängern

Anzeichen	Zwischenfall	Ursache	Maßnahme
Stark klammernder Händedruck	Stress, evtl. Angst	*psychisch, da neue Situation und nicht vertraute Umgebung*	Bereits vor dem Abtauchen Ruhe ausstrahlen, Handkontakt, langsames Abtauchen; ablenken durch Zeigen von Unterwasserimpressionen oder von Gegenständen; Blickkontakt.
Starker Blasenschwall und hohe Atemfrequenz des Anfängers beim Abtauchen	Hoher Luftverbrauch	*a) psychische Ursachen* *b) falsche Tarierung* *c) starker Flossenschlag mit evtl. noch falscher Technik* *d) Ein Essoufflement ist in dieser Phase höchst unwahrscheinlich*	a) Handkontakt, beruhigendes Einwirken, Blickkontakt, ablenken durch Zeigen; b) selbst richtige Tarierung vornehmen mittels Inflator c) langsameres Abtauchtempo, Pausen, vorheriges Üben der Flossentechnik im Schwimmbad
Anfänger zeigt »kein Druckausgleich«	Druckausgleichsschwierigkeiten	*Druckausgleich zu spät begonnen oder falsch durchgeführt, ggf. Erkältung*	Vor dem Tauchgang Frage nach Erkältung, Tubendurchgängigkeit testen; genaue Erklärung der Durchführung, vorheriges Üben im Schwimmbad; erster Druckausgleich auf Hinweis des Ausbilders bereits in 1–2 m Tiefe und dann in Abständen von ca. 1 m; bei Schwierigkeiten höher tauchen und erneut probieren in vertikaler Lage, Kopf im Nacken; Tipp: an der Wasseroberfläche Salzwasser durch die Nase inhalieren (führt oft zur Abschwellung).
Anfänger atmet einatemorientiert	Einatemorientierte Atmung	*keine ausatemorientierte Atmung (aus psychischen Gründen, da Tariercheck an der Wasseroberfläche vorgenommen wurde)*	Ausatemorientierte Atmung zeigen und Zeichen für Ausatmung geben; bei dauerhaftem Auftrieb und Nichterfolg des Ausatmens wird dem Anfänger mit dem Karabiner das »Arbeitsblei« angehängt und später – bei verbesserter Atemtechnik – wieder abgenommen.
Blutunterlaufene Augen nach dem Tauchgang	Barotrauma des Auges	*kein Druckausgleich in der Maske*	Bereits in der Theorie- und Schwimmbadausbildung sowie in der Vorbesprechung auf den Druckausgleich in der Maske hinweisen; langsames Abtauchen; beim Abtauchen den Anfänger Luft durch die Nase in die Maske blasen lassen (vormachen und nachmachen lassen).

5 Tauchunfall-behandlung

Informationen über die neuen Richtlinien der Herz-Lungen-Wiederbelebung sind umfassend in den entsprechenden Kapiteln (s. S. 188) dargestellt. Der Spezialkurs Tauchsicherheit und Rettung (s. S. 198) beinhaltet einen theoretischen Teil über tauchspezifische Unfälle und einen praktischen Teil, bei dem Rettungstechniken und Übungen zur Herz-Lungen-Wiederbelebung erklärt werden. Der Spezialkurs Medizin-Praxis (s. S. 209) führt den Tauchlehrer und seinen Schüler in die apparative Ausrüstung zur Behandlung eines Tauchunfalls ein.
Ständig aktualisiert wird die Leitlinie Tauchunfall der Gesellschaft für Tauch- und Überdruckmedizin (GTÜM e.V., *www.gtuem.org*), sie ist daher eine gute Quelle für neue Informationen über die Behandlung des Tauchunfalls.

Leitlinie Tauchunfall

Die Leitlinie Tauchunfall der GTÜM e. V. wird in Abständen von drei Jahren von einer Expertengruppe aktualisiert.
Danach wird der klassische Tauchunfall auch als Dekompressionsunfall, *Decompression Illness, Decompression Incident, Decompression Injury*, DCI oder als Druckfallkrankheit bezeichnet. Die Ursache sind freie Stickstoffblasen in Blut und Geweben, die als Folge der Druckentlastung entstanden sind.

Bei der arteriellen Gasembolie (AGE, *Arterial Gas Embolism*) sind Atemluftblasen die Ursache, die als Folge eines Lungenrisses entstanden sind. Trotz unterschiedlicher Entstehungsweise sind die Symptome häufig identisch.

Symptome und Therapie

Die Behandlung des Tauchunfalls hängt von den Symptomen, d. h. der Schwere des Tauchunfalls, und von der Entwicklung der Symptome ab.
Milde Symptome sind auffällige Müdigkeit und Hautjucken, sogenannte Taucherflöhe. Erste-Hilfe-Maßnahmen sind:

- 100 % Sauerstoffatmung (unabhängig von dem beim Tauchen verwendeten Atemgas)
- trinken lassen, 0,5–1 Liter (keine alkohol- oder koffeinhaltigen Getränke)
- bei Unterkühlung weiteren Wärmeverlust vermeiden (Decken, Rettungsdecke, Aluminiumdecke)
- orientierende neurologische Untersuchung
- keine nasse Rekompression
- wenn symptomfrei innerhalb 30 Minuten: Arzt verständigen, 24 Stunden beobachten
- wenn noch Symptome nach 30 Minuten: wie schwere Symptome behandeln

Schwere Symptome sind Hautsymptome, Schmerzen, Ameisenlaufen, körperliche Schwäche, Taubheitsgefühl, Lähmungen, Atembeschwerden, Seh-, Hör-, Sprachstörungen, Schwindel, Übelkeit und Bewusstlosigkeit oder eingeschränktes Bewusstsein.

Symptome, die schon unter Wasser entstehen, sind immer als schwer zu bezeichnen.

Spezifische Erste-Hilfe-Maßnahmen sind:

- bei Bewusstlosigkeit stabile Seitenlage, sonst Rückenlagerung
- 100 % Sauerstoffatmung (schnellstmöglicher Beginn, unabhängig von dem beim Tauchen verwendeten Atemgas)

a) bei Eigenatmung über Maske (Demand-Ventil oder Kreislaufsystem mit CO_2-Absorber), wenn nicht verfügbar: Konstantdosierung (15–25 Liter/Minute, Reservoir und Rückschlagventile)

b) unzureichende Eigenatmung: Beatmung mit 100 % O_2 (Beatmungsbeutel mit Reservoir und Konstantdosierung (15–25 Liter/Minute) oder Demand-Ventil oder Kreislaufsystem mit CO_2-Absorber)

Sauerstoffatmung ohne Pause bis Erreichen der Druckkammer. Auch bei begrenztem Vorrat ist immer die höchstmögliche O_2-Konzentration zu wählen, kein Luftmix oder Konstantdosierung unter 15 Liter/Minute.

- Flüssigkeit

a) bewusstseinsklare Taucher 0,5–1 Liter Flüssigkeit/Stunde trinken lassen (keine alkohol- oder koffeinhaltigen Getränke)

b) eingetrübte Taucher nicht trinken lassen

- Rettungsleitstelle alarmieren, »Verdacht auf Tauchunfall« angeben

Bei einem Herz-Kreislauf-Stillstand wird die Herz-Lungen-Wiederbelebung, gegebenenfalls auch die automatische externe Defibrillation erforderlich.

Orientierende neurologische Untersuchungen und ein ausreichender Schutz vor Unterkühlung sind unerlässlich.

Zu einer guten Transportorganisation gehören die Alarmierung der Rettungsleitstelle und die Wahl des geeigneten Transportmittels. Es gibt keine Einschränkung für den Helikopter, es muss jedoch die niedrigste Flughöhe gewählt werden, die vertretbar ist. Das Ziel ist die nächste Notaufnahme möglichst in der Nähe einer Behandlungsdruckkammer.

Dokumentation von Befunderhebungen und Tauchgangsdaten sind für den weiterbehandelnden Arzt nützlich. Der Tauchpartner sollte in das Geschehen einbezogen werden, nicht nur zur Gerätesicherung (Tauchcomputer!).

Weltweit gibt es inzwischen die Möglichkeit der taucherärztlichen Telefonberatung:

- **DAN-Hotline für Deutschland und Österreich: +49-431-54090**
- **VDST-Hotline: +49-180-3322105**
- **Taucherarzt des Schifffahrtmedizinischen Instituts der Marine: +49-431-54090**
- **Taucherhotline von aqua med: +49-700-34835463**
- **Internationale DAN-Hotline: +39-0396057858**

Jeweils Kennwort »Tauchunfall« angeben. Weitere Telefonnummern, Taucherarztliste und Listen von in- und ausländischen Druckkammern, auch mit 24-Stunden-Dienst, unter *www.gtuem.org*.

Druckkammerbehandlung

Die Druckkammerbehandlung mit hyperbarem Sauerstoff (HBO) muss bei allen Symptomen des Dekompressionsunfalls Typ II durchgeführt werden. Auch der Dekompressionsunfall Typ I sollte mit hyperbarem Sauerstoff rekomprimiert werden, um den Übergang in eine schwerere Form dieses Unfalls zu verhindern.
Generell sind Einmanndruckkammern lediglich Transportkammern, und die Behandlung wird in diesen Kammern heute abgelehnt; denn eine moderne intensivmedizinische Betreuung ist in einer Einmanndruckkammer nicht möglich.
Die Behandlungsdruckkammer muss einen Arbeitsdruck von mindestens 280 kPa (2,8 bar absolut entsprechend 18 Meter Wassertiefe) aufweisen.
Vor Beginn der Druckkammerbehandlung muss eine neurologische Untersuchung erfolgen, gegebenenfalls auch eine Röntgenuntersuchung der Thoraxorgane (Lungenriss?). Punktion der Pleura und ein Blasenkatheter können ebenfalls nötig sein. Eine Parazentese (Perforation des Trommelfells) muss bei bewusstlosen Tauchern erfolgen.
Für die erste Druckkammerbehandlung ist die Therapie der Wahl beim akuten Tauchunfall die Behandlungstabelle nach US Navy, Tabelle 6, oder Modifizierungen dieser Tabelle, und zwar für alle Unfälle und unabhängig vom Atemgas des verunfallten Tauchers. Bei Deko-Regelverstoß ohne Symptomatik sind kürzere Tabellen möglich (zum Beispiel US-Navy-Tabelle 5).
Während der Behandlung sind laufende körperliche Untersuchungen, eine Flüssigkeitsbilanzierung und eine laufende Dokumentation der Befunde erforderlich.
Häufig sind Folgebehandlungen nötig, die nach einer Standardbehandlungstabelle erfolgen oder zum Beispiel mit dem sogenannten Problemwundenschema. Höchstens sind zwei Behandlungen innerhalb von 24 Stunden erlaubt.

Abb. 111: Druckkammerfahrten dienen auch zur Demonstration der Inertgasnarkose

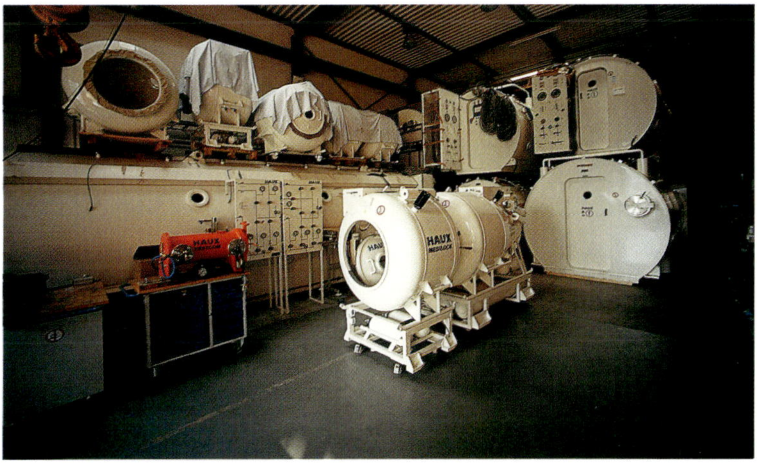

Abb. 112: Die Firma Haux stellt Druckkammern nicht nur für den Medizinsektor, sondern auch für Druckbaustellen her

Abb. 113: Verladen einer transportablen Zweimannkammer

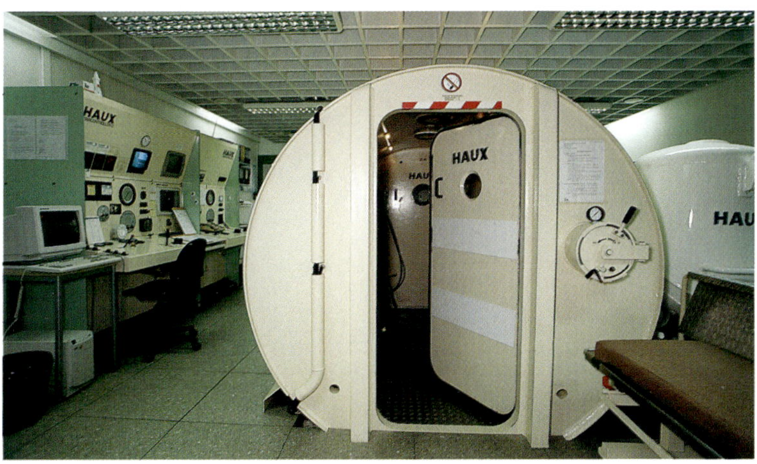

Abb. 114: Druckkammern in größeren Kliniken dienen bei zahlreichen medizinischen Indikationen als Therapie

Die Tauchtauglichkeit nach einem Tauchunfall setzt voraus, dass die Tauchunfalltherapie beendet ist und eine ausreichende Stabilität des Behandlungsergebnisses vorhanden ist.

Erste Hilfe und Reanimation

Die Algorithmen der Herz-Lungen-Wiederbelebung (kardiopulmonale Reanimation, CPR) werden in den Kapiteln Kurs in Herz-Lungen-Wiederbelebung (S. 188), Spezialkurs Tauchsicherheit und Rettung (S. 198) und Spezialkurs Medizin-Praxis (S. 209) umfassend beschrieben.

Seit der Publikation der neuen Leitlinie für die Herz-Lungen-Wiederbelebung durch das European Resuscitation Council vom November 2005 wurden einige gravierende Änderungen fixiert. Diese Änderungen basieren einerseits auf neuen wissenschaftlichen Erkenntnissen, andererseits auf der Absicht, diese Leitlinien zu vereinfachen und verständlicher zu machen.

Die wichtigsten Neuerungen sind:

- Wegfall der Suche nach Kreislaufzeichen, d. h. keinen Puls zählen.
- Die Beschreibung der Suche des Druckpunkts für die Thoraxkompression, neu heißt es: »Setze den Handballen auf die Mitte des Brustkorbs.«
- Geringere Zeitintervalle, weil 30 Kompressionen ohne Pause durchgeführt werden.
- Bessere Prognose, wenn der Defibrillation eine Basisreanimation vorausgeht.
- Geringste Pausen in der Basisreanimation ergeben eine deutliche Verschlechterung der Prognose.
- Keine Serie von drei Defibrillationen, sondern nur ein Schock, gefolgt von 2 Minuten Basisreanimation.
- Tierexperimentelle und mathematische Erkenntnisse haben ergeben, dass für Erwachsene ein Verhältnis von 30 Kompressionen: zu 2 Beatmungen das beste Verhältnis zwischen Sauerstoffsättigung und Hirndurchblutung ergibt.

Quellen: European Resuscitation Council Guidelines for Resuscitation 2005. Resuscitation 67 (2005) (Suppl. 1) S. 1–S. 189 und (deutsch): Notfall und Rettungsmedizin, ERC-Leitlinie, 1, 2006, 1–189

6 Tauchtauglichkeitsuntersuchung

Seit eh und je fordern Verbände wie der Verband Deutscher Sporttaucher (VDST e.V.) als Bedingung für die aktive Ausübung des Tauchsports eine tauchsportärztliche Untersuchung. Sinn dieser Untersuchung ist es, nicht nur körperlich Untaugliche vom Tauchsport fernzuhalten, sondern auch Menschen, die zu Fehlreaktionen und Panik neigen und dadurch sich und andere gefährden, von diesem Sport abzuraten. In den letzten Jahren hat die Gesellschaft für Tauch- und Überdruckmedizin (GTUEM e. V.) einen Untersuchungsbogen entwickelt, der den zahlreichen Tauchsportverbänden ermöglicht, dieses Formular einheitlich zu verwenden. Unklarheit herrscht immer noch über die Notwendigkeit und Frequenz der Untersuchungen, die Auswahl der Ärzte und die Kosten der Untersuchung.

Notwendigkeit

Die tauchsportärztliche Untersuchung ist dringend erforderlich. Statistische Untersuchungen haben gezeigt, dass z. B. Herz-Kreislauf-Erkrankungen häufig bei der aktiven Ausübung des Tauchsports zu Komplikationen, ja sogar zum Tod führen können. Ähnlich verhält es sich bei schweren Gesundheitsstörungen wie Bronchialasthma, schwerer Hypertonie und anderen Erkrankungen, die erst durch eine Untersuchung bekannt werden. Tauchversicherungen empfehlen den Mitgliedern die Untersuchung dringend, ab einem Alter von 70 Jahren ist sie bei manchen sogar zwingend erforderlich, sonst besteht keine Leistungspflicht.

Frequenz der regelmäßigen Untersuchungen

Bei Kindern und Jugendlichen bis 14 Jahren sollen die Intervalle nicht länger als ein Jahr, bei 15 bis 40-Jährigen zwei Jahre, bei über 40-Jährigen wiederum ein Jahr sein. Die Gesellschaft für Tauch- und Überdruckmedizin (GTÜM e. V.) empfiehlt in der Altersgruppe 15 bis 40 Jahre ein Intervall von drei Jahren. Es liegt in der Entscheidung des untersuchenden Arztes, ob er in der Tauchtauglichkeitsbescheinigung explizit die Dreijahresfrist bestätigt. In diesem Falle sollte der Tauchlehrer diese Bescheinigung anerkennen. Die Verantwortung liegt beim untersuchenden Arzt. Die Prüfungsvoraussetzungen für die Deutschen Tauchsportabzeichen des VDST e.V. (DTSA), Spezialkurse, ÜL- und Tauchlehrerprüfungen fordern obligat ein zweijähriges Untersuchungsintervall in der Altersgruppe 15 bis 40 Jahre.

Untersuchende Ärzte

Die Gesellschaft für Tauch- und Überdruckmedizin (GTÜM e. V.) empfiehlt, die Untersuchung bei einem Arzt für Tauch- und Überdruckmedizin durchführen zu lassen *(www.gtuem.org/liste/list-docs.php3)*.
Grundsätzlich kann jeder approbierte Arzt hier tätig werden, insbesondere der Hausarzt, der seinen Patienten und dessen Besonderheiten in der Regel am besten kennt. Es ist unbedingt zu empfehlen, vor dem Tauchurlaub die Untersuchung in der Heimat durchführen zu lassen, denn im Ausland gibt es – ganz abgesehen von der fachlichen Qualität – oft Verständigungsschwierigkeiten. Ausdrücklich muss vor nicht qualifizierten Untersuchungen und Gefälligkeitsattesten gewarnt werden. Der Sportler ist dann oft der Leidtragende.

Umfang der tauchsportärztlichen Untersuchung

Wesentlich ist die körperliche Untersuchung des Tauchers. Allgemeine Krankengeschichte (Anamnese) und tauchspezifische Anamnese sowie die Untersuchungsbefunde müssen in dem sog. Untersuchungsbogen
www.vdst.de/fachbereich/medizin/dokumente/vdst-u-bogen.pdf
www.gtuem.org
www.aquamed.de
oder
www.daneurope.de
dokumentiert werden. Das vierseitige Formular bleibt in der Arztpraxis des untersuchenden Arztes, auf Seite 5 befindet sich die Tauchtauglichkeitsbescheinigung, die ebenfalls heruntergeladen werden kann. Sinnvollerweise geht der Arzt nach diesem Formular vor. Es beinhaltet die Erhebung der Krankengeschichte und die Dokumentation einer ausführlichen körperlichen Untersuchung einschließlich einer neurologischen Untersuchung, der Spiegelung der Trommelfelle und der Aufzeichnung der psychischen Befunde. Obligat sind auch ein Lungenfunktionstest und ein Ruhe-EKG, bei über 40-Jährigen ist die Ergometrie (Belastungsprüfung des Herzens) obligat. Eine Röntgenuntersuchung der Thoraxorgane ist nicht obligat, ebenso eine Laboratoriumsuntersuchung. In der Zusammenfassung beurteilt der Arzt die Risikofaktoren und die Tauchfähigkeit. Die Tauchtauglichkeitsbescheinigung enthält eventuelle Einschränkungen und den Termin für die Nachuntersuchung.

Einschränkung der Tauchfähigkeit

Wenn der Arzt eine Einschränkung der Tauchtauglichkeit feststellt, muss er diese genau definieren. Die Einschränkung »weniger als 10 m Tauchtiefe« ist in den meisten Fällen unsinnig. Die Einschränkung »Hilfe beim Ein- und Ausstieg erforderlich«, z. B. bei körperlichen Gebrechen, muss nicht gleichbedeutend sein mit »tauchuntauglich«. Es besteht hier noch die Möglichkeit, die betroffenen Personen in die Gruppe der Behinderten einzuordnen, sodass sie unter den Bedingungen des Behindertentauchens den Tauchsport ausführen können. Einschränkungen sind mit dem begleitenden Taucher bzw. dem Tauchlehrer zu besprechen.

Kosten der tauchsportärztlichen Untersuchung

Die tauchsportärztliche Untersuchung ist eine ärztliche Leistung, die von den gesetzlichen Krankenkassen nicht bezahlt wird. Bisher schwankten die Rechnungen der Ärzte zwischen 50 Euro und astronomischen Zahlen. Seit Kurzem hat die GTÜM e. V. Empfehlungen zur Abrechnung der Tauchtauglichkeitsuntersuchung herausgegeben (*www.gtuem.org*).
Hiernach ergibt sich unter Berücksichtigung des hohen Aufwands für die Grunduntersuchung nach der Gebührenordnung GOÄ, 2,3-facher Satz, ein Betrag von aktuell 74,62 Euro (2007). Dies gilt für die Gruppe der bis 40-Jährigen. Bei über 40-Jährigen ist eine Ergometrie erforderlich, sodass sich der Preis auf 85,81 Euro erhöht.
Sollten sich auf Grund der Anamnese oder eventuell erhobener krankhafter Befunde weitere Untersuchungen ergeben, so wird empfohlen, diese nach dem einfachen GOÄ-Satz zu berechnen. Das kann natürlich teuer werden. Wenn die Zusatzuntersuchungen zur Abklärung eines krankhaften Befundes oder Beschwerdebildes dienen, können sie auch über die Krankenkasse abgerechnet werden.

7 Spezialkurse der Tauchmedizin

Kurs in Herz-Lungen-Wiederbelebung

Tauchmedizinische Kurse und Spezialkurse werden heute in breiter Vielfalt angeboten. Wir beschränken uns hier auf das Beispiel der Spezialkurse des DOSB- und CMAS-Mitgliedes VDST e.V.

1. Kursziel

Der Kursteilnehmer soll in Theorie und Praxis die Erste-Hilfe-Maßnahmen bei einer verunfallten Person mit dem Schwerpunkt der Herz-Lungen-Wiederbelebung (HLW) erlernen und sicher anwenden können. Außerdem soll er Rettungs- und Transporttechniken durchführen und die stabile Seitenlage herstellen können.
Es ist sinnvoll, den Kurs schon im Rahmen der Ausbildung zum CMAS*-Taucher durchzuführen, denn lebensrettende Maßnahmen sind besonders im Tauchsport wichtig.
Es ist weiterhin ratsam, die Inhalte der Automatischen Externen Defibrillation hier in den HLW-Kurs zu integrieren, denn in Zukunft wird es keine HLW ohne AED geben. Die AED ist eine gerade für den medizinischen Laien geschaffene Methode, durch einen Elektroschock die gefürchtete und immer zum Tode führende Herzrhythmusstörung »Herzkammerflimmern« erfolgreich zu behandeln (siehe auch Spezialkurse Tauchsicherheit und Rettung sowie Medizin-Praxis).

2. Mindestvoraussetzungen

Alter: 14 Jahre
Ausbildungsstufe: keine Voraussetzung
Anzahl der Tauchgänge: keine Voraussetzung
Sonstiges: Es sollten im Tauchtheorieunterricht bereits medizinische Grundlagen geschaffen worden sein und die wichtigsten Tauchunfälle angesprochen worden sein, um das Verständnis für die Erfordernisse der HLW zu bewirken.

3. Ausbildungs- und Prüfungsberechtigung

Kursleiter: durch Prüfungsnachweis qualifizierter Ausbilder für Herz-Lungen-Wiederbelebung einer anerkannten Sanitätsorganisation (DRK, MHD, ASB, JUH oder DLRG) oder durch den jeweiligen Tauchsportverband autorisierter und durch Prüfungsnachweis qualifizierter Tauchlehrer, mindestens Tauchlehrer*.
Assistent (bei Bedarf): mindestens ÜL-C mit guten Kenntnissen in HLW; der letzte

Kurs in Herz-Lungen-Wiederbelebung darf nicht länger als ein Jahr her sein.

4. Kursort

Der Theorieunterricht sollte in einem mit den notwendigen Unterrichtsmedien ausgestatteten Unterrichtsraum stattfinden. Die Praxis kann im Unterrichtsraum oder im Freien stattfinden.

5. Kursumfang

Der theoretische Teil ist für zwei Unterrichtseinheiten ausgelegt. Die Dauer der praktischen Übungen richtet sich nach der Anzahl der Teilnehmer, der Übungsgeräte und der Ausbilder. Es sollten auf jeden Fall für jeden Teilnehmer 15 Minuten für die HLW vorgesehen werden.

6. Hilfsmittel

Theorieunterricht: Overhead-Projektor, Leinwand, Tafel, Flipchart, Lehrfolien, Anschauungsobjekte, HLW-Puppe, Beatmungsbeutel, Guedel-Tubus, evtl. Sauerstoffsysteme, evtl. AED-Geräte, weitere Unterrichtsmedien

Praxis: Übungspuppe für HLW, eventuell weitere Puppen, Decken, evtl. AED-Geräte, Desinfektionsmittel, Reinigungstücher, je nach Puppe Ersatz für Einwegmaterial, Beatmungsbeutel, Guedel-Tubus, evtl. Sauerstoffsysteme.

7. Theoretischer Teil

Unterrichtseinheiten: 2

Lehrinhalte:

- Einleitung
- Hinweis auf bereits besprochene Tauchunfälle
- Möglichkeit der Rettung auch bei Ausfall von Lebensfunktionen
- Tauchpartner als erster Helfer
  Folgerung: Beherrschen der HLW für jeden Taucher wichtig, auch schon für den Anfänger!
- Grundlagen Anatomie und Physiologie
- Herz-Kreislauf-System
- Anatomie der Lunge
- Physiologie, insbesondere Aufgabe der Atmung
- Gefahren bei Störungen der Atmung (Sauerstoffversorgung insbesondere des Gehirns)

Wann ist die Herz-Lungen-Wiederbelebung durchzuführen?

HLW ist bei plötzlichem Herz- und/oder Atemstillstand durchzuführen. Der plötzliche Herzstillstand – meist Folge einer Erkrankung der Herzkranzgefäße bzw. einer aktuellen Herzrhythmusstörung (Kammerflimmern) – ist die häufigste Todesursache. Bei primärem Atemstillstand kann das Herz noch wenige Minuten schlagen und das Gehirn aus den Sauerstoffreserven der Lunge versorgen. Durch frühzeitiges Eingreifen des Ersthelfers kann der folgende Herzstillstand verhindert werden. Auch bei vielen Tauchunfällen führt der Herz- und Atemstillstand unmittelbar zum Tod, meist ausgelöst durch die akute Herzrhythmusstörung Kammerflimmern. Solche Todesfälle könnten verhindert werden, wenn

- die Herz-Lungen-Wiederbelebung unverzüglich von einem erfahrenen Helfer durchgeführt wird, denn die Überlebenschancen sinken bei zu spätem Beginn der HLW (s. Abb. auf S. 190),
- die notfallmedizinische Behandlung rasch einsetzt, damit die eigene Herz- und Atemtätigkeit des Verletzten wiederhergestellt wird. Der wesentliche Anteil der notfallmedizinischen Behandlung ist hier der frühzeitige Einsatz der Automatischen Externen Defibrillation (AED).

Abb. 115: Ablaufschema der Herz-Lungen-Wiederbelebung (HLW)

Erste-Hilfe-Maßnahmen und Reanimation (nach ERC, European Resuscitation Council – 2005)
Den diagnostischen Block gibt es nicht mehr. Nach der Aufforderung »Atemwege freimachen« folgt die Prüfung der Atmung durch Sehen, Hören und Fühlen. Dann wird kein Puls getastet. Denn nach neueren Erkenntnissen ist die Feststellung des Pulses an der Halsschlagader (Karotispuls) zur Effektivitätsbeurteilung eines Herz-Kreislauf-Stillstandes nicht ausreichend. Bei fehlender Atmung (Notruf nicht vergessen!) werden sofort 30 Thoraxkompressionen durchgeführt. Nach dem Algorithmus der Basisreanimation für Erwachsene (Abb. 115) stehen 30 Thoraxkompressionen im Vordergrund, gefolgt von zwei effektiven Beatmungen über einen Zeitraum von 1 sec. Dieses Vorgehen gilt als die beste Methode, ein Optimum zwischen der Sauerstoffsättigung des Blutes und der Durchblutung des Gehirns zu erzielen. Der Rhythmus ist also: 30 Thoraxkompressionen : 2 Beatmungen als Ein-Helfer- oder Zwei-Helfer-Methode. Die Zwei-Helfer-Methode soll in der Zukunft nicht mehr gelehrt werden. Es ist sinnvoll, dass eine zweite Person als Helfer zur Verfügung steht, wenn ein Helfer körperlich erschöpft ist.
Wie aus Abb. 115 zu ersehen ist, ist der Ablaufplan der Herz-Lungen-Wiederbelebung deutlich vereinfacht: Das Pulstasten fällt weg. Die wesentliche Änderung ist der neue Rhythmus der HLW, 30 Thoraxkompressionen : 2 Beatmungen.

Ablauf der Erste-Hilfe-Maßnahmen und HLW im Einzelnen (Basisalgorithmus)

1. Achte bei der Durchführung auf deine und des Verletzten Sicherheit.
2. Prüfe sein Bewusstsein durch vorsichtiges Schütteln seiner Schultern und lautes Ansprechen (s. Abb. 114)

Abb. 116: Bewusstseinsprüfung

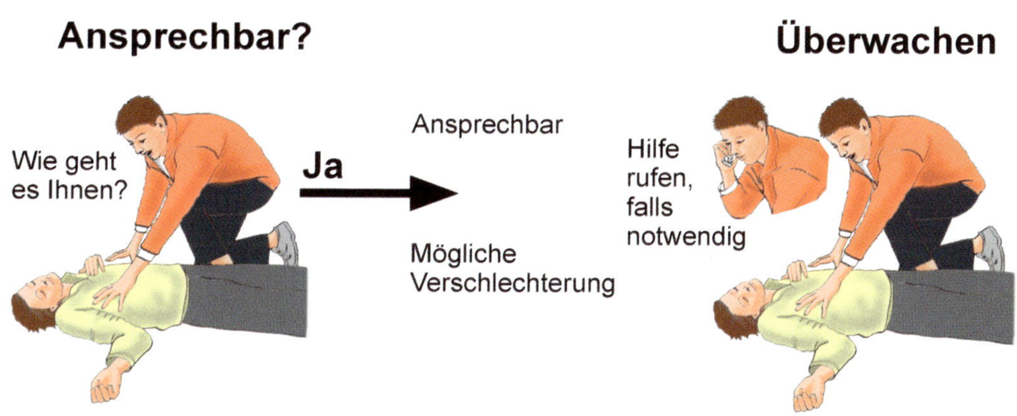

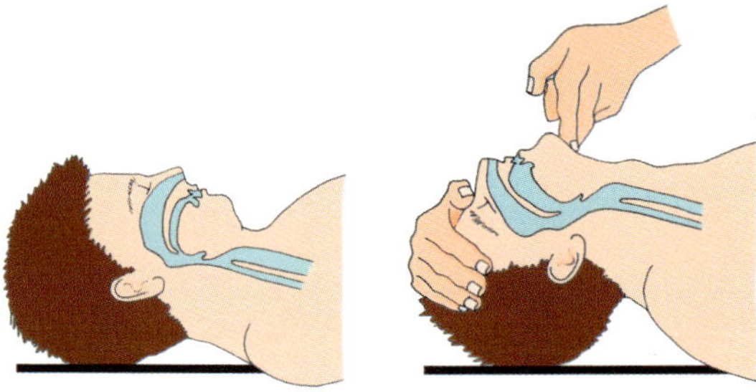

Abb. 117: Freimachen der Atemwege durch Überstrecken des Kopfes und Anheben des Kinns

3. Wenn er reagiert, belasse ihn in der Position, in der du ihn gefunden hast. Rufe nach Hilfe, falls notwendig. Überprüfe ihn ständig, denn eine Verschlechterung ist möglich.

Wenn er nicht reagiert, lege ihn auf den Rücken und mache die Atemwege frei durch Überstrecken des Kopfes (s. Abb. 114)

Falls hierbei sichtbare Fremdkörper oder Gebissteile zu erkennen sind, entferne diese. Oft tritt dann Spontanatmung ein.

4. Halte die Atemwege weiter offen und prüfe die Atmung durch Sehen, Hören und Fühlen. Auch bei schwacher Atmung sieht man eine Brustkorbbewegung. Beachte aber, dass Schnappatmung oder deutlich gestörte Atmung keine normale Atmung ist! Du darfst nicht mehr als 10 s benötigen, um zu entscheiden, ob die Atmung normal ist.
5. Wenn er normal atmet, drehe ihn in die stabile Seitenlage (s. Abb. 118), damit er nicht an seiner zurückfallenden Zunge oder an Erbrochenem ersticken kann. Hole Hilfe.
6. Wenn er nicht atmet, Schnappatmung vorhanden ist oder die Atmung anderweitig gestört ist, schicke jemanden oder hole selbst Hilfe, wenn du allein bist. Am besten:

Notruf Tel. 112

Abb. 118: Lagerung in stabiler Seitenlage, wenn die Atmung normal ist, aber Bewusstlosigkeit vorliegt.

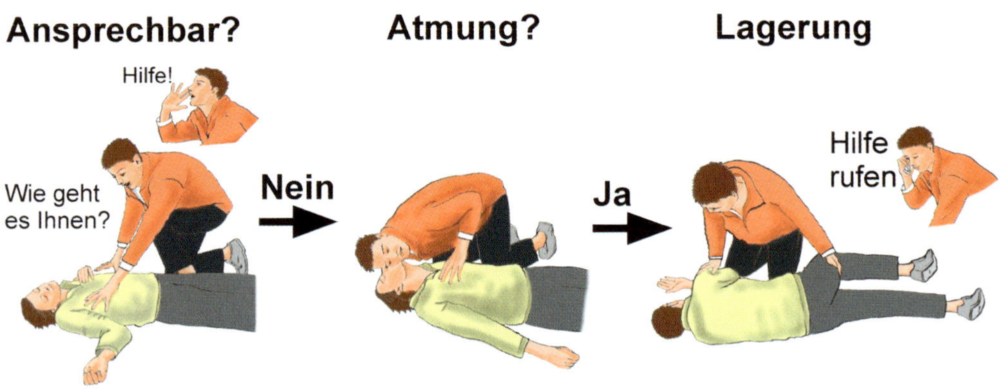

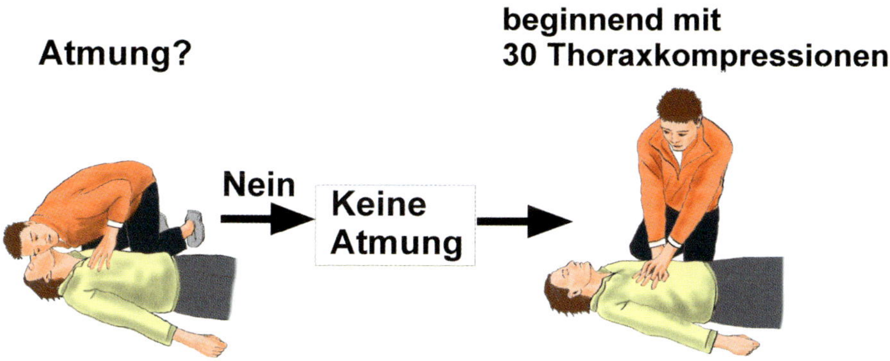

Abb. 119: Atmung oder gestörte Atmung, dann sofort 30 Thoraxkompressionen

7. Der Puls wird nicht mehr getastet! Beginne nun unverzüglich mit 30 Thoraxkompressionen mit einer Frequenz von 100/min, indem du mit dem Ballen einer Hand die Mitte der Brustwand des Verletzten ca. 4 bis 5 cm rhythmisch eindrückst.

8. Dann folgen 2 Beatmungen, jeweils über ca. 1 s und so stark, dass sich der Brustkorb deutlich anhebt.

---

30 Thoraxkompressionen : 2 Beatmungen

---

9. Setze die Reanimation fort, bis:
- professionelle Helfer den Fall übernehmen,
- der Patient wieder Lebenszeichen erkennen lässt,
- du körperlich erschöpft bist.

Verhältnis Herzdruckmassage zu Beatmung

Das Verhältnis Herzdruckmassage zu Beatmung beträgt 30 : 2, und zwar sowohl für die Ein-Helfer- wie auch für die Zwei-Helfer-Methode. Grund hierfür ist die Erkenntnis, dass bei 30 kontinuierlichen Thoraxkompressionen die Durchblutung und der Blutdruck in den Herzkranzgefäßen und in den Gehirnarterien deutlich höher ist als bei 15 Thoraxkompressionen. Das heißt, ein Optimum zwischen Sauerstoffsättigung des Blutes und der Durchblutung des Gehirns wird erzielt.

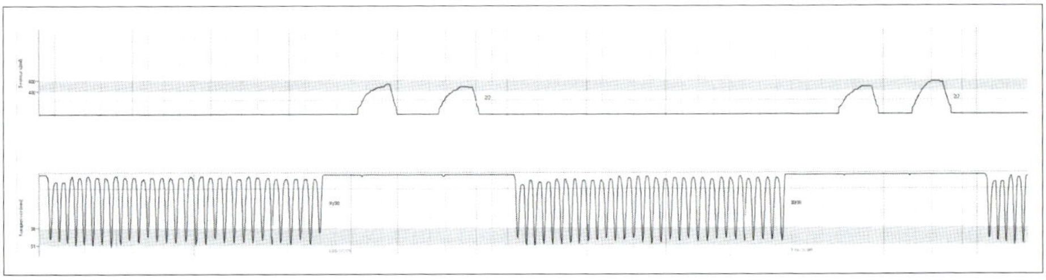

Abb. 120: Verhältnis Herzdruckmassage zu Beatmung 30 : 2, gleichermaßen für die Ein-Helfer- und Zwei-Helfer-Methode, Beatmungsvolumen 500–600 ml

Ein-Helfer- und Zwei-Helfer-Methode: Die Zwei-Helfer-Methode soll in der Zukunft nicht mehr gelehrt werden. Es ist sinnvoll, dass eine zweite Person als Helfer zur Verfügung steht, wenn ein Helfer körperlich erschöpft ist. Sollten zwei Helfer die HLW durchführen, geschieht das auch in einem Rhythmus 30 Thoraxkompressionen : 2 Beatmungen.

Hinweise zur Beatmung

Die Beatmungsdauer beträgt 1 sec. Die einzelnen Beatmungen sollen zügig erfolgen, das Beatmungsvolumen soll 500 bis 600 ml betragen, um zu verhindern, dass Luft in den Magen gelangt und Mageninhalt schließlich in die Mundhöhle aufsteigt. Eine Aspiration (Einatmung) des Mageninhaltes in die Lunge könnte die Folge sein. Dennoch sollen die einzelnen Beatmungen effektiv sein. Das Beatmungsvolumen muss so hoch sein, dass es durch die Beatmung zu einem deutlichen Anheben des Brustkorbs kommt.

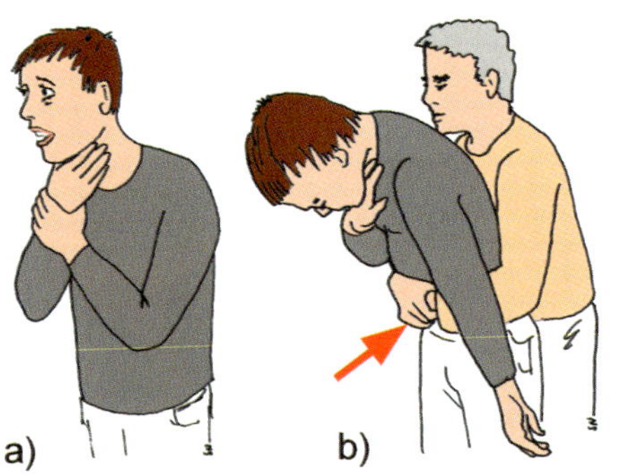

Abb. 121: Verlegung der Atemwege durch Fremdkörper
a) typische Haltung des Verletzten
b) Ausführung des Heimlich-Manövers

Reanimation eines Kindes

Das Verhältnis Herzdruckmassage zu Beatmung ist abhängig vom Alter der Betroffenen. Die vorher bekannte Altersgrenze von acht Jahren gilt nicht mehr. Ein lebloses Kind ohne normale Atmung wird man zunächst mit 5 Beatmungen behandeln. Das weitere Vorgehen ist davon abhängig, wie viele Helfer zur Verfügung stehen. Bei der Ein-Helfer-Methode wird grundsätzlich der Erwachsenenrhythmus, d. h. 30 Thoraxkompressionen : 2 Beatmungen empfohlen. Sind zwei Helfer vorhanden, wird man einen Rhythmus von 15 Thoraxkompressionen : 2 Beatmungen empfehlen.

Fremdkörper in den Atemwegen, Erstickungsgefahr

Hier sind die Empfehlungen, bei ansprechbaren Verletzten 5 Schläge zwischen die Schulterblätter zu geben, dabei Tieflage des Oberkörpers. Bei Bewusstlosen soll die Reanimation begonnen werden unter der Vorstellung, dass die Thoraxkompressionen einen Druck in der Lunge aufbauen, über den der Fremdkörper hinausgedrückt wird. Der Heimlich-Handgriff (Abb. 121) soll von Laienhelfern nur bei ansprechbaren Patienten ausgeführt werden.

Stabile Seitenlage

Die stabile Seitenlage dient dazu, den atmenden, aber bewusstlosen Verletzten in eine sichere Position zu bringen, wobei es besonders auf die Lage des Kopfes ankommt (s. Abb. 118, 122). Der Kopf soll so gelagert sein, dass seine Zunge bzw. Erbrochenes nicht die Atemwege verlegen können. Zu merken ist, dass man besonders auf die Durchblutung des unten liegenden Armes achten soll; denn bei Bewusstlosen kann es durch Druckeinwirkung schnell zu schwerwiegenden Durchblutungsstörungen kommen. Wenn der Verletzte sich mehr als 30 min in dieser Lage befindet, muss er vorsichtig auf die andere Seite gedreht werden, um Druckschäden zu vermeiden.

Die stabile Seitenlage ist häufig eine lebensrettende Maßnahme. Kreislauf und Atmung müssen jedoch kontinuierlich überprüft werden.

Durchführung der stabilen Seitenlage

(die stabile Seitenlage sollte während des Unterrichts erläuternd vorgeführt werden)

- behindernde Gegenstände und Tascheninhalte entfernen
- neben den Verletzten knien; seine beiden Beine müssen gestreckt sein
- Atemwege durch Überstrecken des Kopfes öffnen
- den zugewandten Arm im rechten Winkel zum Körper legen, Ellenbogen eingeknickt, Handfläche nach oben
- den abgewandten Arm über den Oberkörper legen und die Hand mit

Abb. 122: Stabile Seitenlage

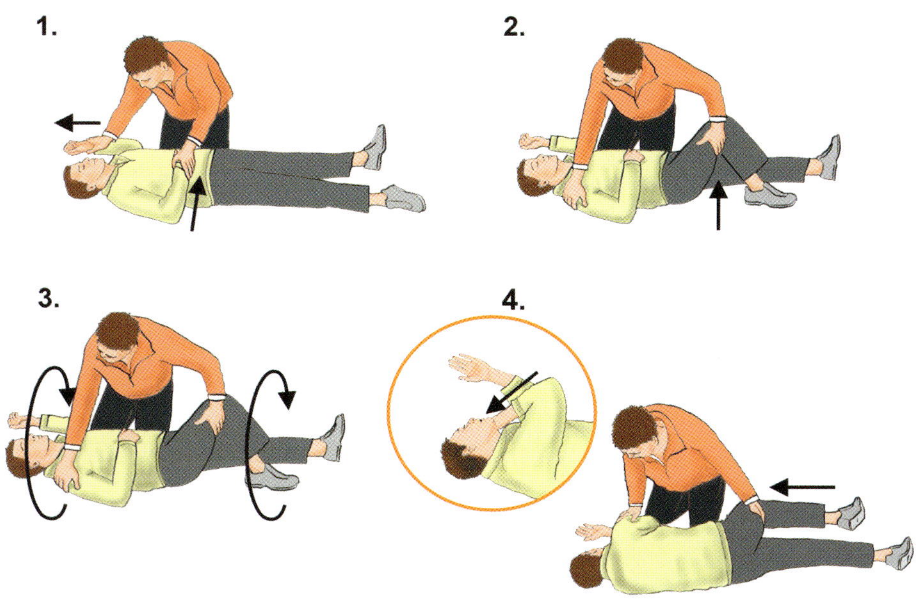

Mindestkriterien für eine wirksame Form der Stabilen Seitenlage:
- stabile und möglichst seitliche Lagerung des Patienten
- der Kopf (Mund) ist der tiefste Punkt des Körpers
- kein Druck auf den Brustkorb, der die Atmung behindert

der Handfläche nach unten auf die zugewandte Schulter legen
- das abgewandte Bein oberhalb des Knies erfassen und anheben; der Fuß bleibt auf dem Boden
- mit der anderen Hand die abgewandte Schulter fassen und gleichzeitig am angewinkelten Bein zu sich hin auf die Seite rollen
- das obere Bein so anwinkeln, dass der Ober- und Unterschenkel einen rechten Winkel bilden
- den Kopf überstrecken, sodass die Atemwege geöffnet bleiben
- die freie Hand unter das Kinn legen, sodass der Kopf überstreckt bleibt
- regelmäßig Atmung und Puls kontrollieren

Anmerkung: Diese Richtlinien sind denen des European Resuscitation Council angeglichen.

Beatmungshilfen

Als Beatmungshilfen eignen sich einfache Masken, mit denen die Beatmung wesentlich hygienischer und effektiver ist, vor allem, wenn zusätzlich ein sogenannter Guedel-Tubus verwendet wird, der dann automatisch die Zunge in richtiger Position und damit die Atemwege offenhält.

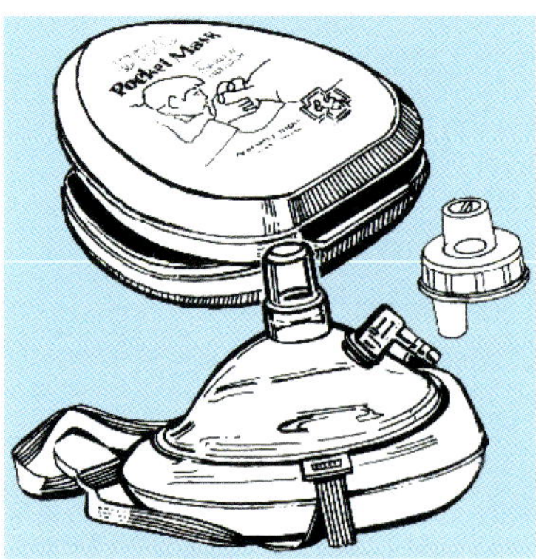

Abb. 123: Taschenmaske der Firma Laerdal, München

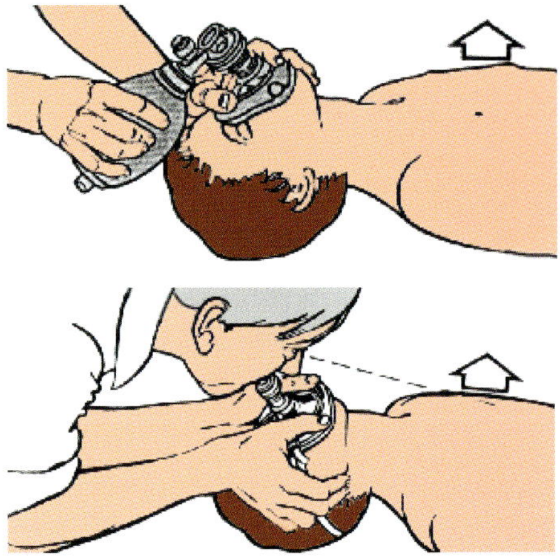

Abb. 124: Beatmungsmaske im praktischen Gebrauch

Die Maske enthält ein Einwegventil mit oder ohne Sauerstoffanschluss. Beim praktischen Gebrauch kniet der Helfer oberhalb des Kopfendes, setzt das breite Ende der Maske am Kinn an und dichtet sie über Mund und Nase ab. Dann öffnet er die Atemwege durch Vorschieben des Unterkiefers, indem er mit den Zeige- und Mittelfingern unter die Kieferwinkel des Verletzten greift. Mit den Daumen wird die Maske aufgedrückt, dann kann beatmet werden (s. Abb. 123).

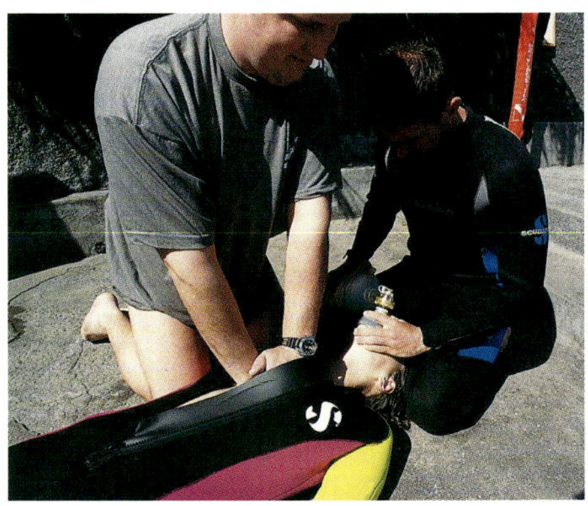

Abb. 125: Manuelle Beatmung mit dem Handbeatmungsbeutel

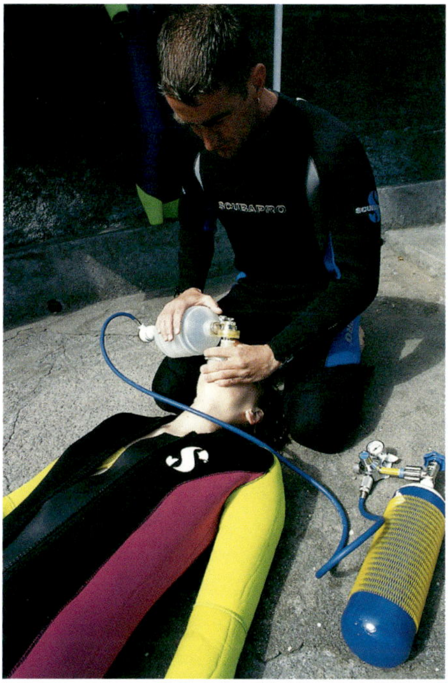

Abb. 126: Beatmung aus der Sauerstoffflasche

Für die manuelle Handbeatmung eignen sich Handbeatmungsbeutel, mit denen ein maximales Volumen von 1000 ml Luft bewegt werden kann. Hierbei besteht die zusätzliche Möglichkeit, einen weiteren Beutel als Sauerstoffreservoir anzuschließen.

Es wird an dieser Stelle ausdrücklich darauf hingewiesen, dass es effektiver ist, mit reinem Sauerstoff zu arbeiten. Gerade bei Tauchunfällen soll der Verletzte den Sauerstoff atmen, um hierdurch den Stickstoff schneller aus dem Körper zu eliminieren.

Falls vorhanden: Demonstration des Einsatzes von Sauerstoffsystemen

Rettungs- und Transporttechniken

Vorführung des Rautek-Griffs und des Rautek-Schultertragegriffs

Schlussteil

- Bedeutung der Herz-Lungen-Wiederbelebung als Erste-Hilfe-Maßnahme
- Bedeutung des Tauchpartners als Ersthelfer
- Regelmäßiges praktisches Üben der HLW nötig

8. Praktischer Teil

An mehreren Stationen (je nach Zahl der Ausbilder und Übungspuppen) werden von jedem Kursteilnehmer aktiv und über einen ausreichenden Zeitraum die folgenden Erste-Hilfe-Maßnahmen geübt und vom Ausbilder kontrolliert:

Station 1:

Erste-Hilfe-Maßnahmen an der Übungspuppe

Hinweis: Vor jedem Wechsel ist auf Desinfektion zu achten bzw. Einwegteile auszutauschen!

Jeder Teilnehmer demonstriert unter Anleitung und später selbstständig:

- Beurteilung der Ansprechbarkeit
- Hilferuf
- Befreien der Atemwege, Kontrolle von Atmung und Puls
- Notruf
- Herz-Lungen-Wiederbelebung nach der Ein-Helfer-Methode (mindestens über 5 Minuten)

Station 2:

Erste-Hilfe-Maßnahmen an der Übungspuppe und Einsatz weiterer Hilfsgeräte

Wie bei Station 1, jedoch nach der Zwei-Helfer-Methode und unter Demonstration des Beatmungsbeutels sowie (falls vorhanden) des Sauerstoffbeatmungsgerätes.

Station 3:

Erste-Hilfe-Maßnahmen an der Übungspuppe in Kombination mit einem AED-Gerät (Automatische Externe Defibrillation)

Aufbau wie bei den Stationen 1 und 2, jedoch unter Verwendung eines AED-Gerätes, das nach Feststellung von fehlender oder nicht normaler Atmung zum Einsatz kommt (s. auch Spezialkurse Tauchsicherheit und Rettung und Medizin-Praxis). Der Übende muss das AED-Gerät nach Feststellung fehlender oder fehlerhafter Atmung anlegen können und dann die Anweisungen des Gerätes befolgen können.

Station 4:

Stabile Seitenlage und Rettungsgriffe
Hinweis: Decken bereitlegen, falls der Untergrund für die Übungen ungeeignet ist!

Jeder Teilnehmer demonstriert unter Anleitung und später selbstständig:

- Stabile Seitenlage
- Rautek-Griff
- Rautek-Schultertragegriff

9. Erfolgskontrolle

Der Kursleiter soll feststellen, ob der/die Kursteilnehmer(in) das jeweilige Teilziel erreicht hat. Im theoretischen Teil soll die Form eines Lehrgesprächs gewählt werden. Bei den Tauchgängen wird vom Kursleiter/Assistenten beobachtet, ob das Ziel der Übung erreicht wurde.

10. Abschluss/Beurkundung

Dem Teilnehmer wird die erfolgreiche Teilnahme am Kurs in Herz-Lungen-Wiederbelebung vom Kursleiter durch einen Eintrag in den Taucherpass mit einem Aufkleber bestätigt.

Spezialkurs Tauchsicherheit und Rettung

1. Kursziel

Der Kursteilnehmer soll in Theorie und Praxis mit der vorbeugenden Unfallvermeidung (vorbeugende Maßnahmen) und der Unfallbewältigung (bei einem Tauchunfall zu ergreifende Maßnahmen) vertraut gemacht werden. Nach Abschluss des Kurses soll er

- sich der besonderen Bedeutung von Unfallvermeidung und Unfallbewältigung bewusst sein,
- Tauchgänge so durchführen können, dass vorhersehbare Probleme oder Unfälle bei sich selbst oder bei Mittauchern vermieden werden,
- Tauchgänge so durchführen können, dass eingetretene Probleme oder Unfälle bei sich selbst oder bei Mittauchern bewältigt werden,
- tauchspezifische Erkrankungen erkennen und unterscheiden können (Symptomatik),
- Rettungs- und Transporttechniken an die Oberfläche, zum Land/Boot,
- Erste-Hilfe- und Reanimationstechniken inklusive der Automatischen Externen Defibrillation (AED) anwenden können,
- den effizienten Rettungs- und Signalmitteleinsatz kennen,
- die Grundsätze der Rettungskette und ihre bedarfsgerechte Modifizierung kennen bzw. einleiten können.

2. Mindestvoraussetzungen

Alter: 14 Jahre; bei Minderjährigen ist die Einverständniserklärung der sorgeberechtigen Eltern (in der Regel beide Elternteile) erforderlich.

Ausbildungsstufe: CMAS-Taucher*; ersatzweise genügt eine vergleichbare Qualifikation entsprechend der VDST-Äquivalenzliste.
Anzahl der Tauchgänge: 30
Sonstiges: gültige Tauchtauglichkeitsbescheinigung

3. Ausbildungs- und Prüfungsberechtigung

Ausbilder/Kursleiter: mindestens Tauchlehrer** und vom zuständigen Verband zugelassene Tauchlehrer. Eine Anerkennung anderer Personen als Kursleiter kann bei entsprechender Eignung durch den zuständigen Verband erfolgen. Diese Anerkennung muss vor Ausschreibung des Kurses eingeholt werden.

4. Theoretischer Teil

Unterrichtseinheiten: 4
Lehrinhalte:
Unfallvermeidung: Vermeidung von Unfällen (vorhersehbare Probleme) durch Ausschalten von Risikosituationen
Dieses Kapitel ist als Einleitung zum theoretischen Teil des Kurses zu verstehen. Anhand von Unfallstatistiken können Risikofaktoren dargelegt werden. Es muss klar werden, dass auch bei Beachten aller Verhaltensregeln Restrisiken bestehen, die bereits eine qualifizierte Notfallorganisation erfordern. Erfahrungsgemäß führt ein regelwidriges Verhalten immer wieder zu Vorfällen, die ihrerseits ein Notfallmanagement erfordern.
Besondere Sorgfalt ist der Psyche des Mittauchers zu widmen, dabei Berücksichtigung von Angstzuständen mit möglichen Panikreaktionen.
Hinweis auf exakte Durchführung eines Tauchgangs inkl. Sicherheitsstopp von einer Minute in ca. 3 bis 5 m Wassertiefe (je nach örtlichen Verhältnissen).
Unbedingtes Einhalten der vorgeschriebenen Aufstiegsgeschwindigkeit und der ermittelten Dekompressionsstufen und -pausen, Mitführen und korrekte Handhabung gültiger Dekompressionstabellen trotz Computergebrauchs.
Besondere Risikofaktoren bei Strömungs-, Nacht-, Trocken-, Eis- und Tieftauchgängen. Unterschiede beim Tauchen in Salz- und Süßwasser.

Unfallbewältigung: Erkennen und Beurteilen von Unfallsituationen
Hierzu gehört die Kenntnis der wichtigsten Taucherkrankheiten wie Barotraumen des Ohres, Tiefenrausch, Lungenüberdruckunfall und Dekompressionskrankheit sowie das Essoufflement. Wichtig ist die Gegenüberstellung des Lungenüberdruckunfalls und der Dekompressionskrankheit Typ II. Aber auch einfache Störungen wie der Wasser-Nase-Reflex und der Tauchreflex müssen erklärt werden, weil sie zu ernsteren Zwischenfällen führen können.
Besondere Bedeutung kommt dem Umgang mit einem Bewusstlosen zu: Wann sind Reanimationsmaßnahmen angezeigt?

Rettungs- und Transporttechniken
Hierzu gehören das Retten und Bergen des bewusstlosen Tauchers an die Oberfläche, der Transport eines Verletzten, ziehend und schiebend inkl. Betreuung.
Bergen in das Boot (Schlauchboot oder mit Rettungshilfen an einem größeren Boot) bzw. an Land (Rautek-Bergegriff und Schulter-Tragegriff nach Rautek).
Die Versorgung beginnt mit dem Lockern der Kleidung und – soweit erforderlich – Entkleidung. Die Rautek-Griffe ermöglichen die Rettung ohne spezielle Ausrüstung.

Rautek-Bergegriff

Der Rautek-Bergegriff eignet sich für zahlreiche Rettungsmaßnahmen, insbesondere ist er auch für die Rettung eines bewusstlosen Tauchers an das Ufer zu empfehlen (s. Abb. 127–132).

Zur Durchführung des Rautek-Bergegriffes tritt der Helfer hinter den Verletzten und fasst unter den Achseln hindurch, wobei ein Arm vor dem Oberkörper angewinkelt und vom Helfer mit beiden Händen so gefasst wird, dass die Hände den Unterarm des Verletzten nicht mit dem Daumen umgreifen (weniger Halt!). In dieser Position kann der Verletzte bei Tauch- oder Badeunfällen ans Ufer gebracht werden. Das Aufrichten des liegenden Verletzten ist besser möglich, wenn der Retter sich zunächst hinter den Verletzten kniet. Der Rautek-Bergegriff ist nur dazu geeignet, den Verletzten aus dem akuten Gefahrenbereich zu holen.

Mit dem Rautek-Schultertragegriff ist auch die Rettung eines verunfallten Tauchers aus hüfthohem Uferwasser möglich. Man fasst dazu aus der Abschlepplage heraus in etwa bauchhohem Wasser (bezogen auf den Retter) über Kreuz das Handgelenk des Verunglückten (für Rechtshänder mit der linken Hand das rechte Handgelenk) und den Oberschenkel (für Rechtshänder mit der rechten Hand den linken Oberschenkel). Der Verunglückte wird dann über die Längsachse drehend auf die eigenen Schultern gebracht. Mit der rechten Hand wird nun um beide Beine des Verunglückten herum der rechte Arm des Verunglückten gefasst (die linke Hand ist frei). Die Körperlast sollte möglichst gleichmäßig verteilt sein (siehe Abb. 130–132).

Abb. 127–129: Rautek-Bergegriff

Der Rettung aus dem Wasser geht in der Regel die Rettung des verletzten oder bewusstlosen Tauchers an die Wasseroberfläche voraus.

Der Wichtigkeit halber sind hierzu folgende Punkte zu merken:
Für spätere Unfallanalyse wichtig:
- Wo ist der Lungenautomat?
- Sitzt die Maske korrekt?
- Wie ist die Lage des Verletzten?
- Sind äußere Verletzungen vorhanden?
- Der Lungenautomat ist im Munde des Verletzten zu belassen.
- Der Retter schwimmt von oben und hinten an den Kopf des Verletzten und fixiert den Lungenautomaten mit einer Hand, dabei aufrechte Lage beider Taucher, wobei der Kopf des Verletzten in eine überstreckte Position gebracht wird. Alternativ ist die Rettung auch aus seitlicher Position des Retters durchführbar.
- Tarieren des Betroffenen und anschließende Rettung an die Wasseroberfläche; wichtig ist hierbei: Der Verunfallte muss stets so tariert sein, dass er hydrostatisches Gleichgewicht oder einen leichten Auftrieb hat. Es gilt immer der Grundsatz, sich selbst nie zu gefährden, d. h. der Transport an die Oberfläche sollte zwar zügig erfolgen, im Flachbereich (d. h. ab ca. 10 m) aber immer betont langsam (Airtrapping-Gefahr!).

An der Wasseroberfläche müssen die vitalen Funktionen (Atmung und Kreislauf) des Verletzten geprüft werden, das Transportschwimmen muss vorbereitet werden. Zunächst muss das Opfer ggf. herumgedreht und fixiert werden: Gesicht nach oben! Diese Aktion ist leichter möglich,

Abb. 130–132: Schultertragegriff nach Rautek

wenn der Retter mit gekreuzten Armen die Schultern des Verletzten von der Kopfseite her fasst und ihn so mit Schwung auf den Rücken dreht. Es folgt das Abwerfen seines Bleigurtes und eventuell die Entfernung seines Tauchgerätes (Vorsicht bei Übungen: Fangleine mit Boje verwenden!).

Das Transportschwimmen (Abb. 133) ist grundsätzlich ziehend und schiebend möglich. Bei der üblichen Abschlepptechnik ist eine bessere Verständigung mit dem Verunfallten möglich. Beide Taucher befinden sich in Rückenlage. Wenn der Verletzte von seinem Ballast befreit ist, wird seine Taucherweste oder sein Jacket aufgeblasen. (Vorsicht: Zu viel Luft im Tariersystem kann Transport und Atmung behindern, daher ggf. Brustclip des Jackets öffenen!) Beim Transportschwimmen werden

Abb. 133: Transportschwimmen

Abb. 134: Transport eines Verunfallten

die Masken angelassen. Es ist ständig darauf zu achten, dass Mund und Nase des Verletzten frei sind, damit kein Wasser aspiriert werden kann. Der Atemregler wird nur bei hohem Seegang im Mund des zu Rettenden belassen, da ohne Atemregler ein freies Atmen ohne Atemwiderstand möglich ist.

Hinweis auf das veränderte Transportverhalten bei Wingjackets (andere Luftverteilung als üblich)!

Anmerkung:

Die Beatmung über den Schnorchel wird heute von den meisten Tauchsportverbänden abgelehnt, weil die notwendige Herz-Druck-Massage im Wasser nicht effektiv durchgeführt und damit ein effektiver Kreislauf nicht aufrechterhalten werden kann. Die Beatmung über den Schnorchel kann nur dann sinnvoll sein, wenn es sich um einen Atemstillstand bei noch vorhandener Herztätigkeit handelt (Carotispuls vorhanden).

Wichtig ist es immer, den Verunfallten in eine Umgebung zu bringen, in der er optimal und wirkungsvoll versorgt werden kann.

Mindestens ebenso wichtig wie der Transport ist die Betreuung des Verunfallten. Außerdem darf der Transport nicht unter Aufbringen aller verfügbaren Kraft geschehen, weil noch weitere anstrengende Aktivitäten folgen werden.

Anschließend erfolgt die Rettung des Verletzten an Land oder in das Boot; spätestens vor diesem Schritt muss das Tauchgerät entfernt werden.

Bergen in das Schlauchboot

Mit einem Bewusstlosen oder Verletzten bereitet das Bergen in Boote oder steile Wände hinauf oft spezielle Probleme. Es ist jedoch auch für eine einzelne Person möglich, einen bewusstlosen Taucher sicher in

Abb. 135–142: Retten in ein Schlauchboot

ein Schlauchboot zu retten. Der Retter legt eine oder beide Hände des Opfers auf die Wand des Schlauchbootes, stützt sich dann auf die Wand und steigt selbst als Erster in das Boot, ohne die aufgelegte Hand loszulassen (Abb. 135–142). Alsdann hievt er den Verletzten an beiden Händen fassend nach einigem Eintauchen (nicht Gesicht) mit Schwung in das Boot.

Bergen über die Leiter in das Boot

Bei größeren Booten müssen steile Leitern überwunden werden, um an Bord zu kommen. Man legt zunächst den zu Rettenden mit dem Rücken an die Leiter, greift dann mit dem linken Arm unter der Achsel hindurch an eine Leitersprosse, um Halt zu

Abb. 143–146: Rettung über eine Bootsleiter

bekommen (s. Abb.143–146). Dann zieht man mit der rechten Hand den Verletzten auf den rechten Oberschenkel, möglichst dicht heran. Anschließend greift man mit der rechten Hand durch die andere Achsel an die Leiter und kann so den Bewusstlosen hochtragen. Diese Rettungsübung sollte man vorher trainiert haben. Sie lässt sich auch durchführen, wenn der Verletzte über beiden Oberschenkeln des Retters im Grätschsitz hochgetragen wird. Bei dieser Methode hat der Retter mehr Beinfreiheit.

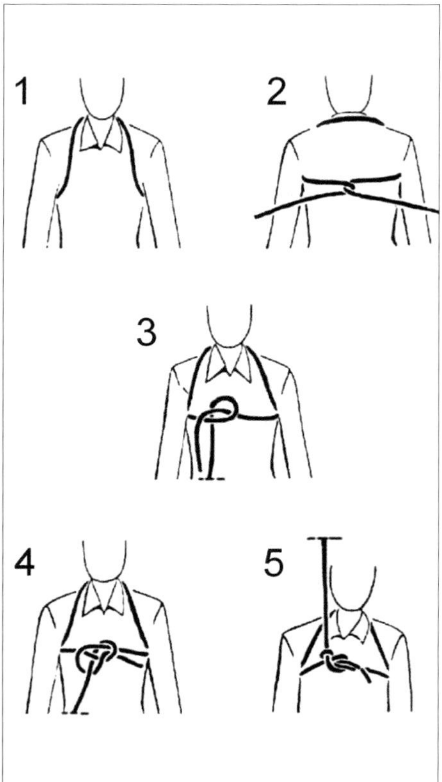

Abb. 147: Brustbund (Feuerwehrstek)

Wenn genügend Helfer vorhanden sind, kann man den Verletzten auch mit einer Leine hochziehen. Dies geschieht mit dem Brustbund (Feuerwehrstek).
Dieser Spezialknoten wird so ausgeführt, dass man aus einer dem Verletzten von vorn zugewandten Position das Seil um den Nacken legt, es dann nach vorn über die Schultern und anschließend durch die Achseln hindurch nach hinten zieht. Auf dem Rücken wird es dann einmal überkreuzt und über der Brust mit dem Palstek befestigt (s. Abb. 147). So besteht für den Verletzten bei der Rettung keine Gefahr des Abgleitens. Beim Hochhieven muss dafür Sorge getragen werden, dass der Verunfallte sich an der Bordwand/Reling keine Verletzungen zuzieht.

Erste-Hilfe-Maßnahmen
Möglichst mit Anschauungsmaterial sollen Maßnahmen bei Verletzungen, die beim Tauchsport vorkommen, demonstriert werden. Es handelt sich um Verstauchungen, Verrenkungen, Knochenbrüche, Schürfverletzungen, spritzende Blutungen und Verletzungen durch bestimmte Meerestiere, hierbei ist eine kurze Einweisung in Verbandstechniken empfehlenswert.

Reanimation
Die Reanimation muss von jedem Teilnehmer aktiv und intensiv geübt werden. Zwingende Notwendigkeit hierfür ist ein Reanimationsmodell (Puppe). Es ist streng nach folgendem Schema vorzugehen:

Ein-Helfer-Methode
Hier bitte genau nach den Ablaufschemen und den Anweisungen und Ausführungen der HLW verfahren, wie sie im HLW-Kurs (Seiten 188 bis 198) beschrieben worden sind.

Zwei-Helfer-Methode

Die Zwei-Helfer-Methode soll in der Zukunft bei der einfachen Basisreanimation für Erwachsene nicht mehr gelehrt werden. Es ist aber sinnvoll, dass eine zweite Person als Helfer zur Verfügung steht, wenn ein Helfer körperlich erschöpft ist. Sollten zwei Helfer die HLW durchführen, geschieht das auch in einem Rhythmus
30 Thoraxkompressionen :
2 Beatmungen.
Eine Ausnahme bildet die HLW des Kindes, wenn zwei Helfer vorhanden sind, die nach einem Rhythmus von
15 Thoraxkompressionen :
2 Beatmungen arbeiten.

Automatische Externe Defibrillation (AED)

Wenn ein AED-Gerät (Elektroschockgerät) vorhanden ist, muss es in die Maßnahmen der Herz-Lungen-Wiederbelebung integriert werden, um die lebensgefährliche Herzrhythmusstörung frühzeitig zu erkennen und sie erfolgreich zu behandeln. Wenn am Unfallort kein Gerät parat ist, wird es in der Regel von dem durch Notruf herbeigeholten Rettungswagen mitgebracht. Das bedeutet Zeitverlust, es ist also ratsam, dass auch ein AED-Gerät zur Notfallausrüstung eines Tauchvereins gehört. Das AED-Gerät erkennt das Kammerflimmern des Herzens und veranlasst den Bediener, den Elektroschock abzugeben. Danach erfolgen neue Analysen und neue Sprachanweisungen des Gerätes.
Nach dem ersten Schock fordert das Gerät zum Fortsetzen der HLW auf, wenn es so programmiert ist. Es gibt genau an, wie die Automatische Externe Defibrillation in die Maßnahmen der Herz-Lungen-Wiederbelebung zu integrieren ist. Das Gerät ist einfach zu bedienen:

- Gerät einschalten,
- Elektroden aufkleben,
- optische und akustische Anweisungen des Gerätes zum weiteren Vorgehen befolgen.

Damit der Einsatz eines AED auch von Erfolg gekrönt wird, sind einige Sicherheitskriterien zu beachten:

- benutze den Defibrillator nur bei Patienten, die ohne oder ohne normale Atmung sind,
- stelle sicher, dass niemand den Patienten berührt,
- stelle sicher, dass die Elektroden auf dem entblößten Oberkörper des Patienten richtig positioniert sind,
- entferne den Sauerstoff vor der Durchführung der Defibrillation (Explosionsgefahr!)

Nach jeder Analyse, d. h. nach einer Schockabgabe, aber auch bei Ablehnung des Schocks, muss sofort mit der HLW begonnen werden, 30 Thoraxkompressionen : 2 Beatmungen. Die HLW soll jeweils 2 min dauern.
Grundsätzlich soll die HLW im Zuge der Automatischen Externen Defibrillation nicht unterbrochen werden, nur

- zum Zeitpunkt der Analyse bzw. der Schockabgabe,
- wenn professionelle Hilfe die HLW übernimmt,
- wenn der Patient wieder normal atmet und
- wenn die Helfer körperlich erschöpft sind.

Sauerstoffsysteme

Zur Behandlung von Tauchunfällen ist die Atmung von Sauerstoff die Therapie mit der besten Wirkung. Daher ist es zwingend notwendig, dass ein Sauerstoffsystem vor Ort vorhanden ist.
Die beste Wirkung haben Sauerstoffsyste-

me, bei denen der Verletzte reinen Sauerstoff atmen kann (Dräger Akut 2000, Wenoll-System, DAN-Sauerstoff-Kit). Die Handhabung dieser Systeme ist Gegenstand des Spezialkurses »Medizin-Praxis« (Seite 209ff.), sollte aber auch im Rahmen des Spezialkurses »Tauchsicherheit und Rettung« geübt werden.

Rettungs- und Signalmittel
Demonstration und Erläuterung von Taucherwesten und Jackets mit ihren Vor- und Nachteilen.
Signalpfeife, Signalboje, Signalhupe für unter Wasser, Signalblitz, Notsignale (Seemannschaft) etc.

Rettungskette
Erklärung der Rettungskette an Binnenseen und am Meer.
Maßnahmen vor dem Tauchgang und nach eingetretenem Notfall, Notfalltelefon, Funk, Rettungswagen mit Notarzt. Kontakt zum nächsten Druckkammerzentrum.

Tauchgangs- und Unfallprotokoll
Das Unfallprotokoll muss enthalten:
- genaue Aufzeichnung des Tauchgangprofils mit Wiederholungstauchgängen, Tiefe, Zeit und Sicherheits- bzw. Dekompressionsstufen und -pausen,
- Auftreten (Art/Zeit) von Krankheitssymptomen,
- eingeleitete Erste-Hilfe-Maßnahmen,
- Verlaufskontrolle.

Außerdem ist die Ausrüstung, insbesondere der Tauchcomputer, sicherzustellen sowie Zeugen zu benennen.

5. Praxis
Gruppengröße, Tiefe und Zeit der Tauchgänge werden der Situation entsprechend vom Ausbilder festgelegt.

Erster Tauchgang:
Beim Briefing vor dem Tauchgang (zusätzlich zum üblichen Briefing):
- Überlegungen zur Einleitung der Rettungskette:
- Wo ist das nächste Telefon?
- Wie sind die Entfernungen zum nächsten Rettungswagen/Notarzt?
- Welche Transportmaßnahmen sind zu aktivieren?
- Welche Telefonnummern sind bereitzuhalten?

Allgemeine Notruf-Nummer 112
bzw. 19 222 für Süddeutschland

Tauchärztliche Telefonberatung:
VDST-Taucherhotline:
Tel. 0049-(0)180-3322105
mit 24-Stunden-Bereitschaft
weltweit durch zwei erfahrene
Taucherärzte. Die Bereitschaft gilt
auch für Nichtmitglieder

Taucherhotline von aquamed:
+49-700-34835463

Nationale DAN
(Divers Alert Network)-Hotline
in Deutschland: Tel. 0431-54090
kann auch von Nicht-DAN-
Mitgliedern genutzt werden

Internationale DAN-Hotline:
Tel. 0039-0396057858
kann auch von Nicht-DAN-
Mitgliedern genutzt werden

- Eventuell Kontakt der nächstgelegenen Druckkammer.
- Gegenseitige Sicherheitskontrolle an der Ausrüstung, wobei der Kursleiter absichtlich Fehler einbauen soll, die erkannt werden müssen (z. B. falsch sit-

zende Ausrüstung, nicht geschlossene Begurtung, geschlossenes Flaschenventil, vergessener Inflatoranschluss usw.).
- Besprechung der Tauchgangsdurchführung, Benennung eines Gruppenleiters und von Position und Funktion der Mittaucher.

Während des Tauchgangs
Vortäuschung einer Problemsituation (Unsicherheit/Unwohlsein) durch den Tauchlehrer oder einen weiteren Betreuer und Rettungsübung bei Bewusstsein des Betroffenen. Anschließend Beurteilung der Handlungsweise des Retters: Erkennen der Situation, beruhigendes Einwirken auf den Betroffenen, reduzierte Aktivität, kontrollierte Atmung, vorsichtiger Aufstieg.
Nach dem Tauchgang Beurteilung der vitalen Funktionen (Atmung und Kreislauf) des Verunfallten und Transportschwimmen zum Land bzw. Boot (ca. 100 m).

Zweiter Tauchgang
Briefing wie beim ersten Tauchgang
Während des Tauchgangs Vortäuschung von »Zwischenfällen« wie z. B. »kein Druckausgleich« oder »es stimmt etwas nicht« oder »keine Luft mehr« oder »Reserve ziehen« oder »Maske verloren« etc. durch den Tauchlehrer oder einen weiteren Betreuer.
Anschließend Beurteilung der Handlungsweise des Retters: Erkennen der Situation, beruhigendes Einwirken auf den Betroffenen, reduzierte Aktivität, kontrollierte Atmung, vorsichtiger Aufstieg.
Nach dem Tauchgang Übung von Rettungstechniken an Land (Rautek-Bergegriff und Schultertragegriff nach Rautek).

Dritter Tauchgang
Briefing wie bei den ersten Tauchgängen.
Während des Tauchgangs Demonstration einer Bewusstlosigkeit unter Wasser durch den Tauchlehrer oder einen weiteren Betreuer; Rettung des bewusstlosen Gerätetauchers unter Einhaltung der vorgeschriebenen Aufstiegsgeschwindigkeit.
Für spätere Unfallanalyse wichtig:
- Wo sitzt der Lungenautomat?
- Sitzt die Maske korrekt?
- Wie ist die Lage des Verletzten?
- Sind äußere Verletzungen vorhanden?
- Der Lungenautomat ist im Munde des Verletzten zu belassen und mit der Hand zu fixieren.
- Der Retter schwimmt von oben und hinten oder von der Seite an den Kopf des Verletzten und fixiert den Lungenautomaten mit einer Hand; dabei aufrechte Lage beider Taucher, wobei der Kopf des Verletzten in eine leicht überstreckte Position gebracht wird.
- Tarieren des Betroffenen und anschließende Rettung an die Oberfläche.

An der Wasseroberfläche, sofern nicht ohnehin der Fall, Herumdrehen des Verunfallten mit Gesicht nach oben (leichter mit gekreuzten Armen des Retters), Abwerfen von Bleigurt und Tauchgerät des Verunfallten je nach Entfernung (anderem Mittaucher übergeben oder Fangleine mit Boje verwenden, da Übung).
Aufblasen des Tarierkörpers des Verunfallten (Vorsicht: Zu viel Luft im Tarierkörper kann die Atmung behindern, daher ggf. Brustclip öffnen),
Beurteilung der vitalen Funktionen des Verunfallten (Atmung und Kreislauf),
Transportschwimmen inkl. Betreuung und Rettung des Verletzten an Land oder in das Boot nach Entfernung des Tauchgerätes (falls dies nicht schon geschehen ist).
Anschließend Reanimationsübungen an Land oder im Boot und Demonstration der Geräte des Notfallkoffers und Organisation weiterer Rettungsmaßnahmen: Kon-

takt zum Rettungswagen mit Notarzt, Information eines Druckkammerzentrums.

Vierter Tauchgang
Briefing wie bei den ersten Tauchgängen. Während des Tauchgangs Vortäuschung von Störungen wie Essoufflement oder Tiefenrausch durch den Tauchlehrer oder einen weiteren Betreuer und Problemlösung durch Gruppenführer mit Unterstützung der anderen Mittaucher. Nach Beendigung des Tauchgangs Bergen des Verunfallten in das Schlauchboot oder über eine Leiter an einen Steg oder auf ein größeres Boot, eventuell andere Rettungshilfen.

Vorsicht: Bei allen simulierten »Zwischenfällen« darf kein Taucher in Gefahr gebracht werden!

6. Organisation und Durchführung des Kurses
Der gesamte Kurs sollte an zwei aufeinanderfolgenden Tagen durchgeführt werden, wobei folgender Zeitplan vorgeschlagen wird:
Erster Tag, vormittags: zweimal 90 min Theorie in einem geeigneten Unterrichtsraum, dazwischen 30 min Pause
Erster Tag, nachmittags: zwei Tauchgänge, hierbei Demonstration und Übung der Praxiseinheiten.
Zweiter Tag, vormittags: zwei Tauchgänge, hierbei Demonstration und Übung der restlichen Praxiseinheiten.

7. Erfolgskontrolle
Am Ende des Kurses soll der Kursleiter feststellen, ob der Teilnehmer das jeweilige Kursziel erreicht hat. Im theoretischen Teil soll dabei die Form eines Lehrgesprächs gewählt werden, bei den Tauchgängen genügt eine zielorientierte Beobachtung.

8. Abschluss/Beurkundung
Dem Teilnehmer wird die erfolgreiche Teilnahme an dem Spezialkurs »Tauchsicherheit und Rettung« durch Eintrag in den Taucherpass (Aufkleber) und ggf. durch eine Urkunde bestätigt.

Spezialkurs Medizin-Praxis

1. Kursziel
Der Teilnehmer soll in Theorie und Praxis den Gebrauch von Wiederbelebungsmodellen, Notfallkoffern und Sauerstoffsystemen erlernen, soweit dies in den Bereich der Ersten Hilfe und Reanimation für Laienhelfer hineinreicht. Entsprechend der großen Bedeutung des Sauerstoffs in der Therapie von Tauchunfällen muss der Umgang mit modernen Sauerstoffsystemen im Vordergrund stehen. Das Lehren der Injektions- und Infusionstechnik ist hierbei nicht vorgesehen.
Nach Abschluss des Kurses muss der Teilnehmer fähig sein, nach einer vorgegebenen Diagnose den Verletzten erfolgreich mit den verschiedenen Sauerstoffsystemen zu behandeln und einen Herz-Kreislauf-Stillstand erfolgreich zu reanimieren (HLW).

2. Voraussetzungen
Mindestalter: 14 Jahre, bei Minderjährigen ist die Einverständniserklärung der sorgeberechtigten Eltern (in der Regel beider Elternteile) erforderlich.
Ausbildungsstufe: DTSA */CMAS*
Ersatzweise muss der Bewerber eine gleichwertige, vom zuständigen Verband anerkannte Qualifikation vorlegen.
Anzahl der Tauchgänge: mindestens 20

Sonstiges: gültige Tauchtauglichkeitsbescheinigung

3. Ausbilderqualifikation

Ausbilder: Tauchlehrer**/*** und vom zuständigen Verband oder dessen Partnerverbänden zugelassene Tauchlehrer in Zusammenarbeit mit dem jeweiligen Landesverbandsarzt oder einem in der Notfallmedizin und in taucherischen Belangen kompetenten Arzt.
Die Anerkennung anderer Personen als Kursleiter kann bei entsprechender Eignung durch den zuständigen Verband erfolgen. Diese Anerkennung muss vor Ausschreibung des Spezialkurses eingeholt werden.

4. Theoretischer Teil

Unterrichtseinheiten: 4
Anatomie und Physiologie der Atmungsorgane
Es sollen die anatomischen und physiologischen Grundlagen über die Atmungsorgane vermittelt werden, die für das Verständnis der arteriellen Gasembolie mit den verschiedenen Ursachen erforderlich sind.

Anatomie

- Skelettanatomie
- Grobaufbau der Lungen (Lungenflügel, -lappen, -läppchen, Alveolen)
- Luftwege (Luftröhre, Bronchien, Bronchiolen, Alveolen)
- Atemhilfsmuskulatur (Zwerchfell, Zwischenrippenmuskulatur, Teile der Skelettmuskulatur)
- Pleuraspalt mit Unterdruck
- Mikroskopische Anatomie (Alveolen, elastische Fasern des Lungengewebes, Kapillaren)

Physiologie der Atmung

- Mechanik der Ein- und Ausatmung (Bedeutung der Atemhilfsmuskulatur, des Pleuraspaltes und des elastischen Materials des Lungengewebes)
- Gasaustausch (äußere Atmung: Sauerstofftransport von der Alveolarluft bis zur Zelle; innere Atmung: Stoffwechselvorgänge in der Zelle zum Zweck der Energiegewinnung)

Atemregulation

- Chemorezeptoren (pCO_2, pO_2, pH-Wert)
- Dehnungsrezeptoren

Anatomie und Physiologie der Herz-Kreislauf-Organe

Es sollen die anatomischen und physiologischen Grundlagen über die Herz-Kreislauf-Organe vermittelt werden, die für das Verständnis der Dekompressionskrankheit erforderlich sind:

- Anatomie des Herzens (Muskulatur, Herzhöhlen, Herzklappen, Herzkranzgefäße, spezifisches Reizleitungssystem)
- Aufbau der Gefäße (Aorta, Arterien, Arteriolen, Kapillaren, obere und untere Hohlvene, Venolen)
- Funktionsbeschreibung des Herz-/Kreislauf-Systems (Funktionsweise des Herzens, Trennung Körper- und Lungenkreislauf, unterschiedliche Sauerstoffkonzentrationen, Kreislauf- und Blutdruckregulation)
- Shuntmöglichkeiten (offenes Foramen ovale, Lungenpassage und physiologischer Shunt)

Lungenüberdruckbarotrauma

- Differenzierung zentraler und randständiger (Pneumothorax, Mediastinalemphysem) Lungenriss

- arterielle Gasembolie mit den verschiedenen Auswirkungen
- Symptomatik: häufig Bewusstlosigkeit, neurologische Ausfälle mit Krämpfen, Lähmungen, Sensibilitätsstörungen wie Kribbeln und Taubheitsgefühl, Verwirrtheitszustände, körperliche Erschöpfung, Kopfschmerzen, Auftreten der Symptome sofort

Dekompression und Dekompressionskrankheit

- Stickstoffaufnahme und -abgabe (Diffusionsprozess, Partialdruckgefälle, Sättigung, Entsättigung)
- Embolie durch Stickstoffblasen mit den verschiedenen Erscheinungsbildern der Dekompressionskrankheit
- Einteilung der Dekompressionskrankheit (Typ I, Typ II bzw. Einteilung nach dem Schweregrad und der Entwicklung der Symptomatik)
- Symptomatik: körperliche Erschöpfung, Müdigkeit, Gelenkschmerzen, neurologische Ausfälle wie Lähmungen, Sensibilitätsstörungen mit Kribbeln und Taubheitsgefühl, Störungen der Blasen- und Mastdarmfunktion, Kopfschmerzen, häufigstes Auftreten der Symptome nach zwei bis vier Stunden

Reanimation

Die Reanimation muss von jedem Teilnehmer aktiv und intensiv geübt werden, und zwar jeweils separat nach der Ein-Helfer- und Zwei-Helfer-Methode. Hierfür sind Reanimationsmodelle in ausreichender Zahl je nach Größe des Teilnehmerkreises zwingend erforderlich. Bei den Übungen und den Lehrinhalten ist streng nach den Richtlinien des European Resuscitation Council vorzugehen.

Eine genaue Beschreibung der HLW befindet sich bei dem Kurs in Herz-Lungen-Wiederbelebung (Seite 188ff).

Notfallkoffer

Ein kompletter Notfallkoffer und dessen Handhabung müssen demonstriert werden.
Insbesondere müssen Beatmungsbeutel (Ambu-Beutel) mit Reservoirbeutel, Atmungsmasken, Sauerstoffflaschen, Guedel-Tuben und Absauggeräte erklärt werden.

Automatische Externe Defibrillation (AED)

Siehe auch Spezialkurs Tauchsicherheit und Rettung (S. 198ff).

Sauerstoffsysteme

Vorstellung der verschiedenen Sauerstoffsysteme zum Atmen und Beatmen. Es ist zwingend erforderlich, dass hierbei ausreichend Demonstrationsmaterial entsprechend der Teilnehmerzahl vorhanden ist.

Sauerstoffsysteme mit konstantem Fluss (constant flow)

Einfache Maskensysteme (z. B. Laerdal) mit Möglichkeit der Sauerstoffzufuhr, Reservoirbeutel, Sauerstoffflasche mit Druckreduzierventil und Einstellmöglichkeit des Flusses auf 1–25 l/min (constant flow).
Der Verunfallte atmet ein Gasgemisch, das je nach Dichtigkeit der Maske bei maximalem Fluss (mindestens jedoch 15 l/min) Sauerstoffsättigungen von 60 bis 90 % ermöglicht.
Werden keine Reservoirbeutel verwendet, lässt sich nur eine Sauerstoffsättigung von bis zu 40 % erreichen.
Nachteil: durch den konstanten Fluss nur kurze Behandlungsdauer (z. B. 26 min bei einer 2-l-Flasche, Fluss 15 l/min).

Bedarfsgesteuerte offene Systeme (Demand-Systeme)

Z. B. Dräger »akut 2000«, DAN-Oxygen-Kit bestehend aus Sauerstoffflasche (bei DAN-Oxygen-Kit 5 l), Druckreduzierventil, Option eines zusätzlichen Constant-flow-Abgangs, Mitteldruckschlauch, Lungenautomat mit Atemmaske, Absaugvorrichtung.

Beatmungsmöglichkeit mit Beatmungsbeutel.

Durch das Demand-System wird Sauerstoff nur bei Einatmung freigegeben, sodass eine optimale Sauerstoffausnutzung erreicht wird.

Die Sauerstoffsättigung des Blutes beträgt 100 %, die Atmungs- bzw. Beatmungsdauer liegt bei der 2,5-l-Flasche und einem Atemminutenvolumen von 8 l/min bei 62 min, bei der 5-l-Flasche über 2 Stunden.

Vorteile: einfachste Handhabung, beste Sauerstoffausnutzung.

Geschlossene Kreislaufsysteme

(z. B. Wenoll-System)

bestehend aus 2-l-Sauerstoffflasche, Druckregler mit Flusseinstellung von 0 bis 2 l/min und Spültaste (neuerdings auch zusätzlicher Constant-flow-Abgang), CO_2-Absorber, Atemmaske und Maskenband, Überdruckventil (PEEP-Ventil, *positive endexpiratoric pressure*) als Bestandteil des Einmalsystems, Rückatembeutel, Schlauchsystem mit Y-Stück und Flex-Schlauch, Mundstück und Nasenklemme. Durch das Kreislaufsystem wird die Ausatemluft vom Kohlendioxid gereinigt und der Einatemluft wieder hinzugefügt. Hierdurch ist nur eine minimale Sauerstoffzufuhr erforderlich, denn der Organismus nutzt bekanntlich nur eine geringe Menge des angebotenen Sauerstoffs aus (Sauerstoffgehalt der Einatmungsluft 21 %, der Ausatmungsluft 17 %).

Die Sauerstoffsättigung des Blutes beträgt 100 %, die Atmungs- bzw. Beatmungsdauer liegt je nach Therapieplan bzw. Zahl der zur Verfügung stehenden Absorber bei 5 bis 8 Stunden.

Vorteile: lange Behandlungsdauer, optimale Sauerstoffsättigung des Blutes

Die verschiedenen Modelle müssen verständlich präsentiert werden, damit die später auszuführenden praktischen Übungen erfolgreich sind.

Bedeutung des Sauerstoffs in der Therapie von Tauchunfällen:

- schnellere Ausscheidung von Stickstoff durch großes Partialdruckgefälle des Stickstoffs zwischen Blut und Alveolarluft,
- Verhinderung von Gewebsschädigung durch hohe Sauerstoffsättigung der Gewebe,
- aktive Verkleinerung von Blasen,
- schnelle physikalische Aufsättigung von Blut und Geweben.

Hinweise zum Gebrauch von Sauerstoff

- Wichtig: Sauerstoff fällt unter das Medikamentengesetz.
- Nebenwirkungen: Bei reiner Sauerstoffatmung können zentralnervöse Nebenwirkungen auftreten von Fehleinschätzungen (z. B. Euphorie), Bewusstseinsstörungen bis hin zu tonisch-klonischen Krämpfen. Zu Veränderungen des Lungengewebes (z. B. Lungenödem) kann es kommen, wenn reiner Sauerstoff 36 Stunden und länger kontinuierlich eingeatmet wird.
- Anreicherung von Sauerstoff in der Atemluft kann bei eingeschränkter Ventilation zu unmerklicher Erhöhung von Kohlensäure in der Lunge führen (vermindertes Abatmen von CO_2).

- Verfalldatum: Nach Ablauf des Verfalldatums ist der Sauerstoff nicht mehr zu verwenden.
- Bei Lagerung und Verwendung von Sauerstoff sind die entsprechenden Vorschriften zu beachten, insbesondere die Unfallverhütungsvorschriften und die Druckbehälterverordnung mit den Technischen Regeln Druckgase.
- Der Sauerstoff steht bei Anlieferung unter einem Druck von ca. 200 bar.
- Es sind nur für Sauerstoff zugelassene Armaturen zu verwenden. Die Armaturen müssen frei von Fett und Öl gehalten werden.
- Flaschen mit Restdruck zurückgeben.
- Nur originalgefüllte Druckgasbehälter dürfen als medizinischer Sauerstoff eingesetzt werden. Eine missbräuchliche Verwendung der Druckgasbehälter und eine Befüllung durch den Verbraucher ist gefährlich und nicht statthaft.

Automatische externe Defibrillation (AED)

- Herzkammerflimmern als Hauptursache für den plötzlichen Herztod.
- Sauerstoffmangel im Gehirn, irreparable Gehirnschäden nach drei bis fünf Minuten, Hirntod nach etwa zehn Minuten.
- Einzige lebensrettende Behandlung: schnellste Defibrillation; Erfolgschancen sinken mit jeder Minute
- AED steht minutenschnell zur Verfügung.
- Eintreffen des Notarztes oder Rettungswagens dauert zu lange (mehr als 10 min); HLW allein ist nicht lebensrettend; daher ist das Vorhandensein eines AEDs möglichst an dem Ort des Geschehens notwendig.
- Einsatz des AEDs:

Überprüfung, ob Patient nicht ansprechbar, ohne Atmung und ohne Puls (im Rahmen der HLW).
AED einschalten und Elektroden aufkleben
Analysetaste betätigen und den Sprachanweisungen folgen.

- Einsatz gerade auch bei Tauchunfällen wichtig, da immer öfter auch Herzstörungen Ursachen von Komplikationen sind und da bei tödlichen Tauchunfällen – bei Ertrinkungsunfällen ist es schon lange bekannt – oft ein Kammerflimmern dem Herzstillstand vorausgeht.

5. Praktischer Teil

Zu den praktischen Übungen werden alle Teilnehmer in Gruppen von zwei bis vier Personen aufgeteilt und auf Übungsstationen verteilt, an denen rotierend gearbeitet wird.
Jeder Teilnehmer erhält einen Laufzettel, auf dem die einzelnen Übungsstationen verzeichnet sind. Hat der Teilnehmer mit seiner Gruppe eine Übungsstation erfolgreich absolviert, so erhält er von jedem Assistenten der betreffenden Übungsstation ein Testat. So ist letztlich garantiert, dass jeder Teilnehmer lückenlos alle Stationen durchläuft.
Es sind folgende Übungsstationen einzurichten (bei größeren Veranstaltungen können die Übungsstationen unter Mitarbeit von weiteren Assistenten auch mehrfach eingerichtet werden):

- HLW Ein-Helfer-Methode
- HLW Zwei-Helfer-Methode
- Automatische Externe Defibrillation (AED)
- Stabile Seitenlage
- Rettungs- und Bergegriffe
- Notfallkoffer
- Sauerstoffmasken mit und ohne Beatmungsbeutel

- Demand-System Dräger »akut 2000«
- Demand-System DAN-Sauerstoff-Kit
- Wenoll-System

Es ist darauf zu achten, dass sämtliche Beatmungsübungen am liegenden »Verunfallten« durchgeführt werden, während man den »Nicht-Bewusstlosen« auch im Sitzen atmen lassen kann.
Bei Bedarf können weitere Übungsstationen eingerichtet werden, die zur Diagnosefindung dienen, z. B. Blutdruckmessung und Ohrenspiegeln unter Anleitung eines Arztes.

6. Erfolgskontrolle
Der Kursleiter soll feststellen, ob der Kursteilnehmer das jeweilige Kursziel erreicht hat. Zur möglichst objektiven Beurteilung der Kursteilnehmer muss der Kursleiter sich mit den Assistenten der einzelnen Übungsstationen ins Benehmen setzen.

7. Abschluss/Beurkundung
Dem Teilnehmer wird die erfolgreiche Teilnahme am Spezialkurs Medizin-Praxis durch den Eintrag im Taucherpass (Aufkleber) und durch eine Urkunde bestätigt.

Anhang

Reiseapotheke

Die Reiseapotheke für tropische Gebiete weitab der Zivilisation muss sämtliche individuellen Medikamente enthalten, die bei chronischen Krankheiten ständig eingenommen werden müssen. Hierzu gehören z. B. Medikamente gegen Hochdruckerkrankung, Allergien, Migräne usw. Andererseits muss sie eine Auswahl von Medikamenten beinhalten, die man zu Hause ohnehin griffbereit hat und die man auf der schönen Malediveninsel bei plötzlichem Fieber, Durchfall oder einer allergischen Hautreaktion sehr vermissen würde. Die folgende Aufstellung ist nach Symptomenkomplexen geordnet, die genannten Präparate sind ausschließlich Handelsnamen. OP bedeutet eine Originalpackung. Die angegebenen Packungsgrößen reichen in der Regel für einen Behandlungsfall.

Fieberhafte Zustände bei Infektionen, z. B. eitrige Mandelentzündung, eitrige Bronchitis

- ASPIRIN Tabl., OP
- NOVAMINSULFON Tr., OP

Gegen Allgemeinsymptome wie
Fieber und Schmerzen

- AMPICILLIN RATIOPHARM 1 g, 20 Tabl.
  oder DOXY VON CT 100 mg, 20 Tabl. gegen bakterielle Infektionen
- ACC 200 Btl., OP
  ein schleimlösendes Medikament, das auch bei banalem Husten gut hilft

Harnwegsinfekte mit den Leitsymptomen Brennen beim Wasserlassen, Harndrang und häufiges Wasserlassen

- COTRIM FORTE RATIOPHARM, 20 Tabl.
  8 bis 10 Tage einnehmen, zusätzlich reichlich Flüssigkeitszufuhr

Magen-Darm-Störungen
Sie gehen häufig mit Schmerzen, Übelkeit, Brechreiz und Erbrechen sowie Durchfällen einher. Sie können die Folge einer Infektion sein, andererseits können die Symptome auch bei einer akuten Magenschleimhautentzündung als Reaktion der Magen-Darm-Schleimhaut auf die in warmen Ländern übliche Zufuhr von eiskalten Getränken auftreten. Hier sei darauf hingewiesen, dass in den Urlaubsländern (z. B. in Ägypten) typische Medikamente häufig wesentlich wirksamer und auch billiger sind als unsere mitgebrachten Präparate.

- IMODIUM, 20 Kps.
  gegen das Hauptsymptom Durchfall.

Hohe Anfangsdosis von 3x 2 Kps. täglich. Schnelle Reduzierung der Dosis, wenn der Durchfall weniger geworden ist. Flüssigkeitszufuhr von 3 l täglich, am besten nicht zu kaltes und ausgequirltes Mineralwasser.

- KOHLEKOMPRETTEN, OP
  als Ersatz für IMODIUM

- ELOTRANS Btl., OP
  zur Kompensierung des durchfallbedingten Elektrolytverlustes
- MCP-Tr. RATIOPHARM, 30 ml
  gegen das Symptom Übelkeit und Brechreiz
- MAALOXAN forte Kautabl., 50 Tabl.
  zur Neutralisation überschüssiger Magensäure (Sodbrennen)
- DULCOLAX, Zäpfchen oder Tabl., OP
  bei hartnäckiger Stuhlverstopfung

Banale Verletzungen der Hautoberfläche

- MERCUROBROM Lösung, OP
  bei banalen Schürfverletzungen zum Desinfizieren, anschließend die Wunde nicht verbinden
- Pflaster, Mullbinden, Verbandsmull
  Taucher achten auf wasserfestes Pflaster! Reinigen der Wunde und Verbandswechsel sind erforderlich
- BETAISODONA, Lsg. OP, ähnlich wirksam wie MERCUROBROM
- SOFRA TÜLL, 10 x 10 cm, OP
  antibiotikahaltige Wundbedeckung bei infizierten Wunden
- NEBACETIN Puder, OP

Anitbiotikum, lokal bei infizierten Wunden

- SYSTRAL Gel, OP
  bei Insektenstichen

Augen, Bindehautreizung

- BERBERIN in der Ophtiole, Augentropfen
- YXIN Augentr., OP
  gegen Reizzustände der Bindehaut, auch bei allergischen Prozessen

Nase, banaler Schnupfen

- Tauche nicht bei Erkältungskrankheiten!
- NASENSPRAY ratiopharm, relativ ungefährlich, da nicht privinhaltig.
- OTRIVEN Nasentropfen, OP, **ACHTUNG** schnell wirkende, aber privinhaltige (!) Nasentropfen, unter deren Wirkungseinfluss **kein Tauchgang** durchgeführt werden darf (Überdruckbarotrauma)
- SINUPRET, 50 Tabl.
  schleimlösendes und allgemein linderndes Präparat
- zubereitete NASENSALBE nach folgendem Rezept:
  Sol. hydrocort. 0,25 % 5.0
  Paraff. liqu.
  Eucerin. anhydr. aa ad 30.0
  01. citrici gtt. 3
  bei chronischem Schnupfen und trockener Nasenschleimhaut.

Ohr, Gehörgangsentzündung

- OTOBACID, PANOTILE
  Ohrentropfen, OP
  gegen bakterielle Infektionen und Pilzinfektionen des äußeren Gehörgangs.
- OHRENTROPFEN-Zubereitung nach folgendem Rezept:

Eisessig	2.5
Aqua dest.	5.0
Isopropylalc.	ad 50.0

Diese Tropfen können nach jedem Tropentauchgang gefahrlos prophylaktisch genommen werden, um die gefürchtete Gehörgangsentzündung zu verhindern. Die o. g. Packungsgröße reicht für eine ganze Taucherfamilie.

Kopfschmerzen, Zahnschmerzen

- ASPIRIN Tabl., OP (s. o.) Die Anwendung von Aspirin beim Dekompressionsunfall wird heute als wissenschaftlich nicht begründet abgelehnt. Als Kopfschmerzmittel gut geeignet, führt jedoch häufig zu Magenschmerzen.

- PARACETAMOL Ratiopharm Tabl., OP
  ein einfaches Schmerzmittel, auch in Zäpfchenform.
- SPASMO CIBALGIN comp. S Zäpfchen, OP
  stark wirkendes Medikament bei kolikartigen Schmerzzuständen. Vorsicht: schränkt die Reaktionsfähigkeit ein, macht müde!

Reisekrankheit, Seekrankheit

Mit einer medikamentösen Behandlung dieser Erkrankungen während eines Tauchurlaubes sollte man vorsichtig sein, da die meisten Medikamente stark ermüden und die Reaktionsfähigkeit einschränken.

- BONAMINE Tabl., OP, PEREMESIN Drag., OP
  prophylaktisch zu nehmen bei Reisekrankheit vor Beginn der Reise.
- CINNARICIN forte Tabl., OP
  gegen Reise- und Seekrankheit zu nehmen, ebenfalls vor Beginn der Reise oder Bootsfahrt.
- SCOPODERM TTS Pflaster, OP
  gegen Seekrankheit, vor Beginn der Bootsfahrt hinter das Ohrläppchen kleben. Der Stoff wird über die Haut aufgenommen und ist mehrere Tage wirksam, wenn das Pflaster aufgeklebt bleibt.

Die o. g. Medikamente sind uns im Bedarfsfalle sicherlich eine große Hilfe. Es sei aber darauf hingewiesen, dass sie bei fehlender Besserung der Symptomatik, insbesondere aber bei Verschlechterung des Krankheitsbildes, einen Arztbesuch nicht ersetzen. Bei tauchspezifischen Störungen des Allgemeinbefindens und bei typischen Taucherkrankheiten kann der Basisinhaber oder ein erfahrener Tauchlehrer das weitere therapeutische Vorgehen festlegen. Wenn nötig, leitet er auch die Druckkammerbehandlung ein; denn er kennt die lokalen Gegebenheiten am besten.

Sauerstoffsysteme

Einfache Systeme mit konstanter Dosierung:

- O_2-Zufuhr über Nasensonde (sehr ineffektiv)
- O_2-Zufuhr durch offene Maske (ebenfalls ineffektiv)
- O_2-Zufuhr über Maske mit Ventil (z. B. Laerdal-Maske), eventuell mit Reservoirbeutel (60–80 % O_2-Sättigung)
- O_2-Zufuhr über Beatmungsbeutel, eventuell mit Reservoirbeutel (60–80 % O_2-Sättigung)

  O_2-Kreislauf-System mit CO_2-Absorber
- Wenoll-System (lange Behandlungsmöglichkeit, 100 % O_2-Sättigung), hier mit der neuen Option auch Verwendung als Demand-System möglich

Demand-Systeme

- Dräger Akut 2000 (2,5-Liter-Sauerstoffflasche, Option Beatmung und Absaugen, 100 % O_2-Sättigung)
- DAN-O_2-Kit (5-Liter-Sauerstoffflasche, Option Beatmung, 100 % O_2-Sättigung)
- Inzwischen gibt es beim Wenoll-System die Möglichkeit der Kombination mit einem Demand-System

Tauchsportverbände

Wenn du dich über die Tauchausbildung näher informieren möchtest, wende dich an einen der CMAS-Tauchsportverbände:

CMAS Germany e. V.
Berliner Str. 312
63067 Offenbach
info@cmas-germany.de
www.cmas-germany.com

VDST Verband Deutscher Sporttaucher e. V.
Berliner Str. 312
63067 Offenbach
vdst.ev@vdst.de
www.vdst.de

BARAKUDA
International Aquanautic Club
Borbecker-Str. 249
45355 Essen
info@barakuda.de
www.barakuda.de

VIT Verband Internationaler Tauchschulen
Raunheimer Str. 44
55246 Mainz-Kostheim
info@vit-2000.de
www.vit-2000.de

VETL Verband Europäischer Tauchlehrer
Kammerhof 5
85345 Freising
www.vetl.de

FST Fachverband staatlich geprüfter Tauchlehrer e.V.
Goethestr. 43
63814 Mainaschaff
ausbildungsleiter@fst-ev.com
www.fst-ev.com

ICMC International Committee of Marine Conservation
Donauschwabenstr. 20
65239 Hochheim am Main
icmc@t-online.de
www.icmc-tauchsport.de

ITD International Tek Divers
Inninger Str. 18
86179 Augsburg
info@ITD.info
www.ITD.info

FIT Freie internationaltätige Tauchlehrer
Breckerfelder Str. 136
58256 Ennepetal
fit-ev@t-online.de
www.fit-ev.de

PROTEC Professional Technical Diving
Lohweg 21
63075 Offenbach
contact@protecdive.com
www.protecdive.com

VEST
Verband Europäischer Sporttaucher e. V.
Hörner Esch 68
26215 Wiefelstede
vest.ev@t-online
www.vest-dive.de

IDA International Diving Association
Dorfstr. 267
24147 Klausdorf
ida.kiel@ida-online.de
www.ida-worldwide.com

UDI United Diving Instructors
Gugelstr. 112
90459 Nürnberg
info@dolly-online.de
www.udi-world.de

CMAS.CH
Schweizer Tauchausbildungsorganisation
Casella postale 649
CH-6600 Muralto
infodrs@cmas.ch
www.cmas.ch

TSVÖ Tauchsportverband Österreich
Wolfganggasse 45 – 47
A-1121 Wien
Tel. 0043-1-2 76 01 16
tyre@chello.at
www.tsvoe.at

FLASSA Fédération Luxembourgoise des Activités et Sports Sub-Aquatiques
Boîte postale no 53
2010 Luxemburg

Adressen der Druckkammern mit 24-Stunden-Bereitschaft

Zusammengestellt nach GTÜM e. V., *www.gtuem.org*
Die telefonische Kontaktaufnahme vor Anfahrt/Flug zur jeweiligen Druckkammer wird in jedem Fall empfohlen!

Diese Liste ist nach Postleitzahlen sortiert.

06110 Halle
Vorwarnzeit 30 Minuten
Druckkammer Universitätsklinik Halle
Anästhesiologie und operative Intensivmedizin
Dryanderstr. 4–7
D-06110 Halle
Notruf: +49 (0)345 557 43 50
Tel.: +49 (0)345 557 43 50
Fax: +49 (0)345 557 43 52
E-Mail: hbo@medizin.uni-halle.de

10249 Berlin
Vorwarnzeit 30 Minuten
Sektion für hyperbare Sauerstoff-therapie und Tauchmedizin
im Klinikum Friedrichshain
Matthiasstraße 7
D-10249 Berlin
Notruf: +49 (0)30 42211502
Tel.: +49 (0)30 421 08 750
Fax: +49 (0)30 421 08 760
E-Mail: druckkammer@khf.de

24119 Kronshagen/Kiel
Vorwarnzeit 30 Minuten
Schifffahrtmedizinisches Institut d. Marine
Druckkammeranlage Hydra 2000

Kopperpahler Allee 120
D-24119 Kronshagen (bei Kiel)
Notruf: +49 (0)431 540 90
Tel.: +49 (0)431 54 09 17 82
Fax: +49 (0)431 54 09 15 50

28777 Bremen
Vorwarnzeit max. 30 Minuten
ZETÜM – Zentrum für Tauch- und Überdruckmedizin
Ermlandstr. 55
D-28777 Bremen
Notruf: +49 (0)171 782 25 97
Tel.: +49 (0)421 600 75 77
Fax: +49 (0)421 600 75 79
E-Mail: hbobremen@aol.com
Web: http://www.hbo-bremen.de

30163 Hannover
Vorwarnzeit 45 Minuten
Druckkammerzentrum Hannover
Lister Krankenhaus
Lister Kirchweg 43
D-30163 Hannover
Notruf: +49 (0)511 19 222
(Rettungsleitstelle)
Tel.: +49 (0)511 965 61 0
Fax: +49 (0)511 965 61 11
E-Mail: info@druckkammer-zentrum.de

32423 Minden
Vorwarnzeit 30 Minuten
Medicox Hyperbares Sauerstoff-Therapie-Zentrum
Gustav-Adolf-Str. 1a
D-32423 Minden
Notruf: +49 (0)171 450 84 03
Tel.: +49 (0)571 82 84 90
Fax: +49 (0)571 82 84 929
E-Mail: medicox@t-online.de

33739 Bielefeld
Vorwarnzeit 30 Minuten
Druckkammerzentrum Bielefeld
Heidsieker Heide 114
D-33739 Bielefeld
Notruf: +49 (0)5206 83 63
(automatische Rufumleitung)
Notruf: +49 (0)160 155 91 81
oder +49 (0)177 258 20 91
Tel.: +49 (0)5206 83 63
Fax: +49 (0)5206 84 99
E-Mail: hbo@hbo-bielefeld.de

40547 Düsseldorf
Vorwarnzeit 60 Minuten
Sauerstoff-Therapiezentrum Düsseldorf
ORL-Vitamed GmbH & Co KG
Hansaallee 30
D-40547 Düsseldorf
Notruf: +49 (0)179 641 76 57
Tel.: +49 (0)211 570 583
Fax: +49 (0)211 570 584
E-Mail: hbo@duesseldorf.de

47139 Duisburg
Vorwarnzeit 20 Minuten
Katholisches Klinikum Duisburg
St. Joseph-Hospital Laar
Ahrstr. 100
D-47139 Duisburg
Notruf: +49 (0)203 800 10
Tel.: +49 (0)203 800 16 20
Fax: +49 (0)203 800 16 66

48145 Münster
Praxis für Hyperbarmedizin
Warendorfer Str. 27
D-48145 Münster
Notruf: +49 (0)172 260 71 19
Tel.: +49 (0)251 13 29 30
Fax: +49 (0)251 13 29 32
E-Mail: dr.rossbach@hbo-muenster.de
Web: http://www.hbo-muenster.de

52072 Aachen
Vorwarnzeit 30 Minuten
HBO-Zentrum Euregio Aachen
(Nähe Universitätsklinik)
Kackertstr. 11
D-52072 Aachen
Notruf: +49 (0)180 523 42 34
Tel.: +49 (0)241 840 44
Fax: +49 (0)241 879 34 94
E-Mail: hbo-aachen@t-online.de
Web: http://www.hbo-aachen.de

55131 Mainz
Vorwarnzeit 60 Minuten
Universitätsklinik Mainz
Klinik für Anästhesiologie
Langenbeckstr. 1
D-55131 Mainz
Notruf: +49 (0)6131 170
Tel.: +49 (0)6131 17 73 66
Fax: +49 (0)6131 17 26 28

60327 Frankfurt
Ohne Vorwarnzeit
Branddirektion Frankfurt
Mobile Behandlungsdruckkammer
Feuer- und Rettungswache 2
Franziusstr. 8
D-60314 Frankfurt/Main
Notruf: +49 (0)69 21 27 21 70
Tel.: +49 (0)69 21 27 22 70
Fax: +49 (0)69 21 27 23 98
Jürgen Prehl (Wasserrettungsdienst,
Adresse s. o.,
Tel.: +49 (0)69 21 27 22 71
E-Mail: juergen.prehl.amt37@stadt-frankfurt.de

70372 Stuttgart
Vorwarnzeit 30 Minuten
HBO-Zentrum Stuttgart
König-Karl-Str. 66
D-70372 Stuttgart
Notruf: +49 (0)711 19222
(Rettungsleitstelle)
Tel.: +49 (0)711 509 44 53
Fax: +49 (0)711 95 46 17 10 (Praxis)
E-Mail: cc.anaesth.fritz@t-online

70469 Stuttgart
Vorwarnzeit 30 Minuten
DCS 1
Druckkamer-Centrum-Stuttgart
Heilbronner Str. 300
D-70469 Stuttgart
Notruf: +49 (0)711 19 222
(Rettungsleitstelle)
Tel.: +49 (0)711 85 10 32
Fax: +49 (0)711 85 10 37

79104 Freiburg
Vorwarnzeit 60 Minuten
Druckkammerzentrum Freiburg GmbH
am St. Josefskrankenhaus
Habsburger Str. 116
D-79104 Freiburg
Notruf: +49 (0)170 202 61 11
Tel.: +49 (0)761 38 20 18
Fax: +49 (0)761 38 20 19
E-Mail: info@hbo-freiburg.de
Web: http://www.hbo-freiburg.de

80333 München
Vorwarnzeit 30 Minuten
Hyperbares Sauerstoff-Zentrum GmbH
Karlstr. 42
D-80333 München
Notruf: +49 (0)171 355 65 87
Tel.: +49 (0)89 54 82 31 22
Fax: +49 (0)89 54 82 31 50
E-Mail: hbozentrum@aol.com
Web: http://www.hbozentrum.de

81671 München
Vorwarnzeit 20 Minuten
Druckkammer Feuerwache 5
Branddirektion München
Anzinger Str. 41
D-81671 München
Notruf: +49 (0)89 40 66 55
(Rettungsleitstelle Feuerwache)
Tel.: +49 (0)89 40 66 55 (Rettungsleitstelle Feuerwache)
Tel.: +49 (0)89 23 53 005 (Druckkammer – nicht immer besetzt, daher Feuerwache)
Fax: +49 (0)89 23 53 35 98
(Druckkammer)

82418 Murnau
Vorwarnzeit 20 Minuten
Berufsgenossenschaftliche
Unfallklinik Murnau
Prof.-Küntscher-Str. 8
D-82418 Murnau
Notruf: +49 (0)8841 48 26 86
Tel.: +49 (0)8841 48 29 02
Tel.: +49 (0)8841 48 22 30
Fax: +49 (0)8841 48 22 66
E-Mail: kemmer@bgu-murnau.de

83278 Traunstein
Vorwarnzeit 20 Minuten
Druckkammerzentrum Traunstein
Cuno-Niggl-Str. 3
D-83278 Traunstein
Notruf: +49 (0)861 192 22
(Rettungsleitstelle)
Tel.: +49 (0)861 159 67
Tel.: +49 (0)861 70 50
Fax: +49 (0)861 158 89
E-Mail: hbo-traunstein@t-online.de
Web: http://www.druckkammerzentrum-traunstein.de

89077 Ulm
HBO-Zentrum Ulm GmbH
Tagesklinik Söflingen
Magirusstr. 35/4
D-89077 Ulm
Notruf: +49 (0)731 932 9320
Tel.: +49 (0)731 932 9320
Fax: +49 (0)731 932 9321
E-Mail: tagesklinik-soeflingen@t-online.de

89081 Ulm
Bundeswehrkrankenhaus Ulm
Abt. X – Anästhesiologie und
Intensivmedizin
Oberer Eselsberg 40
D-89081 Ulm
Notruf: +49 (0)731 17 10 20 55
Tel.: +49 (0)731 17 10 20 54
Tel.: +49 (0)731 17 10 0
Fax: +49 (0)731 17 10 20 56
E-Mail: Guenter-Frey@bundeswehr.org
HBO.Frey@t-online.de

Weitere wichtige Therapieeinrichtungen (ohne 24-Stunden-Bereitschaft):

Zusammengestellt nach GTÜM e. V., *www.gtuem.org*
Die telefonische Kontaktaufnahme vor Anfahrt/Flug zur jeweiligen Druckkammer muss in jedem Fall erfolgen!
Diese Liste ist nach Postleitzahlen sortiert.

07747 Jena
Montag–Freitag,
am Tag 08.00–15.30 Uhr
Hypermed GmbH Zentrum für
Überdruckmedizin
(an der Klinik für Innere Medizin)
Erlanger Allee 103
D-07747 Jena
Notruf: +49 (0)3641 208 89 98
Tel.: +49 (0)3641 36 86 91
Fax: +49 (0)3641 36 86 93
E-Mail: post@dk-jena.de

29614 Soltau
Montag–Sonntag, nach Vereinbarung
HBO Druckkammerzentrum Soltau
HNO-Praxis Dr. Müller-Kortkamp
Seilerstr. 7–9
D-29614 Soltau
Notruf: +49 (0)179 509 40 80
Tel: +49 (0)5191 986 00
Fax: +49 (0)5191 991 04
E-Mail: hbo@mueller-kortkamp.de

34121 Kassel
Montag–Freitag, am Tag
HBO2 Druckkammerzentrum Kassel
Hansteinstr. 29
D-34121 Kassel
Notruf: +49 (0)561 19 222
(Rettungsleitstelle)
Tel.: +49 (0)561 932 47 00
Fax: +49 (0)561 932 47 01
E-Mail: info@hbokassel.de

35578 Wetzlar
Montag–Freitag,
am Tag 08.00–18.00 Uhr
HBO-Zentrum Mittelhessen
Frankfurter Str. 90
D-35578 Wetzlar
Notruf: +49 (0)171 544 15 57
Tel.: +49 (0)6441 744 56
Fax: +49 (0)6441 972 42
E-Mail: hbo-zentrum-mittelhessen@t-online.de

38114 Braunschweig
Montag–Freitag,
am Tag 07.00–16.15 Uhr
Zentrum für hyperbare Sauerstofftherapie
Neustadtring 30a
D-38114 Braunschweig
Notruf: +49 (0)173 920 84 04
Tel.: +49 (0)531 57 50 22
Fax: +49 (0)531 25 01 011
E-Mail: hbo.bs@t-online.de

49088 Osnabrück
Montag–Freitag, am Tag
H.B.O.-Klinik Osnabrück
Senator-Wagner-Weg 4
D-49088 Osnabrück
Notruf: +49 (0)173 294 60 14
Tel.: +49 (0)541 205 13 80
Fax: +49 (0)541 205 13 83
E-Mail: info@hbo-osnabrueck.de

49214 Bad Rothenfelde
Montag–Freitag,
am Tag 08.00–13.00 Uhr
Zentrum für hyperbare
Sauerstofftherapie
Hannoversche Str. 33
D-49214 Bad Rothenfelde
Notruf: +49 (0)5424 66 270
Tel.: +49 (0)5424 662 70
Fax: +49 (0)5424 662 73
E-Mail: klinikimkurpark@t-online.de

60528 Frankfurt
Montag–Freitag,
am Tag 07.00–15.45 Uhr
Zentrum für Sauerstoffüberdruck-, Tauch- u. Höhenmedizin
(Orthopädische Universitätsklinik Frankfurt)
Marienburgstr. 5–7
D-60528 Frankfurt am Main
Notruf: +49 (0)69 67 05 0
Tel.: +49 (0)69 670 53 84
Fax: +49 (0)69 670 53 87
E-Mail: g.fusshoeller@friedrichsheim

65193 Wiesbaden
Montag–Freitag, am Tag
Druckkammerzentrum Wiesbaden
am Roten Kreuz Krankenhaus
Schöne Aussicht 41
D-65193 Wiesbaden
Notruf: +49 (0)611 192 22
(Rettungsleitstelle)

Tel.: +49 (0)611 531 90 53
Fax: +49 (0)611 531 90 55

65719 Hofheim
Montag–Freitag, am Tag
HBO-Zentrum Rhein-Neckar
Tagesklinik Hofheim
Reifenberger Str. 6
D-65719 Hofheim/Taunus
Notruf: +49 (0)6192 19 222
(Rettungsleitstelle)
Tel.: +49 (0)6192 50 62

66877 Ramstein
Montag–Freitag, am Tag
Oxymed GmbH
Schulstr. 4
D-66877 Ramstein/Miesenbach
Notruf: +49 (0)170 527 37 44
Tel.: +49 (0)6371 119 19

68163 Mannheim
Montag–Freitag, am Tag
HBO-Zentrum Rhein-Neckar
am Diakoniekrankenhaus Mannheim
Speyrer Str. 91–93
D-68163 Mannheim
Notruf: +49 (0)621 810 20
Tel.: +49 (0)621 810 23 90
Fax: +49 (0)621 810 23 93

69115 Heidelberg
Montag–Freitag, am Tag
Druckkammerzentrum Heidelberg GmbH
Landhausstr. 25
D-69115 Heidelberg
Notruf: +49 (0)6221 60 26 53
Tel.: +49 (0)6221 60 26 53
Fax: +49 (0)6221 60 26 55

77787 Klausenbach
Montag–Freitag,
am Tag + Sa. vormittags –
Vorwarnzeit 1 Stunde
Reha-Klinik Klausenbach
Kolonie 5
D-77787 Nordrach
Notruf: +49 (0)7838 820
Tel.: +49 (0)7838 824 02

93059 Regensburg
Montag–Freitag, am Tag
Institut für Überdruckmedizin
Gewerbepark A 45
D-93059 Regensburg
Notruf: +49 (0)941 19 222
(Rettungsleitstelle)
Tel.: +49 (0)941 46 61 40

95032 Hof
Montag–Freitag, am Tag
Oxytrans GmbH
Privatinstitut für hyperbare Sauerstofftherapie
Flugplatz 20 A
D-95032 Hof
Notruf: +49 (0)9292 192 22
(Rettungsleitstelle)
Tel.: +49 (0)9292 920 81

Zeitschriften

(Auswahl)

DIVEMASTER
Fachmagazin für Tauchtechnik, Tauchmedizin und Tauchausbildung
Redaktion: Senefelderstr. 10,
70178 Stuttgart,
Tel. (0711) 618378,
Fax (0711) 612323
Internet: www.divemaster.de

SPORTTAUCHER
Redaktion: Postfach 2249,
63171 Obertshausen,
Tel. (06104) 72003,
Fax (06104) 75253

TAUCHEN
Redaktion: 22754 Hamburg,
Tel. (040) 38906-191/194,
Fax (040) 38906-303

UNTERWASSER
Redaktion: Badstr. 4 - 6,
90402 Nürnberg,
Tel. (0911) 216 - 2241,
Fax (0911) 216 - 2723

Taucher@net
Kochelerstr. 27,
82418 Murnau,
Tel. (0180) 5557 123,
www.taucher.net

Taucher revue
voa Crapera 45,
CH-7078 Lenzerheide,
Tel. +41 (0)81 - 3841 663,
www.taucher-revue.ch

Register

Handbuch für den Notfall

Hubertus Bartmann /
Claus-Martin Muth
Notfallmanager Tauchunfall
560 Seiten, Format 11,5 x 15,8 cm
ISBN 978-3-7688-1856-8

Bei der Ausübung von Wassersportarten können Unfälle passieren, und in einem solchen Fall ist schnelle und effektive Hilfe unabdingbar; dies gilt vor allem bei Tauchunfällen. Hier ist das vorliegende praxisgerechte Handbuch die Schnittstelle zwischen Taucher und Rettungsdienst.
Mit dem Schwerpunkt Präventivmaßnahmen spricht es den Taucher direkt bei der Unfallverhütung an.

An Tauchlehrer und vor allem an Rettungspersonal wenden sich die Kapitel der "präklinischen Versorgung", während der Bereich der "klinischen Versorgung" zusätzlich dem Mediziner wichtige diagnostische und therapeutische Hinweise liefert. Für alle von Bedeutung ist das Unfallmanagement, um im Notfall richtig und vor allem auch schnell handeln zu können.

DELIUS KLASING

Praxiswissen

Mainberger / Knepel / Eisenmann / Maack
Denkmalgerechtes Tauchen, Unterwasserarchäologie, Wracktauchen
Spezialkurse zur Tauchausbildung
ISBN 978-3-7688-1857-5

Scheyer
Tauchsicherheit
Planung, Vorbereitung, Durchführung von sicheren Tauchgängen
ISBN 978-3-7688-1789-9

Brümmer / Frohme / Schill
Süßwasserbiologie
Spezialkurs zur Tauchausbildung
ISBN 978-3-7688-1915-2

Bredebusch
Gruppenführung
Spezialkurs zur Tauchausbildung
ISBN 978-3-89594-092-7

Roggenbach
Tauchsicherheit & Rettung Medizin-Praxis mit AED
Spezialkurse zur Tauchausbildung
ISBN 978-3-89594-095-8

Scheyer
Tauchausrüstung von A – Z
Tipps für Einkauf, Pflege und Reparatur
ISBN 978-3-89594-097-2

König / Fuckner
Tauchsport Lexikon DiveLex
Tauchtechnik – Tauchmedizin – Tauchphysik – Tauchausbildung
ISBN 978-3-7688-1701-1

Scheyer
Trockentauchen – Eistauchen – Bergseetauchen – Suchen und Bergen
ISBN 978-3-89594-084-2

Brümmer / Maack / Schill
Meeresbiologie
Spezialkurs zur Tauchausbildung
ISBN 978-3-89594-096-5

Scheyer
Orientierungstauchen – Nachttauchen – Strömungstauchen – Wracktauchen
ISBN 978-3-7688-1798-1

Andres-Brümmer
Apnoetauchen
Grundlagen – Trainingstipps – Praxis
ISBN 978-3-89594-086-6

Kromp / Roggenbach / Bredebusch
Praxis des Tauchens
ISBN 978-3-7688-1816-2

DELIUS KLASING

Erhältlich im Buch- und Fachhandel oder unter www.delius-klasing.de